序 言

Preface

　　学习与研究是教师成长与进步的不竭源泉，教与研的有机结合更是提升教师专业素养的必由之路。作为一位从事中学数学教学几十年的老教师，我深知教不研则浅，研不教则空的道理。数学教育经历了多次变革。在最初的阶段，强调"双基"，即基本知识和基本技能。随着时间的推移，教育目标转向了更加全面的方向。对于学生来说，不仅要掌握数学知识和技能，还要培养他们的数学思维、解决问题的能力以及数学交流能力。因此，现代的数学教育更加注重培养学生的数学素养，通过问题解决、探究学习、合作交流等方式来培养学生的创新能力、批判性思维和解决问题的能力。这样的变革是必要的，因为现代社会需要的人才不仅要有扎实的专业知识，还要具备全面的能力和素质。与此同时，数学命题与考试也发生了重大的转变，从原来的知识立意，到后来的能力立意，再到现在的素养立意。每一次的变革，都伴随着数学教学方式的变革。在长期的教学实践中，我对每一次数学教育的变革都能主动而为，用心面对，有太多的师生数学思维碰撞，有太多的课后教学反思，我不断地学习、研究，并将所思所想形成教学案例，服务于课堂教学，不断积累论文素材，并提炼形成了本专著。

　　《初中数学课堂教学实践与探索》立足对数学方法和思想的指导，力求对数学问题多角度观察、多维度思考，实现一题多解、一题多变、一题多思，总结重要思想方法、归纳重要数学结论，最终实现多解归一、多题归一，是我长期课堂教学经验的沉淀和教研成果的结晶。专著分为四个篇章，每个篇章都涵盖了初中数学教学的重要内容。第 1 篇大单元教学主要介绍了什么是大单元教学，如何教授大单元，指出学好数学必须站在系统的角度看问题，通过对教学内容的深入剖析和教学设计的精心安排，帮助学生全面理解和掌握数学知识。第 2 篇代数篇重点讲述了数与式、函数、方程与不等式等内容的教学方法和技巧。第 3 篇几何篇围绕多边形、圆和几何融合等几何内容展开，通过实例和案例的引导，训练数学思维，提升思维品质，发展学科素养，激发学生对几何的兴趣和思考能力。第 4 篇代几融合篇则将代数与几何有机结合起来，展示了如何将不同领域的知识相互融合，提高学生的综合能力。

本专著的编写旨在分享我多年来在数学教学实践中的对典型数学问题和知识模块研究体会和心得，为广大教师提供一种思考和借鉴的角度。在编写过程中，我不仅深入研究教材和教法，还不断思考学法，努力提升自己的教学水平和学科素养，专著的许多内容是作者发表或参评的论文的重要素材。数学是学生投入最多的一门课程，到底如何学好数学，是许多学生和家长共同关注的问题，本专著想学生所想，重视思维过程的呈现。因此，本专著不仅是一本学习指导书，也是一本教学指导书，更是一本教师成长的参考书。希望广大教师能够通过阅读和借鉴本书，不断提高自身的专业素养，为学生的学习成长做出更大的贡献。

最后，我要感谢所有支持和帮助过我的人，感谢我的同事和学生们对我的信任和鼓励。没有你们的支持和理解，我无法完成这本专著的编写和出版。希望大家能够喜欢这本书，也希望我的专著能对广大教师的教学工作有所启发和帮助。

祝愿大家在教学和研究的道路上不断成长和进步！

限于水平，书中肯定有疏误不少，诚请批评指正，不胜感谢！

程旭升

2024 年 3 月

程旭升◎著

初中数学课堂教学
实践与探索

中南大学出版社
www.csupress.com.cn
·长沙·

目 录

Contents

第1篇

大单元教学

义务教育新课程标准(2022版)明确提出,数学教学要从整体性把握,大单元教学成为新的理念与要求,在新授课中从整体出发,贯彻大单元教学理念,在复习课中,在思维导图的引领下,学生形成知识网络,建构各知识模块之间的有效联系,从而实现数学教学从知识立意到能力立意,最终实现素养立意的目标,为新课程标准的扎实有效地落地创造条件.

第1节　认识大单元教学

认识大单元教学之前，我们先了解一下什么是大单元．什么是大单元？崔允漷教授认为：大单元是一种学习单位，一个单元就是一个学习事件、一个完整的学习故事，因此一个单元就是一个微课程．或者说，一个单元就是一个指向素养的、相对独立的、体现完整教学过程的课程细胞．

在新课程理念下，大单元可以是单元教材中呈现的单元，也可以是视实际情况依据课程标准对教材重组形成的新的单元．当前，课堂教学最大的问题是缺乏与学生真实发生有关、有趣、有用的连接，而大单元不再是原有知识点的简单相加，而是最小的课程单元，能够满足不同学生素养发展的要求，它是落实学科核心素养、实现学科育人的基本单位和重要路径．

很显然，教学目标如果是仅仅关注知识片段、孤立地训练技能，学生则难以建立知识之间的关联，难以经历完整的学习过程，难以迁移应用形成素养．而大单元教学，则可以很好地解决这个问题．

什么是大单元教学？大单元教学是以单元为学习单位，依据学科课程标准，聚焦学科课程核心素养，围绕某一主题或活动(大概念、大任务、大项目)，对教学内容进行整体思考、设计和组织实施的教学过程．

大单元教学旨在促进教学内容的结构化，构建教学的整体意识，以实现"整体大于部分之和"，在提升教学效益、落实课程核心素养的同时，达成培养学生发展核心素养的目的．

大单元教学是指站在学段的高度，把一个学段作为一个整体，通盘考虑，跨年级进行知识的有效迁移，将学科内在联系进行整合，将知识学习与能力培养进行整合，将学习过程与学生发展终极目标进行整合，重构符合教学实际的新知识系统，使课堂内容更丰富，教学环节更紧凑，教学效益更高的一种教学思想和授课方式．

为何要进行大单元教学？大单元教学有利于帮助教师在教学中把握立德树人的本质，为学生探索学科关键知识、转化能力、形成素养奠定基础，服务立德树人的根本任务.大单元教学能活跃学生数学思维,是培养学生发散性思维的有效举措.

大单元教学有利于指导教师整合课程内容、整体规划教学与评价活动.它使教师超越对零散知识的关注,重视以完整的主题意义为指引,以学生的持久理解为目标进行单元内容的组织和活动的设计,也就是说,教师能从更上位的角度,将凌乱的知识点串成线、连成片、织成网,纳入知识结构从而形成一个系统、完整的单元知识体系,并在教学中融入持续的评价,确保目标落实.

第2节 大单元教学案例展示

　　学生核心素养的形成，是需要给学生提供时间去探究体验、经历完整的学习过程的. 而完整的学习过程，需要依托一组性质相同、互相关联，体现学科重要概念、原理或思维方法的内容. 所以，教师在开展大单元教学时，就要依照学科课程标准的要求和课程的核心素养来设计单元教学，还要进行内容分析，才能服务于单元课程目标及素养的形成.

【案例1】北师大版 七年级上册 P62 第 2 题

2. 1 m 长的木棒，第 1 次截去一半，第 2 次截去剩下部分的一半，如此截下去，第 7 次后剩下的木棒有多长?

分析：如图 1-2-1 所示

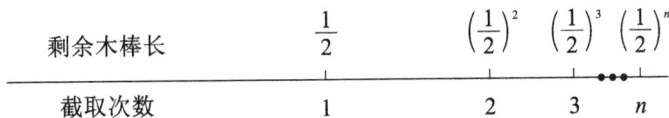

剩余木棒长	$\frac{1}{2}$	$\left(\frac{1}{2}\right)^2$	$\left(\frac{1}{2}\right)^3$	$\left(\frac{1}{2}\right)^n$
截取次数	1	2	3	n

图 1-2-1

(一)截去与剩下是一一对应关系：第 n 次后剩下的木棒长 $\left(\frac{1}{2}\right)^n$,

第 n 次后被截去的木棒长 $\frac{1}{2}+\left(\frac{1}{2}\right)^2+\left(\frac{1}{2}\right)^3+\cdots+\left(\frac{1}{2}\right)^n=1-\left(\frac{1}{2}\right)^n$.

(二)产生数学问题：

1. 求值：$\frac{1}{2}+\left(\frac{1}{2}\right)^2+\left(\frac{1}{2}\right)^3+\cdots+\left(\frac{1}{2}\right)^6=$ _____.

2. 已知：$n\geq 1$，且 n 为正整数，求证：

(1) $\frac{1}{2}+\left(\frac{1}{2}\right)^2+\left(\frac{1}{2}\right)^3+\cdots+\left(\frac{1}{2}\right)^n=1-\left(\frac{1}{2}\right)^n$

(2) $\frac{1}{2}+\left(\frac{1}{2}\right)^2+\left(\frac{1}{2}\right)^3+\cdots+\left(\frac{1}{2}\right)^n+\left(\frac{1}{2}\right)^n=1$

【追问一】1 m 长的木棒，第 1 次截去三分之一，第 2 次截去剩下部分的三分之一，如此截下去，第 7 次后剩下的木棒有多长？

分析：如图 1-2-2 所示

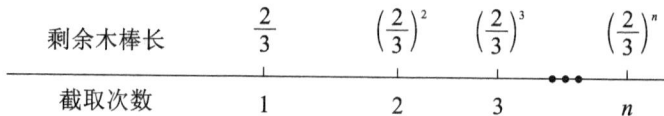

剩余木棒长	$\dfrac{2}{3}$	$\left(\dfrac{2}{3}\right)^2$	$\left(\dfrac{2}{3}\right)^3$	$\cdots$	$\left(\dfrac{2}{3}\right)^n$
截取次数	1	2	3		n

图 1-2-2

①截去与剩下是一一对应关系

第 n 次后剩下的木棒长 $\left(\dfrac{2}{3}\right)^n$，

第 n 次后被截去的木棒长

$$\frac{1}{3}+\frac{2}{3}\times\frac{1}{3}+\left(\frac{2}{3}\right)^2\times\frac{1}{3}+\cdots+\left(\frac{2}{3}\right)^{n-1}\times\frac{1}{3}，即：1-\left(\frac{2}{3}\right)^n.$$

②割补（补形）思想

$$\frac{1}{3}+\frac{2}{3}\times\frac{1}{3}+\left(\frac{2}{3}\right)^2\times\frac{1}{3}+\cdots+\left(\frac{2}{3}\right)^{n-1}\times\frac{1}{3}=1-\left(\frac{2}{3}\right)^n$$

$$\frac{1}{3}+\frac{2}{3}\times\frac{1}{3}+\left(\frac{2}{3}\right)^2\times\frac{1}{3}+\cdots+\left(\frac{2}{3}\right)^{n-1}\times\frac{1}{3}+\left(\frac{2}{3}\right)^n=1$$

【追问二】1 m 长的木棒，第 1 次截去 q 分之一，第 2 次截去剩下部分的 q 分之一，如此截下去，第 7 次后剩下的木棒有多长？

截取第 7 次后剩下的木棒长：$\left(1-\dfrac{1}{q}\right)^7$

截取第 n 次后被截去的木棒长：$1-\left(1-\dfrac{1}{q}\right)^n$

截取第 n 次后被截去的木棒长：

$$\frac{1}{q}+\frac{1}{q}\left(1-\frac{1}{q}\right)+\frac{1}{q}\left(1-\frac{1}{q}\right)^2+\cdots+\frac{1}{q}\left(1-\frac{1}{q}\right)^{n-1}.$$

一般地：

$$\frac{1}{q}+\frac{1}{q}\left(1-\frac{1}{q}\right)+\frac{1}{q}\left(1-\frac{1}{q}\right)^2+\cdots+\frac{1}{q}\left(1-\frac{1}{q}\right)^{n-1}=1-\left(1-\frac{1}{q}\right)^n.$$

$$（n\geq 1，n \text{ 为正整数}）$$

【类例】北师大版七年级上册 P62 第 3 题

3. 如图 1-2-3 所示，将一个边长为 1 的正方形纸片分割成 7 个部分，部分

①是边长为1的正方形纸片面积的一半,部分②是部分①面积的一半,部分③是部分②面积的一半,依此类推.

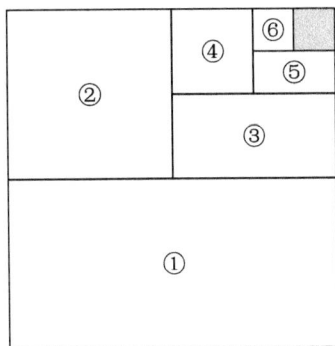

图 1-2-3

(1)阴影部分的面积是多少?

(2)受此启发,你能求出 $\frac{1}{2}+\frac{1}{4}+\frac{1}{8}+\cdots+\frac{1}{2^{6}}$ 的值吗?

(3)(增加)进而计算:$\frac{1}{2}+\frac{1}{4}+\frac{1}{8}+\cdots+\frac{1}{2^{n}}=$ _____.

【总结与提升】这个问题是高中数学教材中《数列》章节中的内容,涉及等比数列求和相关知识. 问题的提出,对于初中学生来说,是超出知识范围的,但用几何的方法给出证明,可谓水到渠成,体现了数形结合的数学思想,对提升学生的数学学习能力、提高学生对数学学习的兴趣、培育并发展学生的核心素养是有益的.

【案例2】关于数轴

数轴是学生进入初中学段,渗透数形结合思想的第一个"图形",其在《有理数》一章学习中,学生学习绝对值、相反数、有理数比大小等知识,发挥着"工具"的作用.

(1)点在数轴上运动,点的坐标变化规律;

(2)已知数轴上两点坐标,研究两点间距离.

所有这些知识、能力、素养都是学生学习解析几何的核心素养.

【问题1】如图 1-2-4 所示,将一条数轴在原点 O 和点 B 处各折一下,得到一条"折线数轴". 图中点 A 表示-10,点 B 表示10,点 C 表示18,我们称点 A 和点 C 在数轴上相距28个长度单位,动点 P 从点 A 出发,以 2 单位/秒的速度沿着"折线数轴"的正方向运动,从点 O 运动到点 B 期间速度变为原来的一半;点 P 从点 A 出发的同时,点 Q 从点 C 出发,以 1 单位/秒的速度沿着"折线数轴"的负方向运动,当点 P 到达点 B 时,点 P、Q 均停止运动. 设运动的时间为 t 秒. 问:

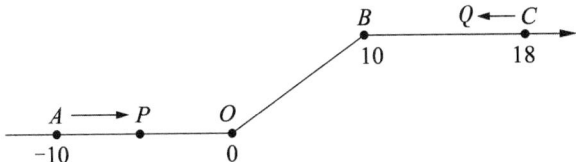

图 1-2-4

(1)用含 t 的代数式表示动点 P 在运动过程中距点 O 的距离;

(2) P、Q 两点相遇时,求出相遇时间及相遇点 M 所对应的数;

(3)是否存在 P、O 两点在数轴上相距的长度与 Q、B 两点在数轴上相距的长度相等?若存在,请直接写出 t 的取值;若不存在,请说明理由.

【问题分析】 (1)首先明确点 P 的运动速度分为两个阶段,在线段 AO 上运动,即

$0 \leqslant t \leqslant 5$ 时,点 P 的运动速度为 2 单位/秒. 在线段 OB 上运动,即

$5 < t \leqslant 15$ 时,点 P 的运动速度为 1 单位/秒.

因此,当 $0 \leqslant t \leqslant 5$ 时,$OP = 10 - 2t$;当 $5 < t \leqslant 15$ 时,$OP = t - 5$.

$$\therefore OP = \begin{cases} 10 - 2t & (0 \leqslant t \leqslant 5) \\ t - 5 & (5 < t \leqslant 15) \end{cases}, \quad BP = \begin{cases} 20 - 2t & (0 \leqslant t \leqslant 5) \\ 15 - t & (5 < t \leqslant 15) \end{cases}.$$

同理可得 $QB = \begin{cases} 8 - t & (0 \leqslant t \leqslant 8) \\ t - 8 & (8 < t \leqslant 15) \end{cases}$, $OQ = 18 - t$.

(2)由已知可得 $OQ = 18 - t$.

思考一:(路程和等于总路程)点 Q 从点 C 运动到点 B 需要 8 秒,点 P 从点 A 运动到点 O 需要 5 秒,所以 P、Q 两点的相遇点 M 在线段 OB 上,此时 $OM + BM = 10$,即 $(t - 5) + (t - 8) = 10$,解得 $t = 11.5$,所以 P、Q 两点相遇时间是 11.5 秒,相遇点 M 所对应的数是 6.5.

思考二:(路程和等于总路程)当 $5 < t \leqslant 15$ 时,点 P 运动的路程为 $S_1 = 5 \times 2 + (t - 5) \times 1 = t + 5$,点 Q 运动的路程为 $S_2 = t$,由 P、Q 两点相遇可得 $S_1 + S_2 = AC$,即:$(t + 5) + t = 18 - (-10)$,解得 $t = 11.5$,此时点 M 所对应的数为 $t - 5 = 6.5$,

所以 P、Q 两点相遇时间是 11.5 秒,相遇点 M 所对应的数是 6.5.

思考三:(两点运动的位置坐标相同) P、Q 两点的相遇点 M 在线段 OB 上,从运动过程中点对应的数的角度来考虑,当 $5 < t \leqslant 15$ 时,点 P 对应的数是 $t - 5$,点 Q 对应的数是 $18 - t$.

所以当 $t - 5 = 18 - t$,即 $t = 11.5$ 时,P、Q 两点相遇,故 P、Q 两点相遇时间是 11.5 秒,相遇点 M 所对应的数是 6.5.

思考四:(平移的观点)当 $5 < t \leqslant 15$ 时,点 P 运动的位置坐标相当于由点 A 向数轴正方向移动了如下的距离:$5 \times 2 + (t - 5) \times 1 = t + 5$,

$\therefore$ 点 P 运动的位置坐标为 $x_P = -10 + (t + 5) = t - 5$.

点 Q 运动的位置坐标相当于由点 C 向数轴负方向移动了 t 的距离,

$\therefore$ 点 Q 运动的位置坐标为 $x_Q = 18 - t$.

由 P、Q 两点相遇可得 $x_P = x_Q$,即 $t - 5 = 18 - t$,解得 $t = 11.5$.

(3)当 $0 \leqslant t \leqslant 5$ 时,$OP = BQ$,即 $10 - 2t = 8 - t$,解得 $t = 2$.

当 $5 < t \leqslant 15$ 时,$OP = BQ$,即 $t - 5 = 8 - t$ 或 $t - 5 = t - 8$,解得 $t = 6.5$.

综上所述,存在 P、O 两点在数轴上相距的长度与 Q、B 两点在数轴上相距的长度相等,此时,$t=2$ 秒或 6.5 秒.

【问题再探究】是否存在 P、Q 两点在数轴上相距 5 个单位? 若存在,请直接写出 t 的取值;若不存在,请说明理由.

显然,存在. 当 $5 < t \leqslant 15$ 时,$\because x_P = t-5$,$x_Q = 18-t$,$\therefore$ 由 $PQ=5$,得 $x_P - x_Q = 5$,或 $x_Q - x_P = 5$,即 $(t-5)-(18-t)=5$,或 $(18-t)-(t-5)=5$,解得 $t=14$ 或 $t=9$.

存在 $t=14$ 秒或 $t=9$ 秒时,P、Q 两点在数轴上相距 5 个单位.

【问题总结提升】点在数轴上的运动问题,一般地,有两种方式刻画运动状态. 第一种方式就是用时间 t 表示相关线段的长度,第二种方式就是用时间 t 表示运动点的位置坐标.

本问题中,当 $0 \leqslant t \leqslant 5$ 时,就点 P 而言,$AP=2t$,$OP=10-2t$,$BP=20-2t$,点 P 的位置坐标为 $-10+2t$;因为点 P 的位置坐标为 $x_P = -10+2t$,点 B 的位置坐标为 $x_B=10$,

$\therefore BP = |x_B - x_P| = x_B - x_P = 10-(-10+2t) = 20-2t$.

就点 Q 而言,$CQ=t$,$BQ=8-t$,$OQ=18-t$,点 Q 的位置坐标为 $18-t$.

当 $5 < t \leqslant 15$ 时,就点 P 而言,$AP = 10+(t-5) \times 1 = t+5$,$OP = (t-5) \times 1 = t-5$,$BP = OB - OP = 10-(t-5) = 15-t$,点 P 的位置坐标为 $t-5$.

就点 Q 而言,$CQ=t$,$OQ=18-t$,点 Q 的位置坐标为 $18-t$.

综上所述:

$$OP = \begin{cases} 10-2t & (0 \leqslant t \leqslant 5) \\ t-5 & (5 < t \leqslant 15) \end{cases}, \quad BP = \begin{cases} 20-2t & (0 \leqslant t \leqslant 5) \\ 15-t & (5 < t \leqslant 15) \end{cases}, \quad AP = \begin{cases} 2t & (0 \leqslant t \leqslant 5) \\ t+5 & (5 < t \leqslant 15) \end{cases};$$

点 P 的位置坐标为 $x_P = \begin{cases} -10+2t & (0 \leqslant t \leqslant 5) \\ t-5 & (5 < t \leqslant 15) \end{cases}$.

当 $0 \leqslant t \leqslant 15$ 时,$CQ=t$,$OQ=18-t$,点 Q 的位置坐标为 $18-t$.

用平移的观点分析点的位置坐标,用线段的长度来表达点的位置坐标,用点的位置坐标来表示两点间距离(即线段的长度)是解决数轴上点的运动问题的关键.

数轴是学习有理数的一种重要工具,任何实数都可以用数轴上的点表示,这样能够运用数形结合的方法解决一些问题.

【问题 2】两个有理数在数轴上对应的点之间的距离可以用这两个数的差的绝对值表示. 例如,在数轴上,有理数 3 与 1 对应的两点之间的距离为 $|3-1|=2$;有理数 5 与 -2 对应的两点之间的距离为 $|5-(-2)|=7$;有理数 -8 与 -5 对应的两点之间的距离为 $|-8-(-5)|=3$.

如图 1-2-5 所示,在数轴上有理数 a 对应的点为点 A,有理数 b 对应的点为点 B,A、B 两点之间的距离表示为 $|a-b|$ 或 $|b-a|$,记为 $|AB| = |a-b| = |b-a|$.

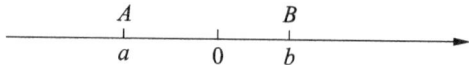

图 1-2-5

【问题解决】

(1)数轴上有理数 -10 与 3 对应的两点之间的距离等于 _____；数轴上有理数 x 与 -5 对应的两点之间的距离用含 x 的式子表示为 _____；若数轴上有理数 x 与 1 对应的两点 A、B 之间的距离 $|AB| = 6$，则 $x =$ _____.

联系拓广：

(2)如图 1-2-6(1)所示，点 M，N，P 是数轴上的三点，点 M 表示的数为 4，点 N 表示的数为 -2，动点 P 表示的数为 x.

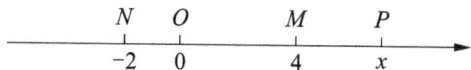

图 1-2-6(1)

①若点 P 在点 M，N 之间，则 $|PM| + |PN| =$ _____；若 $|PM| + |PN| = 10$，则点 P 表示的数 x 为 _____；由此可得：当 $|x+3| + |x-7|$ 取最小值时，整数 x 的所有取值的和为 _____；

②当点 P 到点 M 的距离等于点 P 到点 N 的距离的 2 倍时，求 x 的值.

【答案】(1)13；$|x+5|$；7 或 -5；(2)①6；6 或 -4；22；②-8 或 0

问题延伸：求函数 $y = |x+2| + |x-4|$ 的最值[图 1-2-6(2)].

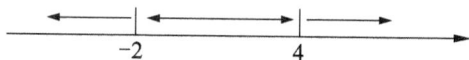

图 1-2-6(2)

解：$y = |x+2| + |x-4| = \begin{cases} -2x+2, & x \leq -2 \\ 6, & -2 < x \leq 4 \\ 2x-2, & x > 4 \end{cases}$

画出 $y = |x+2| + |x-4|$ 的图象，如图 1-2-7 所示.

【小结】零点分区间法去绝对值，将问题转化为分段函数问题来解决，通过函数

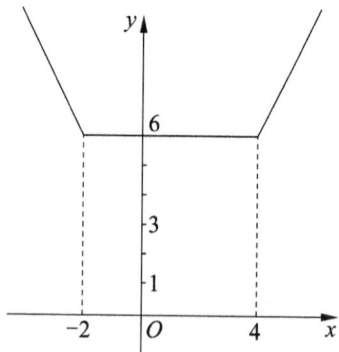

图 1-2-7

图象,学生能直观清晰地看到函数的单调规律以及最值.

【问题再延伸】

解不等式:$(x+3)(x+1)(x-2)(x-5)>0$

解:当 $x<-3$ 时,4 个因式都为负,乘积为正,不等式成立;

当 $-3<x<-1$ 时,3 个因式为负,乘积为负,不等式不成立;

当 $-1<x<2$ 时,2 个因式为负,乘积为正,不等式成立;

当 $2<x<5$ 时,1 个因式为负,乘积为负,不等式不成立;

当 $x>5$ 时,0 个因式为负,乘积为正,不等式成立.

综上所述,不等式的解集为:$x<-3$ 或 $-1<x<2$ 或 $x>5$.

零点分区间法是高中阶段解一元高次不等式的重要方法,体现了"奇负为负,偶负为正"的因式乘积符号规律.

【案例3】 直线上 n 个点构成线段条数问题

如图 1-2-8 所示:直线 l 上有 n 个点 A_1、A_2、A_3、…、A_{n-2}、A_{n-1}、A_n.

图 1-2-8

【问题分析与解决】 从左到右考虑:第一个点与其右边的 $(n-1)$ 个点,能构成 $(n-1)$ 条线段,第二个点与其右边的 $(n-2)$ 个点,能构成 $(n-2)$ 条线段,依此类推,得到总的线段条数为:

$$(n-1)+(n-2)+(n-3)+\cdots+3+2+1$$

从右到左考虑:第二个点与其左边的 1 个点,能构成 1 条线段,第三个点与其左边的 2 个点,能构成 2 条线段,依此类推,第 n 个点与其左边的 $(n-1)$ 个点,能构成 $(n-1)$ 条线段,得到总的线段条数为:

$$1+2+3+\cdots+(n-3)+(n-2)+(n-1)$$

提出问题:请同学们求下面式子的值.

$$(n-1)+(n-2)+(n-3)+\cdots+3+2+1 \quad\cdots\cdots(1)$$
$$1+2+3+\cdots+(n-3)+(n-2)+(n-1) \quad\cdots\cdots(2)$$

【问题解决1】 从直线 l 上 $n(n\geq 2$ 且 n 为正整数)个点中任取一个点,比如点 A_1,它与其余的 $(n-1)$ 个点,能构成 $(n-1)$ 条线段,线上有 n 个点,共能构成 $n(n-1)$ 条线段.

由于两个点构成一条线段,故线段的条数为 $\dfrac{n(n-1)}{2}$.

$$1+2+3+\cdots+(n-3)+(n-2)+(n-1)=\frac{n(n-1)}{2}$$

【问题解决2】进一步引导学生从纵向观察式子(1)、(2)特点，两式从左到右对应两个数的和均为 n，(1)+(2)共有 $(n-1)$ 个 n 相加，即两式和为 $n(n-1)$，从而得到：

$$1+2+3+\cdots+(n-3)+(n-2)+(n-1)=\frac{n(n-1)}{2}$$

【情感故事】天才数学家高斯的故事

高斯读小学时，数学老师出了一道数学题：求 $1+2+3+\cdots+100$ 的值.

高斯很快就说出了答案5050.

【知识迁移1】把直线 l 上 n 个点 A_1、A_2、A_3、$\cdots$、A_{n-2}、A_{n-1}、A_n 想象为：(1)n 个人，(2)n 支球队，(3)铁路线上 n 个站点等对象.

数学中的握手问题、互赠礼物问题、单双循环赛问题、火车票数量问题等，均可迎刃而解. 学生会对 $n(n-1)$ 与 $\frac{n(n-1)}{2}$ 有一个非常深刻的认识与理解.

【知识迁移2】

平面上 n 条直线 l_1、l_2、l_3、$\cdots$、l_n 两两相交，如图1-2-9(1)所示，交点个数的最大值问题.

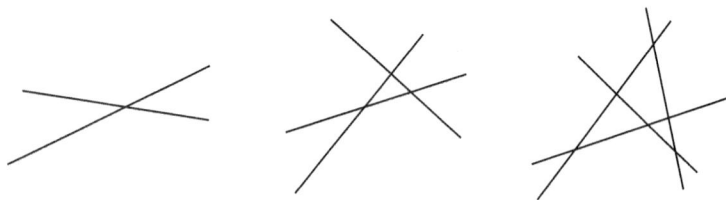

图1-2-9(1)

分析：2条直线相交有 1 个交点；

3条直线相交最多有 $1+2=3$ 个交点；

4条直线相交最多有 $1+2+3=6$ 个交点；

n 条直线相交最多有 $1+2+3+\cdots+(n-1)=\frac{n(n-1)}{2}$ 个交点.

【知识迁移3】多边形的对角线条数及内角和问题[图1-2-9(2)]

在讲解多边形时，要突出基本思想方法是通过连对角线把问题化归为三角形问题来解决，这样学生在学习多边形时就会减少许多困难.

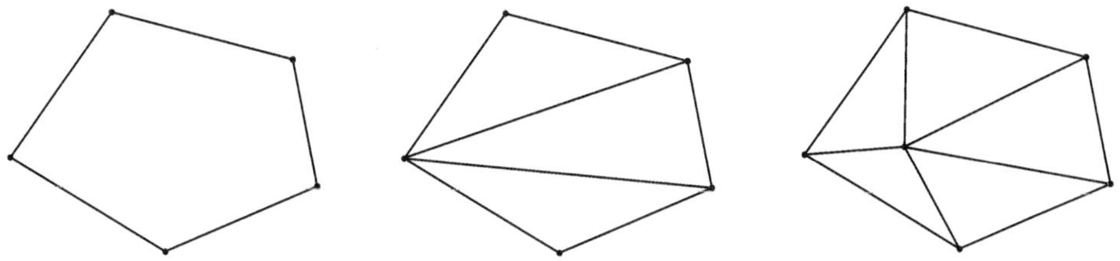

图 1-2-9(2)

(1)n 边形从一个顶点出发的对角线条数问题[图 1-2-9(3)]

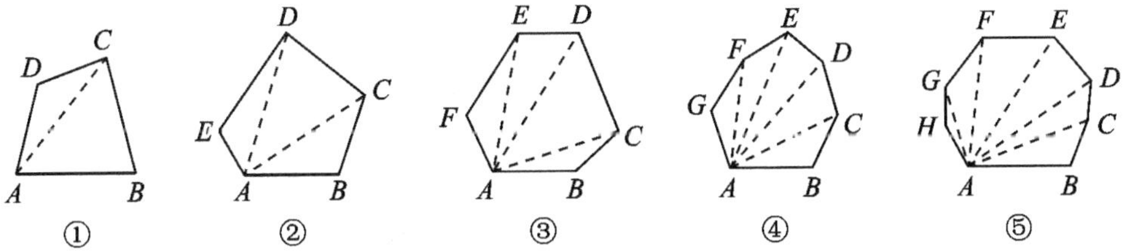

图 1-2-9(3)

n 边形从一个顶点出发的对角线有 $(n-3)$ 条

(2)n 边形从一个顶点出发的对角线将多边形分成三角形个数问题

n 边形从一个顶点出发的对角线将多边形分成 $(n-2)$ 个三角形

(3)n 边形的对角线条数及内角和、外角和问题

从一个顶点可以引出 $(n-3)$ 条对角线，则 n 个顶点可以引出 $n(n-3)$ 条对角线，其中每一条都重复算了一次，因此对角线条数为 $\dfrac{n(n-3)}{2}$.

n 边形从一个顶点出发的对角线将多边形分成 $(n-2)$ 个三角形，因此，n 边形的内角和为：$(n-2)\times180°$

n 边形的外角和为：$n\times180°-(n-2)\times180°=360°$

【知识迁移 4】

病毒传播问题

【分析】病毒传播问题

有一个人患了流感，每轮传染中平均一个人传染了 x 人，经过两轮传染后共有_____人患了流感.

起初	1 人	合计：1 人
一轮后	新增 x 人	$(1+x)$ 人

续表

二轮后	新增 $(1+x)x$ 人	$(1+x)+(1+x)x$ 即 $(1+x)^2$ 人
三轮后	新增 $(1+x)^2x$ 人	$(1+x)^2+(1+x)^2x$ 即 $(1+x)^3$ 人
N 轮后	新增 $(1+x)^{n-1}x$	$(1+x)^{n-1}+(1+x)^{n-1}x$ 即 $(1+x)^n$ 人

一般地，起初有 a 人患病，每轮传染中平均一个人传染了 x 人，则 n 轮传染后患者为 $a(1+x)^n$ 人.

【案例4】四边形与特殊四边形——平行四边形

多边形：概念，边数、顶点数、同一顶点出发的对角线条数、对角线条数、同一顶点出发的对角线分多边形所得三角形个数、内角和、外角和.

特殊四边形——平行四边形

研究方法：概念、性质、判定；研究角度：边、角、对角线、对称性；研究策略：位置关系、数量关系.

定义：两组对边分别平行的四边形叫作平行四边形，如图1-2-10所示.

$\left.\begin{array}{l} AB/\!/CD \\ AD/\!/BC \end{array}\right\} \Rightarrow$ 四边形 $ABCD$ 为平行四边形，表示为 $\square ABCD$，读作平行四边形 $ABCD$.

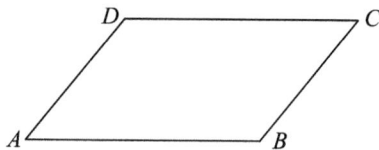

图 1-2-10

性质：对边平行且相等；对角线互相平分；对角相等、邻角互补；中心对称图形.

应用较多的性质：对角线互相平分；中心对称图形.

①平行四边形是中心对称图形，对称中心就是两条对角线的交点.

【1】连接四边上任意一点和平行四边形的对称中心，与另一条边相交于一点，则这两个点关于平行四边形的对称中心对称.

如图1-2-11（1）所示，四边形 $ABCD$ 为平行四边形，E，F 在 AD，BC 上，且线段 EF 过点 $O\Rightarrow OE=OF$

【2】经过平行四边形对称中心的任意一条直线都把平行四边形分成面积和周长相等的两部分，如图1-2-11（2）所示.

$S_{四边形ABFE}=S_{四边形DEFC}$，$C_{四边形ABFE}=C_{四边形DEFC}$.

②四边形的知识是三角形知识的延伸，所以在解决平行四边形相关问题时，要结合三角形和全等三角形的知识综合运用.

如图 1-2-11(3)所示，$S_{\triangle AOB}=S_{\triangle BOC}=S_{\triangle DOC}=S_{\triangle DOA}$；

$\triangle AOB\cong\triangle COD$，$\triangle AOD\cong\triangle COB$，$\triangle ABC\cong\triangle CDA$，$\triangle BCD\cong\triangle DAB$.

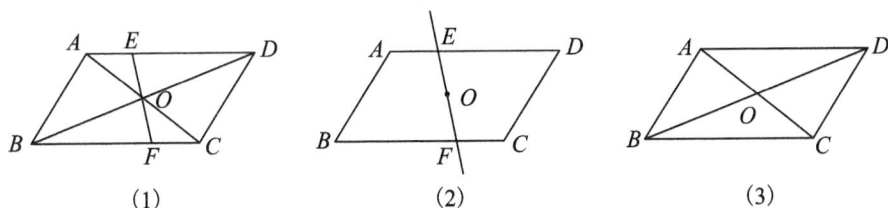

图 1-2-11

③平行四边形中的面积问题

(1)过对角线上一点引边的平行线	(2)点 P 是平行四边形中任意一点
图中共有 9 个平行四边形，阴影部分两个图形面积相等	图中阴影部分面积等于平行四边形面积的一半

【问题 1】如图 1-2-12(1)所示，平行四边形 $ABCD$ 中，点 P 到 CD 边的距离为 h_1，到 AB 边的距离为 h_2，已知 $\triangle PCD$ 的面积为 3，若 $h_1:h_2=1:2$，求平行四边形 $ABCD$ 的面积.

【问题 2】如图 1-2-12(2)所示，一个平行四边形被分成面积分别为 S_1、S_2、S_3、S_4 的四个小平行四边形，当 CD 沿 AB 自左向右在平行四边形内平行滑行时，猜想 $S_1\cdot S_4$ 与 $S_2\cdot S_3$ 的大小关系并验证.

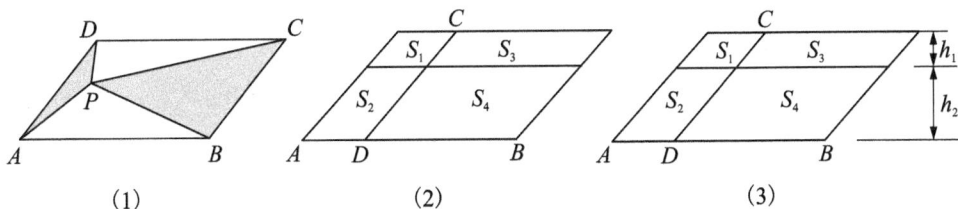

图 1-2-12

【**问题解决**】等底等高的两个三角形面积相等，等底不等高（等高不等底）的两个三角形面积之比等于对应高（底）之比．两个平行四边形的面积关系亦如此，如图 1-2-12（3）所示．

因此 $S_1 : S_2 = h_1 : h_2$；$S_3 : S_4 = h_1 : h_2$，

横比、竖比均相等，交叉乘积相等，

即 $S_1 : S_3 = S_2 : S_4$；$S_1 : S_2 = S_3 : S_4$；$S_1 S_4 = S_2 S_3$．

几何图形的学习，多采取类比的方法．研究特殊的平行四边形——矩形、菱形、正方形，常常从研究图形的定义出发，到研究图形的性质及判定方法，最后研究图形的应用．

④**矩形是特殊的平行四边形，常用到矩形的对角线性质：**矩形的对角线相等且互相平分．

如图 1-2-13 所示，矩形 $ABCD$ 中，对角线 AC、BD 相交于点 O，则 $OA = OC = OB = OD$．

沿矩形一条对角线把矩形截成两半，如图 1-2-14 所示，正好验证了"斜边中线定理"．

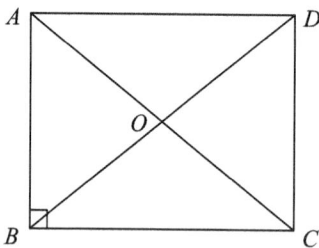

图 1-2-13

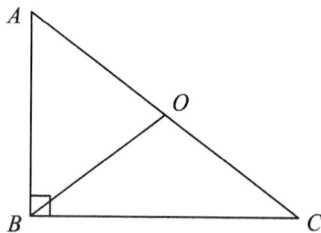

图 1-2-14

斜边中线定理：直角三角形斜边上的中线等于斜边长的一半．

已知：$\triangle ABC$ 是直角三角形，BO 是斜边 AC 上的中线．

求证：$BO = \dfrac{1}{2} AC$．

证明：如图 1-2-14 所示，延长 BO 到点 D，使得 $OD = BO$，连接 AD、CD，如图 1-2-13 所示．

因为 O 为 AC 中点，所以 $OA = OC$，又因为 $OD = BO$，所以四边形 $ABCD$ 是平行四边形，因为 $\angle ABC = 90°$，因此四边形 $ABCD$ 是矩形，所以 $BO = \dfrac{1}{2} AC$．

即：**直角三角形斜边上的中线等于斜边长的一半．**

反之，若三角形中某一边上的中线等于该边长的一半，那么这个三角形是直角三角形.

如图 1-2-15 所示,已知 BO 是 $\triangle ABC$ 边 AC 上的中线,且 $BO=\frac{1}{2}AC$,求证:$\triangle ABC$ 是直角三角形.

证明一:因为 BO 是 $\triangle ABC$ 边 AC 上的中线,且 $BO=\frac{1}{2}AC$,所以 $OB=OA=OC$,

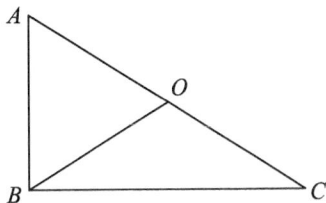

图 1-2-15

$\therefore \angle 1=\angle 2$,$\angle 3=\angle 4$,$\therefore \angle 2+\angle 3=\angle 1+\angle 4$. 又 $\because \angle 1+\angle 2+\angle 3+\angle 4=180°$,$\therefore \angle 2+\angle 3=90°$,即 $\angle ABC=90°$,如图 1-2-16(1) 所示,因此,$\triangle ABC$ 是直角三角形.

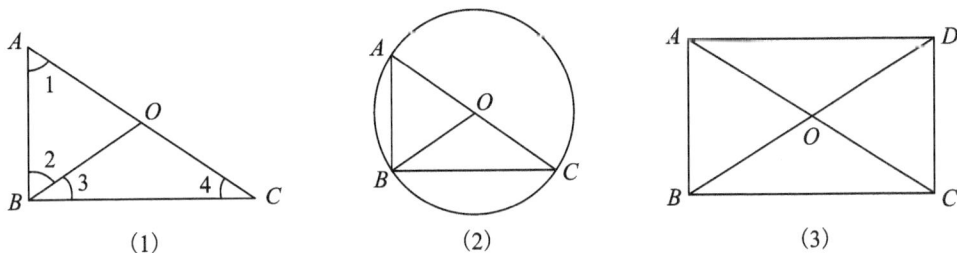

图 1-2-16

证明二:因为 BO 是 $\triangle ABC$ 边 AC 上的中线,且 $BO=\frac{1}{2}AC$,所以 $OB=OA=OC$,因此,$\triangle ABC$ 是以 O 为圆心,以 OB 为半径的圆内接三角形,边 AC 为圆内接三角形的直径,所以 $\angle ABC=90°$,如图 1-2-16(2) 所示,因此,$\triangle ABC$ 是直角三角形.

证明三:如图 1-2-15 所示,延长 BO 到点 D,使得 $OD=BO$,连接 AD、CD,如图 1-2-16(3) 所示.易证:四边形 $ABCD$ 是矩形,所以 $\triangle ABC$ 是直角三角形.

【问题联想】中点、中线、一半,我们很容易想到三角形的中位线的概念与性质.
三角形中位线定理:**三角形的中位线平行且等于第三边长的一半.**

如图 1-2-17 所示,D、E 分别是 $\triangle ABC$ 的边 AC、AB 的中点.求证:$DE//BC$,且 $DE=\frac{1}{2}BC$.

分析:本题既要证明两条线段所在的直线平行,又要证明其中一条线段的长等于另

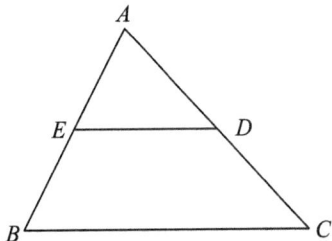

图 1-2-17

一条线段长的一半. 将 ED 延长一倍后, 可以将证明 $DE=\dfrac{1}{2}BC$ 转化为证明延长后的线段与 BC 相等. 又由于点 D 是 AC 的中点, 根据对角线互相平分的四边形是平行四边形, 利用平行四边形的性质证明.

证明一: 延长 ED 到点 F, 使得 $ED=DF$, 连接 AF、CF、EC, 如图 1-2-18(1) 所示.

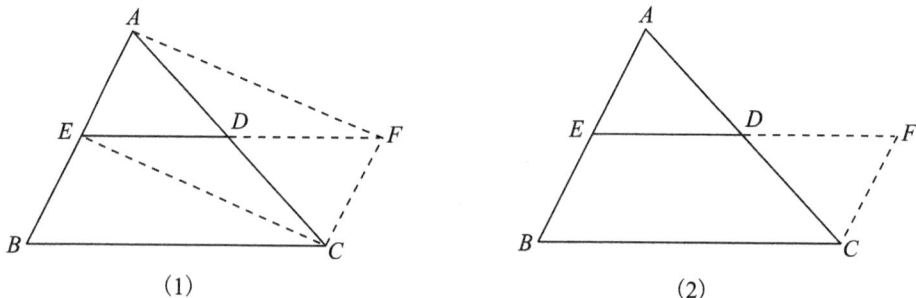

图 1-2-18

$\because ED=DF$, $AD=DC$, $\therefore$ 四边形 $AECF$ 是平行四边形, $CF=AE$, 且 $CF/\!/AE$, $\therefore CF=EB$, 且 $CF/\!/BE$, $\therefore$ 四边形 $EBCF$ 是平行四边形, $EF=BC$, 且 $EF/\!/BC$.

又 $DE=\dfrac{1}{2}EF$, $\therefore DE/\!/BC$, 且 $DE=\dfrac{1}{2}BC$.

证明二: 过点 C 作 $CF/\!/AB$, 与 ED 的延长线交于点 F, 如图 1-2-18(2) 所示.

易证 $\triangle ADE \cong \triangle CDF$, $\therefore CF=AE$. 又 $\because AE=BE$, $\therefore CF=BE$. 又 $\because CF/\!/AB$, $\therefore$ 四边形 $EBCF$ 是平行四边形, $EF=BC$, 且 $EF/\!/BC$.

又 $DE=\dfrac{1}{2}EF$, $\therefore DE/\!/BC$, 且 $DE=\dfrac{1}{2}BC$.

【问题思考】为了证明三角形中位线性质定理, 我们通过①延长 ED 到点 F, 使得 $ED=DF$; ②过点 C 作 $CF/\!/AB$, 与 ED 的延长线交于点 F 两种方式, 利用平行四边形的判定定理与性质定理, 使三角形中位线性质定理得到证明. 其本质就是构造平行四边形, 然后利用平行四边形的性质, 达到目标. 构造平行四边形的方式是多种多样的, 于是, 在教学实践中, 引导学生做如下的探索与思考.

【思考一】设点 F 为边 BC 的中点, 连接 FD 并延长到点 G, 使得 $FD=DG$, 连接 AG、AF、CG, 如图 1-2-19 所示.

∵ $GD = DF$，$AD = DC$，∴ 四边形 $AFCG$ 是平行四边形，$CF = AG$，且 $CF /\!/ AG$.

又∵ 点 F 为边 BC 的中点，∴ $BF = AG$，且 $BF /\!/ AG$，

∴ 四边形 $ABFG$ 是平行四边形，$AB = FG$，且 $AB /\!/ FG$.

又∵ D、E 分别是边 FG、AB 的中点，

∴ $FD = BE$，且 $FD /\!/ BE$，∴ 四边形 $EBFD$ 是平行四边形，$ED = BF$，且 $ED /\!/ BC$.

又∵ $BF = \dfrac{1}{2}BC$，∴ $DE /\!/ BC$，且 $DE = \dfrac{1}{2}BC$.

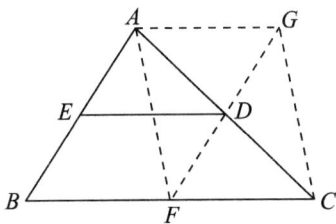

图 1-2-19

【思考二】 过点 A 作 $AG /\!/ BC$，设点 F 为边 BC 的中点，连接 FD 并延长交 AG 于点 G，如图 1-2-20 所示.

易证 $\triangle ADG \cong \triangle CDF$，∴ $CF = AG$，$AG /\!/ BC$. 又∵ 点 F 为边 BC 的中点，∴ $BF = AG$，且 $BF /\!/ AG$，∴ 四边形 $ABFG$ 是平行四边形，$AB = FG$，且 $AB /\!/ FG$. 又∵ D、E 分别是边 FG、AB 的中点，

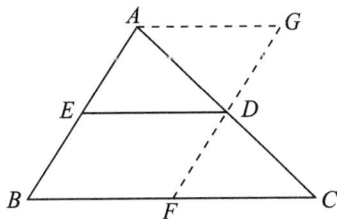

图 1-2-20

∴ $FD = EB$，且 $FD /\!/ BE$，∴ 四边形 $EBFD$ 是平行四边形，$ED = BF$，且 $ED /\!/ BC$.

又∵ $BF = \dfrac{1}{2}BC$，∴ $DE /\!/ BC$，且 $DE = \dfrac{1}{2}BC$.

【问题再思考】 梯形的中位线有类似的性质吗？请探索梯形中位线的性质.

如图 1-2-21 所示，梯形 $ABCD$ 中，E、F 分别是边 AB、CD 的中点，我们把线段 EF 就叫作梯形的中位线. 请探索线段 EF、BC、AD 间的关系.

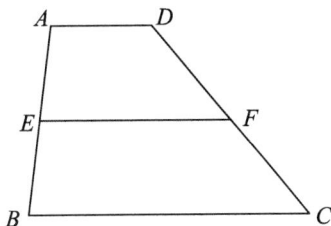

图 1-2-21

【分析】 连接 AF 并延长交 BC 延长线于点 G，如图 1-2-22(1) 所示.

易证 $\triangle ADF \cong \triangle GCF$，∴ $CG = AD$，$GF = AF$，∴ $BG = BC + CG = BC + AD$.

∵ E 是边 AB 的中点，∴ EF 是 $\triangle ABG$ 的中位线，∴ $EF = \dfrac{1}{2}BG = \dfrac{1}{2}(AD + BC)$，且 $EF /\!/ AD /\!/ BC$.

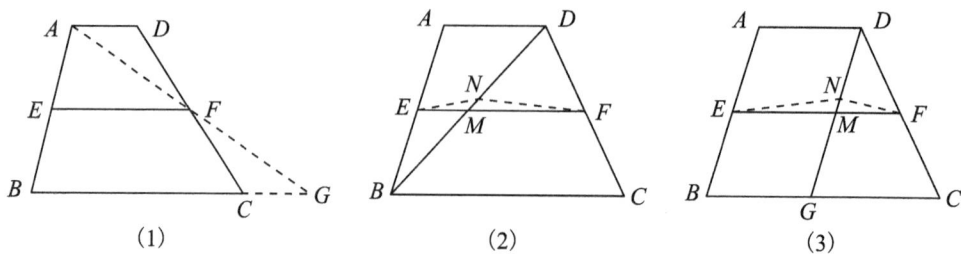

图 1-2-22

如图 1-2-22(2)所示，连接 DB 交 EF 于点 M，取 DB 中点 N，连接 EN、NF.

根据三角形的中位线性质定理，得 $EN/\!/AD$，且 $EN=\dfrac{1}{2}AD$；$FN/\!/BC$，且 $FN=\dfrac{1}{2}BC$.

$\because BC/\!/AD$，$\therefore EN$，FN 重合，即点 M 与点 N 重合，$\therefore$ 点 M 为 BD 中点，$\therefore EF=EM+MF=\dfrac{1}{2}(AD+BC)$，且 $EF/\!/AD/\!/BC$.

如图 1-2-22(3)所示，过点 D 作 $DG/\!/AB$ 交 BC 于点 G，交 EF 于点 M，取 DG 中点 N，连接 EN、NF.

根据三角形的中位线性质定理，得 $FN/\!/BC$.

易证：四边形 $AEND$ 是平行四边形，所以 $EN=AD$，$EN/\!/BC$. 因此 E、N、F 三点共线，所以点 N 与点 M 重合，所以 $EF/\!/AD/\!/BC$，且

$EF=EM+MF=AD+\dfrac{1}{2}GC=AD+\dfrac{1}{2}(BC-BG)$

$=AD+\dfrac{1}{2}(BC-AD)=\dfrac{1}{2}(BC+AD)$.

特别地，如图 1-2-23 所示，延长 BA、CD 交于点 G，当 $BC=3AD$ 时，则 $GD=DF=FC$.

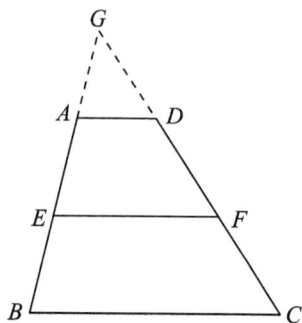

图 1-2-23

⑤菱形是特殊的平行四边形，用得较多的是菱形的对角线性质

对角线互相垂直平分且每条对角线平分一组对角，如图 1-2-24 所示.

(1)菱形中出现很多的等腰三角形，特别是内角中有 60°角时，会出现等边三角形.

(2)菱形的面积等于底乘高，等于对角线乘积的一半.

即 $S_{菱形ABCD} = AB \times DE = \dfrac{1}{2}AC \times BD$

【问题3】如图 1-2-25 所示,菱形 $ABCD$ 中,AC 交 BD 于点 O,$DE \perp BC$ 于点 E,连接 OE,若 $\angle BCD = 50°$,则 $\angle OED$ 的度数是_____.

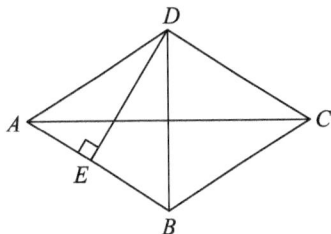

图 1-2-24

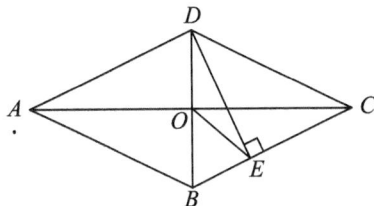

图 1-2-25

分析:平行四边形的对角线互相平分,就本题而言,OE 是 $\triangle BED$ 的中线.

$\because DE \perp BC$ 于点 E,$\therefore OE = OD = OB = \dfrac{1}{2}BD$,Rt$\triangle BED$ 斜边中线的出现,导致 Rt$\triangle BED$ 中含有两个等腰三角形,即 $\triangle DOE$、$\triangle OBE$ 都是等腰三角形,图 1-2-25 中出现好几组相似三角形,这些结论都是我们在分析该图时得到的.

通过角度转换,得 $\angle OED = \angle ODE$,$\angle ODE = \angle OCB = \dfrac{1}{2}\angle BCD = 25°$. 故本题答案是 25°.

⑥**正方形既是特殊的矩形又是特殊的菱形**,具有矩形和菱形的全部性质,其对角线性质最为丰富:互相垂直平分且相等,每条对角线平分一组对角.

【问题4】如图 1-2-26 所示,正方形 $ABCD$ 和正方形 $CEFG$ 中,点 D 在 CG 上,$BC = 1$,$CE = 3$,H 是 AF 的中点,那么 CH 的长是_____.

分析:连接 AC、CF,如图 1-2-27 所示,易知 $\triangle ACF$ 是直角三角形.

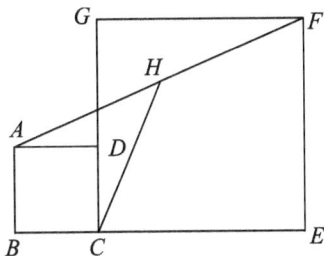

图 1-2-26

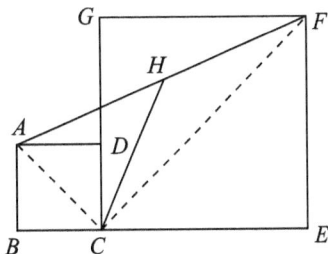

图 1-2-27

由已知得 $AC=\sqrt{2}$，$CF=3\sqrt{2}$，$\therefore AF=\sqrt{AC^2+CF^2}=2\sqrt{5}$.

$\because H$ 是 AF 的中点，$\therefore CH=\dfrac{1}{2}AF=\sqrt{5}$.

【小结】本题所给图形对所求问题是一张残图，利用正方形的性质，连接对角线构造直角三角形，通过直角三角形斜边中线定理求解.

【问题5】如图 1-2-28 所示，$ABCD$ 为正方形，直线 l_1、l_2、l_3 分别通过 D，A，B 三点，且 $l_1 /\!/ l_2 /\!/ l_3$，若 l_1 与 l_2 的距离为 3，l_3 与 l_2 的距离为 5，则正方形的面积为（　　）.

分析：过点 D 作 $DF\perp l_2$，垂足为点 F，过点 B 作 $BE\perp l_2$，垂足为点 E，如图 1-2-29 所示.

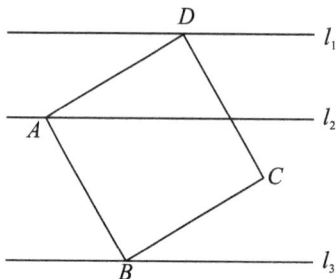

图 1-2-28

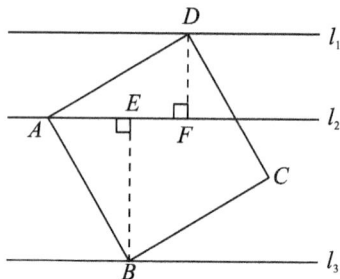

图 1-2-29

根据"一线三垂直"全等模型，易证 $\triangle AEB\cong\triangle DFA$.

$\therefore AE=DF=3$，$\therefore AB=\sqrt{AE^2+BE^2}=\sqrt{34}$.

【问题6】如图 1-2-30 所示，直线 l_1：$y=-3x+3$ 与坐标轴交于 A、B 两点，与过点 $C(4,0)$ 的直线 l_2 交于点 D，且 $AD=AB$.

（1）点 A 的坐标为_____，点 B 的坐标为_____.

（2）点 D 的坐标为_____.

（3）求直线 l_2 的解析式.

（4）在第一象限找点 M 使得 $\triangle MBA$ 为等腰直角三角形，直接写出满足条件的点 M 的坐标.

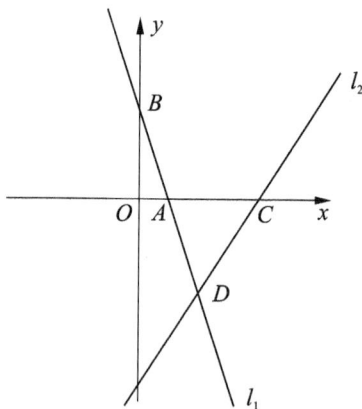

图 1-2-30

分析：易得（1）$A(1,0)$、$B(0,3)$；

（2）$D(2,-3)$；（3）l_2：$y=\dfrac{3}{2}x-6$；

（4）△MAB 是等腰直角三角形，所以分三种情况讨论：①BA＝BM；②AB＝AM；③MA＝MB.

　　如图 1-2-31(1)所示，根据"一线三垂直"全等模型，易证△OAB≌△EBM，所以 M(3，4).

　　如图 1-2-31(2)所示，根据"一线三垂直"全等模型，易证△OAB≌△EMA，所以 M(4，1).

　　如图 1-2-31(3)所示，根据"一线三垂直"全等模型，易证△AEM≌△BFM，所以 M(2，2).

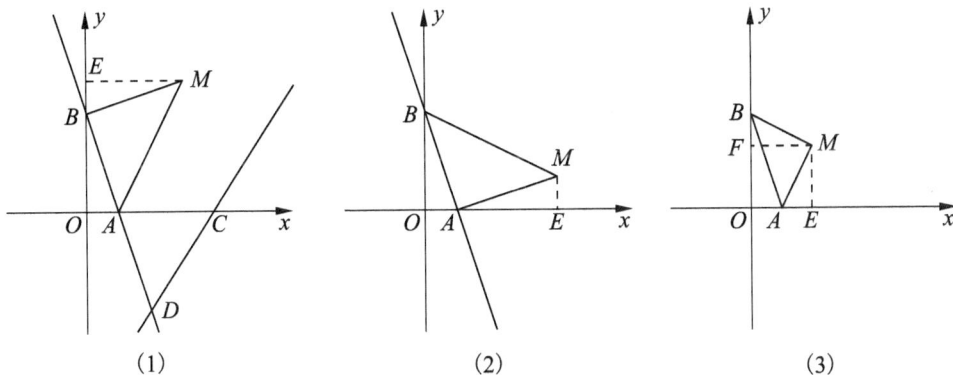

（1）　　　　　　　　（2）　　　　　　　　（3）

图 1-2-31

　　综上所述：M(3，4)或 M(4，1)或 M(2，2).

　　【小结】"一线三垂直"模型构造三角形全等或构造三角形相似，是一种重要的图形构造，方法就是过一个直角三角形的两个锐角顶点分别作过直角顶点的直线的垂线，所构造的两个三角形必全等或相似.

　　⑦中点四边形问题

　　我们把顺次连接任意一个四边形各边中点所得的四边形叫作中点四边形. 不同的四边形的中点四边形有其相同的属性，问题中的核心不变量是四边形各边和中点，联想到三角形的中位线是三角形两边中点的连线，可把四边形问题转化为三角形问题，最终利用中位线定理来解决，把四边形问题转化为已学过的三角形问题，是我们解决四边形问题常用的方法之一.

　　若用序号代表四边形的对角线满足的条件：①平分，②相等，③垂直

　　则有：①⇒平行四边形；①＋②⇒矩形；①＋③⇒菱形；①＋②＋③⇒正方形

　　【问题7】人教版八年级下册 第十八章 平行四边形 P68 第 9 题

　　9. 我们把顺次连接任意一个四边形各边中点所得的四边形叫作中点四边形.

　　(1)任意四边形的中点四边形是什么形状？为什么？

(2)任意平行四边形的中点四边形是什么形状？为什么？

(3)任意矩形、菱形和正方形的中点四边形是什么形状？为什么？

求解：(1)已知：如图1-2-32所示，E，F，G，H分别是任意四边形$ABCD$的各边的中点.

求证：四边形$EFGH$是平行四边形.

证明：连接AC，BD.

∵点E，H分别为边AB，AD的中点，

∴$EH\!/\!/BD$，且$EH=\dfrac{1}{2}BD$.

∵点F，G分别为边BC，CD的中点，

∴$FG\!/\!/BD$，且$FG=\dfrac{1}{2}BD$.

∴$EH\!/\!/FG$，且$EH=FG$，

因此，中点四边形$EFGH$是平行四边形.

(2)已知：如图1-2-33所示，E，F，G，H分别是平行四边形$ABCD$的各边的中点.

求证：四边形$EFGH$是平行四边形.

证明：连接AC，BD.

∵点E，H分别为边AB，AD的中点，

∴$EH\!/\!/BD$，且$EH=\dfrac{1}{2}BD$.

∵点F，G分别为边BC，CD的中点，

∴$FG\!/\!/BD$，且$FG=\dfrac{1}{2}BD$.

∴$EH\!/\!/FG$，且$EH=FG$，

因此，中点四边形$EFGH$是平行四边形.

(3)①已知：如图1-2-34所示，E，F，G，H分别是矩形$ABCD$各边的中点.

求证：四边形$EFGH$是菱形.

证明：连接AC，BD.

∵点E，H分别为边AB，AD的中点，

∴$EH=\dfrac{1}{2}BD$.

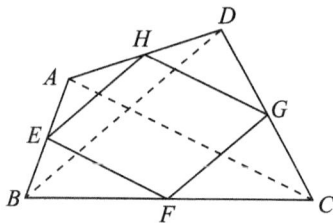

图1-2-32

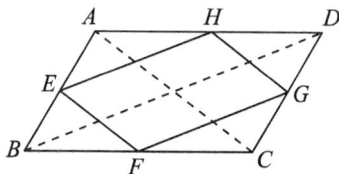

图1-2-33

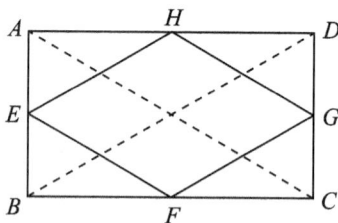

图1-2-34

同理 $FG=\dfrac{1}{2}BD$，$\therefore\ EH=FG=\dfrac{1}{2}BD$. 同理可证 $EF=GH=\dfrac{1}{2}AC$.

又 $\because$ 四边形 $ABCD$ 是矩形，$\therefore\ AC=BD$，$\therefore\ EH=FG=EF=GH$，

因此，中点四边形 $EFGH$ 是菱形.

②已知：如图 1-2-35 所示，E，F，G，H 分别是菱形 $ABCD$ 的各边的中点.

求证：四边形 $EFGH$ 是矩形.

证明：连接 AC，BD.

$\because$ 点 E，H 分别为边 AB，AD 的中点，

$\therefore\ EH/\!/BD$，且 $EH=\dfrac{1}{2}BD$.

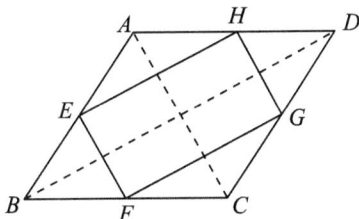

图 1-2-35

$\because$ 点 F，G 分别为边 BC，CD 的中点，

$FG/\!/BD$，且 $FG=\dfrac{1}{2}BD$.

$\therefore\ EH/\!/FG$，且 $EH=FG$，因此，中点四边形 $EFGH$ 是平行四边形.

又 $\because$ 四边形 $ABCD$ 是菱形，$\therefore\ AC\perp BD$，$EF\perp EH$，$\therefore$ 中点四边形 $EFGH$ 是矩形.

③已知：如图 1-2-36 所示，E，F，G，H 分别是正方形 $ABCD$ 的各边的中点.

求证：四边形 $EFGH$ 是正方形.

证明：$\because$ 四边形 $ABCD$ 是正方形，

$\therefore\ AB=BC=CD=AD$.

$\therefore\ \angle A=\angle B=\angle C=\angle D=90°$.

$\because\ E$，F，G，H 分别是 AB，BC，CD，AD 的中点，

$\therefore\ AH=AE=BE=BF=CF=CG=DG=DH$.

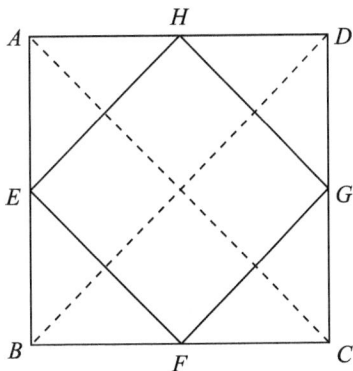

图 1-2-36

$\therefore\ \triangle AEH\cong\triangle BFE\cong\triangle CGF\cong\triangle DHG$.

$\therefore\ \angle AEH=\angle AHE=\angle BEF=\angle BFE=45°$，

$EH=EF=FG=GH$，$\angle HEF=90°$.

$\therefore$ 中点四边形 $EFGH$ 是正方形.

数学的魅力往往体现在运动变化的过程中，有些量始终保持不变，有些量呈现出规律性的变化，在探索量的变与不变的过程中，体味数学的神奇. 四边形的中点四边形的形状有平行四边形、矩形、菱形、正方形，中点四边形的形状与原四边形的形状有没有关系，有着怎样的关系？这是一个值得探讨的问题. 笔者在

教学实践中，让学生经历过人教版八年级下册 第十八章 平行四边形 P68 第 9 题的解题过程后，把问题抛给学生，让学生从原四边形的边、角、对角线、对称性等方面，主动探索中点四边形问题所包含的基因图谱，最终把问题集中于原四边形的对角线的位置关系与数量关系上.

【问题8】已知：如图 1-2-37 所示，E，F，G，H 分别是四边形 $ABCD$ 的边 AB、BC、CD、AD 的中点. 当四边形 $EFGH$ 分别是矩形、菱形、正方形时，请探索四边形 $ABCD$ 满足的条件.

探索所得结论：当四边形 $ABCD$ 的对角线相等时，四边形 $EFGH$ 是菱形；当四边形 $ABCD$ 的对角线垂直时，四边形 $EFGH$ 是矩形；当四边形 $ABCD$ 的对角线相等且垂直时，四边形 $EFGH$ 是正方形.

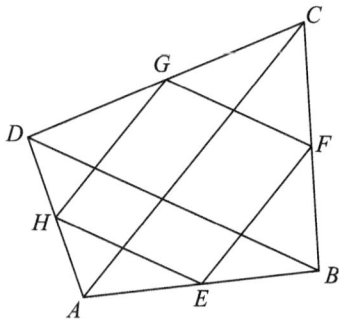

图 1-2-37

解：当四边形 $ABCD$ 的对角线相等时，四边形 $EFGH$ 是菱形.

证明：连接 AC，BD.

∵ E，F，G，H 分别是四边形 $ABCD$ 的边 AB，BC，CD，AD 的中点，

∴ $EH/\!/BD/\!/FG$，$HG/\!/AC/\!/EF$，$EF=GH=\dfrac{1}{2}AC$，

$EH=FG=\dfrac{1}{2}BD$. 又∵ $AC=BD$，∴ $EF=GH=EH=FG$，

∴ 四边形 $EFGH$ 是菱形.

同理可证：当四边形 $ABCD$ 的对角线垂直时，四边形 $EFGH$ 是矩形；当四边形 $ABCD$ 的对角线相等且垂直时，四边形 $EFGH$ 是正方形.

【总结】四边形的中点四边形的形状与原四边形的对角线的位置关系和数量关系有关

任意四边形的中点四边形是平行四边形；

对角线相等的四边形的中点四边形是菱形；

对角线垂直的四边形的中点四边形是矩形；

对角线相等且垂直的四边形的中点四边形是正方形；

特别地：矩形的中点四边形是菱形；菱形的中点四边形是矩形，正方形的中点四边形是正方形.

概括为：**矩生菱，菱生矩，正生正，任意生平四.**

【应用举例】我们给出如下定义：顺次连接任意一个四边形各边中点所得的四边形叫中点四边形.

（1）如图 1-2-38（1）所示，四边形 $ABCD$ 中，点 E，F，G，H 分别为边 AB，BC，CD，DA 的中点. 求证：中点四边形 $EFGH$ 是平行四边形；

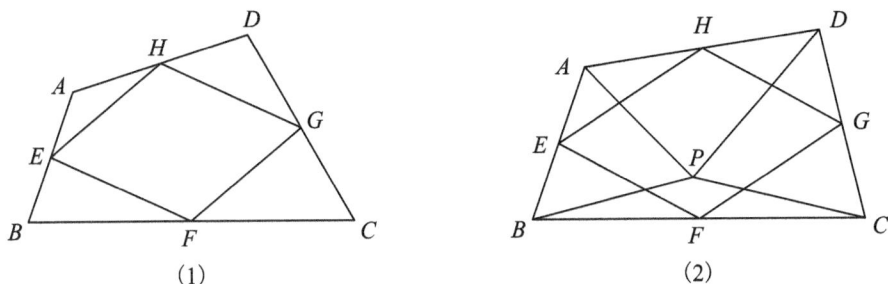

图 1-2-38

（2）如图 1-2-38（2）所示，点 P 是四边形 $ABCD$ 内一点，且满足 $PA=PB$，$PC=PD$，$\angle APB=\angle CPD$，点 E，F，G，H 分别为边 AB，BC，CD，DA 的中点，猜想中点四边形 $EFGH$ 的形状，并证明你的猜想；

（3）若改变（2）中的条件，使 $\angle APB=\angle CPD=90°$，其他条件不变，直接写出中点四边形 $EFGH$ 的形状.（不必证明）

分析：（1）图 1-2-38（1）中，连接 AC、BD，如图 1-2-39 所示.

$\because$ 点 E，F，G，H 分别为边 AB，CD，CD，DA 的中点，$\therefore EH/\!/BD$，且 $EH=\dfrac{1}{2}BD$；$FG/\!/BD$，且 $FG=\dfrac{1}{2}BD$. $\therefore EH/\!/FG$，且 $EH=FG$.

因此，中点四边形 $EFGH$ 是平行四边形.

（2）由（1）知，中点四边形 $EFGH$ 是平行四边形，如图 1-2-40 所示.

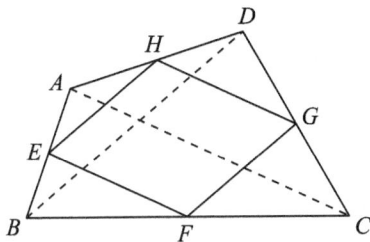

图 1-2-39

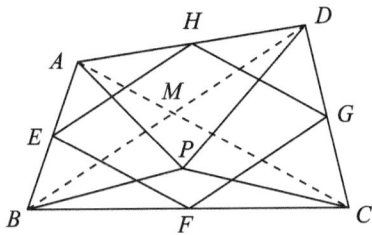

图 1-2-40

$\because \angle APB=\angle CPD$，$\therefore \angle APB+\angle APD=\angle CPD+\angle APD$，

即 $\angle BPD=\angle APC$. 又 $\because PA=PB$，$PC=PD$，$\therefore \triangle BPD\cong\triangle APC$，$\therefore AC=BD$.

$\because EH=\dfrac{1}{2}BD$，$HG=\dfrac{1}{2}AC$，$\therefore EH=HG$，

∴ 中点四边形 *EFGH* 是菱形.

(3) 中点四边形 *EFGH* 是正方形.

【小结】本题的背景就是中点四边形形状的判定，目标就是确定中点四边形 *EFGH* 的对角线 *BD*, *AC* 的位置关系与数量关系.

本应用有两个模型：

模型一："$PA = PB$, $PC = PD$, $\angle APB = \angle CPD$"——手拉手模型，得 $PC = BD$；

模型二："$PA = PB$, $PC = PD$, $\angle APB = \angle CPD = 90°$"——手拉手模型，得 $PC = BD$，且 $PC \perp BD$.

手拉手模型识别：共端点的长度分别相等的两组线段，共顶点的两组相等线段成相等角；常见特殊图形有等边三角形、等腰直角三角形、正方形或正多边形.

手拉手模型	图示	结论
等边三角形		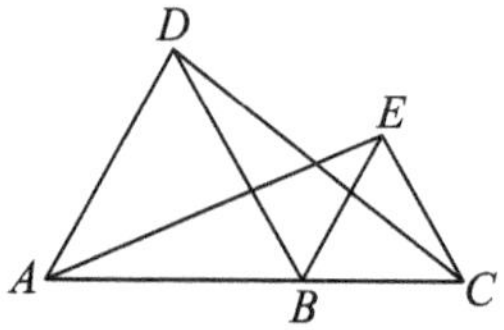 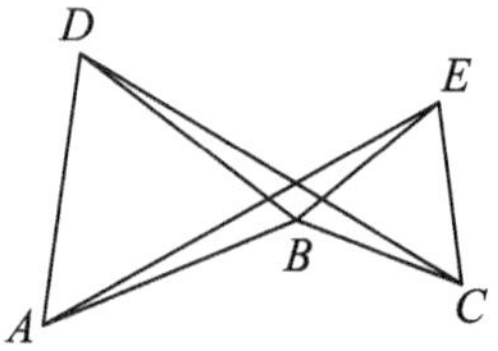 $\triangle ABE \cong \triangle DBC$ $AE = CD$ AE 与 CD 的夹角为 60°
等腰直角 三角形		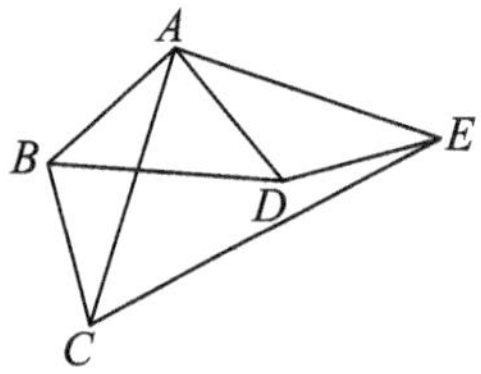 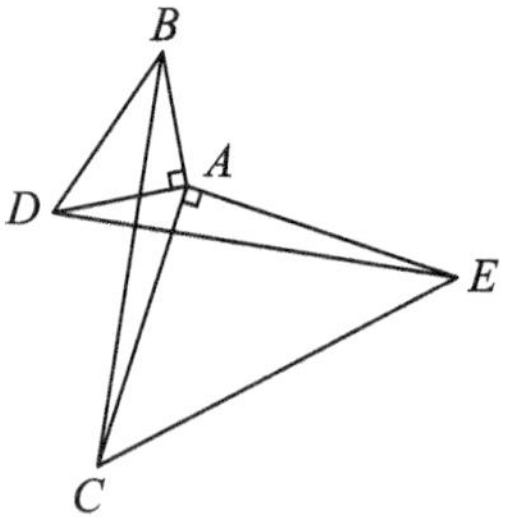 $\triangle ABC \cong \triangle ADE$ $BC = DE$ BC 与 DE 的夹角为 90°
任意两个顶角 相等（等于 α） 的等腰三角形		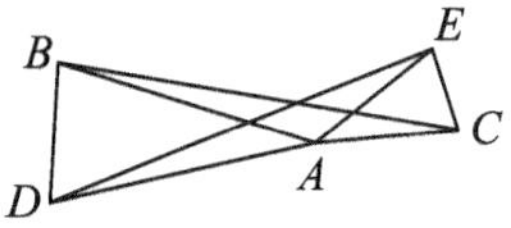 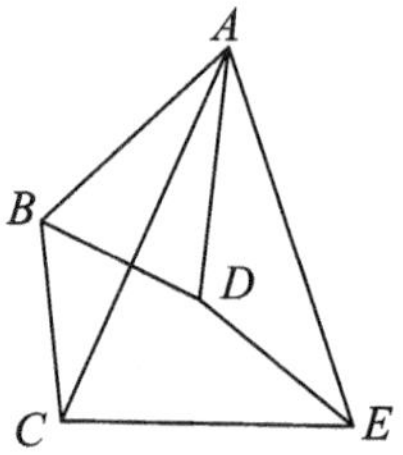 $\triangle ABC \cong \triangle ADE$ $BC = DE$ AB 与 DE 的夹角为 α （或 180°−α）
正方形		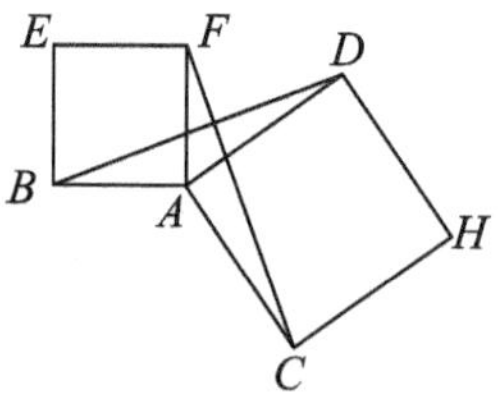 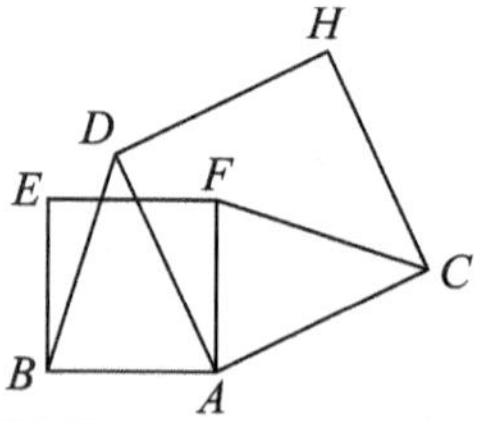 $\triangle ABD \cong \triangle AFC$ $BD = FC$ BD 与 FC 的夹角为 90°

2013—2014 学年第一学期东莞市教学质量自查八年级数学题第 25 题

25. 已知：在 $\triangle ABD$ 和 $\triangle ACD$ 中，$AD=AB$，$AC=AE$.

(1) 如图 1-2-41(1) 所示，若 $\angle DAB = \angle CAE = 60°$，求证：$BE = DC$；

(2) 如图 1-2-41(2) 所示，若 $\angle DAB = \angle CAE = n°$，求 $\angle DOB$ 的度数.

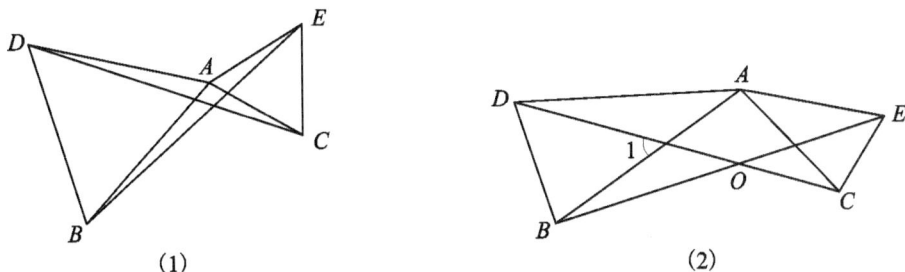

图 1-2-41

分析：(1) $\because \angle DAB = \angle CAE = 60°$，

$\therefore \angle DAB + \angle BAC = \angle CAE + \angle BAC$，

即 $\angle DAC = \angle BAE$.

在 $\triangle ADC$ 和 $\triangle ABE$ 中，

$$\begin{cases} AD = AB \\ \angle DAC = \angle BAE，\\ AC = AE \end{cases}$$

$\therefore \triangle ADC \cong \triangle ABE$，

$\therefore BE = DC$.

(2) 如图 1-2-41(2)，

$\because \angle 1 = \angle ADO + \angle DAB$，$\angle 1 = \angle BOD + \angle ABO$，

$\therefore \angle ADO + \angle DAB = \angle BOD + \angle ABO$，

又 $\because \triangle ADC \cong \triangle ABE$，

$\therefore \angle ADO = \angle ABO$，

$\therefore \angle BOD = \angle DAB = n°$.

【题后小结】本题第(2)问的求解，应用了一个重要数学模型——"8 字"模型.

"8字"模型	重要结论	证明方法
	$\angle A+\angle B=\angle C+\angle D$	证法一：（三角形外角性质定理） $\angle BOD=\angle A+\angle B$，$\angle BOD=\angle C+\angle D$， $\therefore\ \angle A+\angle B=\angle C+\angle D$. 证法二：（三角形内角和定理） $\because\ \angle A+\angle B+\angle AOB=180°$ $\angle C+\angle D+\angle COD=180°$ $\angle AOB=\angle COD$， $\therefore\ \angle A+\angle B=\angle C+\angle D$.

【模型应用】 如图 1-2-42 所示，$\angle BAD$、$\angle BCD$ 的平分线相交于点 P，AP 交 BC 于点 E，CP 交 AD 于点 F. 试探究 $\angle P$、$\angle B$、$\angle D$ 之间的数量关系.

分析：$\because AP$ 平分 $\angle BAD$，CP 平分 $\angle BCD$，

$\therefore$ 可设 $\angle BAP=\angle DAP=x$，

$\angle BCP=\angle DCP=y$，

运用"8字"模型，得

$x+\angle B=y+\angle P\cdots\cdots$①

$x+\angle P=y+\angle D\cdots\cdots$②

①-②，得 $\angle B-\angle P=\angle P-\angle D$，

$\therefore 2\angle P=\angle B+\angle D$.

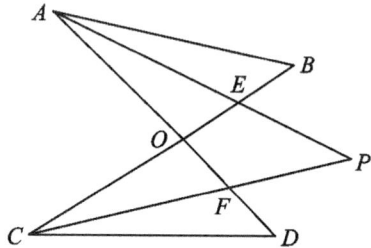

图 1-2-42

【小结】 关于角平分线问题，应用方程思想整体思维，探究角度间的数量关系具有优越性.

第 2 篇

代数教学实践与探索

数是对数量的抽象，式是用字母表示数的结果，由数的运算法则到式的运算的算理与法则，是学生数学运算的一次飞越. 数轴是理解数的意义和数学表达的基础，是初中数学第一次数形结合思想的运用，是学习绝对值、相反数等概念及实数比较大小的有力工具. 用含字母的式子表示问题中的数量关系是对数的认识的升华，字母表示数有一般化的特点，更具优越性. 代数的教学实践告诉我们，要强化基本技能，关注"数"与"式"运算的一致性，它们有类似的计数单位，有一致的性质和运算，而且"式"的表达与运算比"数"的表达与运算更高阶，体现应用性、抽象性、直观性和一般化的特点，是"数"的符号化呈现，如整式的合并同类项、平方差、完全平方公式、去括号、因式分解，分式的加、减、乘、除、通分等，"式"的运算更有利于考查学生的运算能力和逻辑推理能力，因为很多问题涉及整体思想、数形结合思想、分类讨论思想、归纳概括思想、数式通性思想，而"式"的问题能大大改善学生的运算能力、推理能力、迁移能力.

第 1 节　数与式

"数与式"是义务教育阶段数学的核心内容,承载着考查学生数学核心素养的重任. 在注重基本概念和基本运算的基础上,关注算理、算法的联系与区别;在注重能力和素养时,关注数学思想和方法的理解与应用;在注重学生的思维品质时,关注学生的创新意识和思维过程. 数与式的教学应关注学生的发展,从情境和知识迁移的维度,提出有意义的问题,有机整合问题解决能力,最终实现核心素养的目标导向.

【案例1】小刚碰到一道题目:"分解因式:x^2+2x-3",不会做,去问老师,老师说:"能否变成平方差的形式? 在原式加上 1,再减去 1,这样原式化为$(x^2+2x+1)-4,\cdots$",老师话没讲完,小刚就恍然大悟,他马上就做好了此题.

(1)请你完成他分解因式的步骤;

(2)运用这种方法分解因式:$a^2-2ab-3b^2$.

【案例2】二次根式综合应用

海伦-秦九韶公式

如果一个三角形的三条边长分别为 a,b,c,记 $p=\dfrac{a+b+c}{2}$,那么三角形的面积为

$$S=\sqrt{p(p-a)(p-b)(p-c)}. \qquad ①$$

古希腊的几何学家海伦在数学史上以解决几何测量问题而闻名. 在他的著作《度量》一书中,给出了求公式①和它的证明,这一公式称为海伦公式.

我国南宋时期数学家秦九韶,曾提出利用三角形的三边求面积的秦九韶公式

$$S=\sqrt{\frac{1}{4}\left[a^2b^2-\left(\frac{a^2+b^2-c^2}{2}\right)^2\right]}. \qquad ②$$

下面我们对公式②进行变形:

$$\sqrt{\frac{1}{4}\left[a^2b^2-\left(\frac{a^2+b^2-c^2}{2}\right)^2\right]}=\sqrt{\left[\left(\frac{1}{2}ab\right)^2-\left(\frac{a^2+b^2-c^2}{4}\right)^2\right]}$$

$$=\sqrt{\left(\frac{1}{2}ab+\frac{a^2+b^2-c^2}{4}\right)\left(\frac{1}{2}ab-\frac{a^2+b^2-c^2}{4}\right)}$$

$$=\sqrt{\frac{2ab+a^2+b^2-c^2}{4}\cdot\frac{2ab-a^2-b^2+c^2}{4}}=\sqrt{\frac{(a+b)^2-c^2}{4}\cdot\frac{c^2-(a-b)^2}{4}}$$

$$=\sqrt{\frac{a+b+c}{2}\cdot\frac{a+b-c}{2}\cdot\frac{a+c-b}{2}\cdot\frac{b+c-a}{2}}$$

$$=\sqrt{p(p-a)(p-b)(p-c)}.$$

这说明海伦公式与秦九韶公式实质上是同一个公式,所以我们也称①为海伦-秦九韶公式.

【实际应用】已知三角形的三条边长分别为 a,b,c,求其面积的问题,中外数学家曾经进行过深入研究,古希腊的几何学家海伦给出求其面积的海伦公式:

$S=\sqrt{p(p-a)(p-b)(p-c)}$,其中 $p=\dfrac{a+b+c}{2}$,若一个三角形的三边长分别为 2,3,4,求三角形的面积.

【应用举例】(广东省 2021 年中考数学真题)

我国数学家秦九韶曾提出利用三角形的三边求面积的公式,此公式与古希腊几何学家海伦提出的公式如出一辙,即三角形的三边长分别为 a,b,c,记 $p=\dfrac{a+b+c}{2}$,则其面积 $S=\sqrt{p(p-a)(p-b)(p-c)}$.这个公式也被称为海伦-秦九韶公式.若 $p=5$,$c=4$,则此三角形面积的最大值为(　　　)

A. $\sqrt{5}$ 　　　　　 B. 4 　　　　　 C. $2\sqrt{5}$ 　　　　　 D. 5

分析:∵ $p=5$,$c=4$,

∴ $S=\sqrt{p(p-a)(p-b)(p-c)}=\sqrt{5(5-a)(5-b)(5-4)}$

$=\sqrt{5(5-a)(5-b)}$.

又∵ $p=\dfrac{a+b+c}{2}$,∴ $a+b=6$,

∴ $S=\sqrt{5(5-a)(5-b)}=\sqrt{-5(a^2-6a+5)}=\sqrt{-5(a-3)^2+20}\leqslant 2\sqrt{5}$.

【小结】本题通过变形,最终将问题转化为二次函数求最值问题,其本质就是高中数学中的均值不等式求最值问题:两个正数 x,y,若 $x+y$ 为定值 m,则当且仅当 $x=y$ 时,xy 有最大值 $\dfrac{m^2}{4}$;若 xy 为定值 m,则当且仅当 $x=y$ 时,$x+y$ 有最小值 $2\sqrt{m}$.

如图 2-1-1 所示，$\triangle ABC$ 中，$CD \perp AB$，垂足为 D，已知 $AC = b$，$BC = a$，$AB = c$，$CD = h$，$AD = c - m$，$BD = m$.

在 Rt $\triangle ADC$ 中，由勾股定理，得 $h = \sqrt{b^2 - (c-m)^2}$；

在 Rt $\triangle BDC$ 中，由勾股定理，得 $h = \sqrt{a^2 - m^2}$.

$\therefore \sqrt{b^2 - (c-m)^2} = \sqrt{a^2 - m^2}$，解得 $m = \dfrac{a^2 + c^2 - b^2}{2c}$，

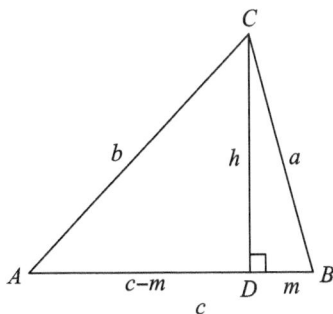

图 2-1-1

$\therefore h = \sqrt{a^2 - m^2} = \sqrt{a^2 - \left(\dfrac{a^2 + c^2 - b^2}{2c}\right)^2}$，

$\therefore S_{\triangle ABC} = \dfrac{1}{2} ch = \dfrac{1}{2} c \sqrt{a^2 - \left(\dfrac{a^2 + c^2 - b^2}{2c}\right)^2} = \sqrt{\dfrac{1}{4}\left[a^2 c^2 - \left(\dfrac{a^2 + c^2 - b^2}{2}\right)^2\right]} = \sqrt{p(p-a)(p-b)(p-c)}$

（其中，$p = \dfrac{a+b+c}{2}$）.

另外，$\triangle ABC$ 边上的高 $h_{AB} = a\sin B = b\sin A$；$h_{BC} = b\sin C = c\sin B$；$h_{AC} = a\sin C = c\sin A$.

$\therefore S_{\triangle ABC} = \dfrac{1}{2}ah_{BC} = \dfrac{1}{2}ab\sin C = \dfrac{1}{2}ac\sin B = \dfrac{1}{2}bc\sin A$，

变形，得 $\dfrac{a}{\sin A} = \dfrac{b}{\sin B} = \dfrac{c}{\sin C} = 2R$（其中，$R$ 为 $\triangle ABC$ 的外接圆半径），

$\therefore S_{\triangle ABC} = \dfrac{abc}{4R}$，如图 2-1-2 所示.

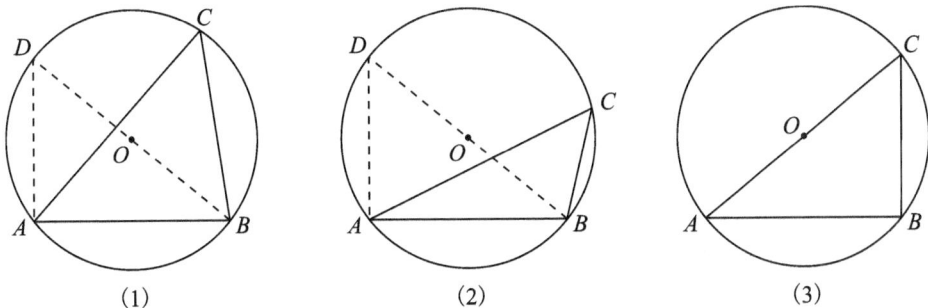

(1)　　　　　　(2)　　　　　　(3)

图 2-1-2

如图 2-1-3 所示，△ABC 的内切圆半径为 r，则有 $S_{\triangle ABC}=\dfrac{1}{2}(a+b+c)r$.

求三角形面积的多种方法，为我们提供了三角形面积的不同表达形式，对发展数学核心素养、提升数学思维能力十分有益.

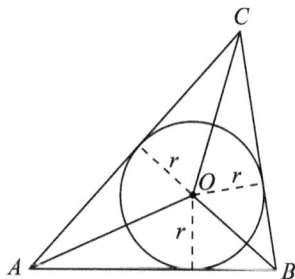

图 2-1-3

【案例3】 大家一定熟知杨辉三角（Ⅰ），观察下列等式（Ⅱ）.

根据前面各式规律，则 $(a+b)^5 = $ _____.

$$
\begin{array}{ccccccccc}
 & & & & 1 & & & & \\
 & & & 1 & & 1 & & & \\
 & & 1 & & 2 & & 1 & & \\
 & 1 & & 3 & & 3 & & 1 & \\
1 & & 4 & & 6 & & 4 & & 1 \\
\end{array}
$$

$(a+b)^1 = a+b$

$(a+b)^2 = a^2+2ab+b^2$

$(a+b)^3 = a^3+3a^2b+3ab^2+b^3$

$(a+b)^4 = a^4+4a^3b+6a^2b^2+4ab^3+b^4$

Ⅰ

Ⅱ

【类题1】 阅读理解

因为 $\left(a+\dfrac{1}{a}\right)^2 = a^2+2a\cdot\dfrac{1}{a}+\left(\dfrac{1}{a}\right)^2 = a^2+\dfrac{1}{a^2}+2$，①

因为 $\left(a-\dfrac{1}{a}\right)^2 = a^2-2a\cdot\dfrac{1}{a}+\left(\dfrac{1}{a}\right)^2 = a^2+\dfrac{1}{a^2}-2$，②

所以由①得：$a^2+\dfrac{1}{a^2}=\left(a+\dfrac{1}{a}\right)^2-2$，由②得：$a^2+\dfrac{1}{a^2}=\left(a-\dfrac{1}{a}\right)^2+2$

所以 $a^4+\dfrac{1}{a^4}=\left(a^2+\dfrac{1}{a^2}\right)^2-2$

试根据上面公式的变形解答下列问题：

(1) 已知 $a+\dfrac{1}{a}=2$，则下列等式成立的是_____.

① $a^2+\dfrac{1}{a^2}=2$；   ② $a^4+\dfrac{1}{a^4}=2$；   ③ $a-\dfrac{1}{a}=0$；   ④ $\left(a-\dfrac{1}{a}\right)^2=2$；

A. ①　　　　　　B. ①②　　　　　　C. ①②③　　　　　　D. ①②③④

(2) 已知 $a+\dfrac{1}{a}=-2$，求下列代数式的值：

① $a^2 + \dfrac{1}{a^2}$; ② $\left(a - \dfrac{1}{a}\right)^2$; ③ $a^4 + \dfrac{1}{a^4}$.

(1) 选(C)

(2) ① $a^2 + \dfrac{1}{a^2} = \left(a + \dfrac{1}{a}\right)^2 - 2 = (-2)^2 - 2 = 2$;

② $\left(a - \dfrac{1}{a}\right)^2 = \left(a + \dfrac{1}{a}\right)^2 - 4 = (-2)^2 - 4 = 0$;

③ $a^4 + \dfrac{1}{a^4} = \left(a^2 + \dfrac{1}{a^2}\right)^2 - 2 = 2^2 - 2 = 2$.

【类题2】

(1) 已知 $\dfrac{1}{a-1} = 2$, 请先化简, 再求代数式的值: $\left(1 - \dfrac{1}{a+2}\right) \div \dfrac{a^2 + 2a + 1}{a^2 - 4}$ 的值;

(2) 已知 $\dfrac{1}{a} + \dfrac{1}{b} = \sqrt{5}$ $(a \neq b)$, 求 $\dfrac{a}{b(a-b)} - \dfrac{b}{a(a-b)}$ 的值.

分析: (1) 原式 $= \dfrac{a+1}{a+2} \div \dfrac{(a+1)^2}{(a+2)(a-2)} = \dfrac{a+1}{a+2} \times \dfrac{(a+2)(a-2)}{(a+1)^2} = \dfrac{a-2}{a+1}$.

$\because \dfrac{1}{a-1} = 2$, $\therefore a = \dfrac{3}{2}$, $\therefore \left(1 - \dfrac{1}{a+2}\right) \div \dfrac{a^2 + 2a + 1}{a^2 - 4} = \dfrac{a-2}{a+1} = -\dfrac{1}{5}$.

(2) $\because \dfrac{1}{a} + \dfrac{1}{b} = \sqrt{5}$ $(a \neq b)$,

$\therefore \dfrac{a}{b(a-b)} - \dfrac{b}{a(a-b)} = \dfrac{a^2 - b^2}{ab(a-b)} = \dfrac{(a+b)(a-b)}{ab(a-b)} = \dfrac{a+b}{ab} = \dfrac{1}{a} + \dfrac{1}{b} = \sqrt{5}$.

【案例4】 已知 m 是方程 $x^2 - 2019x + 1 = 0$ 的一个根, 则代数式 $m^2 - 2018m + \dfrac{1}{m} + 2$ 的值是( )

A. 2018 B. 2019 C. 2020 D. 2021

分析: 方法一: 降次方法:

$\because m$ 是方程 $x^2 - 2019x + 1 = 0$ 的一个根,

$\therefore m^2 - 2019m + 1 = 0$, $\therefore m^2 = 2019m - 1$,

$\therefore m^2 - 2018m + \dfrac{1}{m} + 2 = 2019m - 2018m - 1 + \dfrac{1}{m} + 2$

$= m + \dfrac{1}{m} + 1 = \dfrac{m^2 + 1}{m} + 1 = \dfrac{2019m - 1 + 1}{m} + 1 = 2019 + 1 = 2020$. 故选(C)

方法二: 整体观念:

$\because m$ 是方程 $x^2-2019x+1=0$ 的一个根，$\therefore m^2-2019m+1=0$，

$\therefore m^2-2018m=m-1$，$m+\dfrac{1}{m}=2019$，

$\therefore m^2-2018m+\dfrac{1}{m}+2=m-1+\dfrac{1}{m}+2$

$=m+\dfrac{1}{m}+1=2019+1=2020.$ 故选（C）

【小结】本题解题中用到了降次与整体化的思想方法. 一元二次方程根的问题，常利用根的定义、根与系数关系定理，通过降次、整体思维等手段，解决相关求值问题.

【类题 1】设 x_1，x_2 是二次方程 $x^2+x-3=0$ 的两个根，那么 $x_1^3-4x_2^2+19$ 的值等于（   ）

A. -4 B. 8   C. 6   D. 0

分析：x_1，x_2 是二次方程 $x^2+x-3=0$ 的两个根，我们有：①方程根的定义：$x_1^2+x_1-3=0$；$x_2^2+x_2-3=0$；②降次变形：$x_1^2=-x_1+3$；③韦达定理：$x_1+x_2=-1$，$x_1\cdot x_2=-3$；④分式变形：$x_1-\dfrac{3}{x_1}+1=0$.

解：由题意有 $x_1^2+x_1-3=0$，$x_2^2+x_2-3=0$，
即 $x_1^2=-x_1+3$，$x_2^2=-x_2+3$
所以 $x_1^3-4x_2^2+19=x_1(-x_1+3)-4(-x_2+3)+19=-x_1^2+3x_1+4x_2+7$
$=x_1-3+3x_1+4x_2+7=4(x_1+x_2)+4=4\times(-1)+4=0.$

【类题 2】我们知道方程 $x^2+2x-3=0$ 的解是 $x_1=1$，$x_2=-3$，现给出另一个方程 $(2x+3)^2+2(2x+3)-3=0$，它的解是（   ）

A. $x_1=1$，$x_2=3$ B. $x_1=1$，$x_2=-3$

C. $x_1=-1$，$x_2=3$ D. $x_1=-1$，$x_2=-3$

分析：把方程 $(2x+3)^2+2(2x+3)-3=0$，看作关于 $2x+3$ 的一元二次方程，
所以 $2x+3=1$ 或 $2x+3=-3$，
所以 $x_1=-1$，$x_2=-3$.

故选（D）

【小结】本题解题中用到了整体代换的思想方法. 其本质就是"换元"，根据这一思想方法，我们把问题变化一下：我们知道方程 $(2x+3)^2+2(2x+3)-3=0$ 的解是 $x_1=-1$，$x_2=-3$，现给出另一个方程 $x^2+2x-3=0$，它的解是_____.

【类题 3】关于 x 的方程 $a(x+m)^2=b$ 的解是 $x_1=2$，$x_2=-3$（a，m，b 均为常数，$a\neq0$），则方程 $a(x+m-2)^2-b=0$ 的解是_____.

【分析】 代数方法：令 $x-2=2$ 或 -3，得 $x_1=4$，$x_2=-1$.

图象分析法：方程 $a(x+m)^2=b$ 的解是 $x_1=2$，$x_2=-3$（a，m，b 均为常数，$a\neq0$），即函数 $y=a(x+m)^2$ 与函数 $y=b$ 的图象的交点（设为 A、B）横坐标分别为 $x_1=2$，$x_2=-3$，方程 $a(x+m-2)^2-b=0$ 的解即为函数 $y=a(x+m-2)^2$ 与函数 $y=b$ 的图象的交点横坐标. 函数 $y=a(x+m)^2$ 图象向右平移 2 个单位即得函数 $y=a(x+m-2)^2$ 的图象，因此，点 A、B 向右平移 2 个单位后对应点的横坐标就是方程 $a(x+m-2)^2-b=0$ 的解.

【类题 4】 已知一元二次方程 $x^2-(2k+1)x+k^2+k=0$.

(1) 求证：方程有两个不相等的实数根；

(2) 若 $\triangle ABC$ 的两边 AB、AC 的长是这个方程的两个实数根，第三边 BC 的长为 5. 当 $\triangle ABC$ 是等腰三角形时，求 k 的值.

分析：(1) $\because \Delta=(2k+1)^2-4(k^2+k)=1>0$

$\therefore$ 无论 k 为何值，方程总有两个不相等的实数根；

(2) $\because$ 方程总有两个不相等的实数根，$\therefore AB\neq AC$.

$\because \triangle ABC$ 第三边 BC 的长为 5，且 $\triangle ABC$ 是等腰三角形，

$\therefore AB$、AC 之一为 5.

将 $x=5$ 代入 $x^2-(2k+1)x+k^2+k=0$，得 $25-5(2k+1)+k^2+k=0$，

即 $k^2-9k+20=0$，解得：$k_1=4$，$k_2=5$.

当 $k=4$ 时，原方程即为 $x^2-9x+20=0$，$\therefore x_1=4$，$x_2=5$.

$\because 4$，5，5 能围成等腰三角形，$\therefore k=4$ 符合题意.

当 $k=5$ 时，原方程即为 $x^2-11x+30=0$，$\therefore x_1=6$，$x_2=5$.

$\because 6$，5，5 能围成等腰三角形，$\therefore k=5$ 符合题意.

综上所述，k 的值为 4 或 5.

【小结】 本题依三角形是等腰三角形，从而确认 $x=5$ 是方程 $x^2-(2k+1)x+k^2+k=0$ 的一个解，因此求出 k 的值，最终通过分类讨论得出答案.

事实上，由一元二次方程 $x^2-(2k+1)x+k^2+k=0$ 可得：$(x-k)[x-(k+1)]=0$.

$\therefore x_1=k$，$x_2=k+1$.

若 $k=5$，则 6，5，5 能围成等腰三角形，

若 $k+1=5$，即 $k=4$，则 4，5，5 也能围成等腰三角形，

综上所述，k 的值为 4 或 5.

【类题 5】 关于 x 的一元二次方程 $(a-6)x^2-8x+9=0$ 有实根.

(1) 求 a 的最大整数值；

(2) 当 a 取最大整数值时，① 求出该方程的根；② 求 $2x^2-\dfrac{32x-7}{x^2-8x+11}$ 的值.

分析:(1)一元二次方程有实根 $\Leftrightarrow \Delta = 64 - 4 \times (a-6) \times 9 \geq 0$,且($a-6) \neq 0$.

解得:$a \leq 7\frac{7}{9}$ 且 $a \neq 6$.

所以 a 的最大整数值为 7.

(2)①当 $a=7$ 时,原方程变形为 $x^2 - 8x + 9 = 0$,解得:$x_1 = 4 + \sqrt{7}$,$x_2 = 4 - \sqrt{7}$;

②当 $a=7$ 时,$x^2 - 8x + 9 = 0$,原式 $= 2(8x-9) - \frac{32x-7}{-9+11} = 16x - 18 - 16x + \frac{7}{2} = -\frac{29}{2}$.

【案例5】北师大版八年级上册第五章 二元一次方程组 P114 数学理解模块第3题

3. (1)解二元一次方程组 $\begin{cases} 5x - 3y = 16, \\ 3x - 5y = 0; \end{cases}$

(2)现在你可以用哪些方法得到方程组 $\begin{cases} 5(x+y) - 3(x-y) = 16, \\ 3(x+y) - 5(x-y) = 0 \end{cases}$ 的解?请你对这些方法进行比较.

分析:问题出现在数学理解模块,目的是考查学生对已经学习的解二元一次方程组代入消元法、加减消元法的掌握情况,但更重要的是考查学生的观察力、理解力、应变力.

设问:已知 $\begin{cases} x = 5, \\ y = 3 \end{cases}$ 是二元一次方程组 $\begin{cases} ax - by = 16, \\ bx - ay = 0 \end{cases}$ 的解,则 $a+b = $ _____,$a-b = $ _____.

【案例6】不定方程问题

新人教七年级下册教材第八章 二元一次方程组,重点分析了用"消元"思想解二元一次方程组及三元一次方程组问题,并研究了列方程解相关应用题问题,这是本章教材中的"常规",但教材多个地方出现了"不常规"的问题——不定方程问题.

教材 P_{90} 习题 8.1 拓广探索第5题:

5. 把一根长 7 m 的钢管截成 2 m 长和 1 m 长两种规格的钢管,怎样截不造成浪费?你有几种不同的截法?

分析:设截成 2 m 长和 1 m 长两种规格的钢管分别为 x 根、y 根.

则有 $2x + y = 7$. 这是一个二元一次不定方程,问题即为探索方程 $2x + y = 7$ 的非负整数解的个数,易得:$\begin{cases} x=0, \\ y=7, \end{cases} \begin{cases} x=1, \\ y=5, \end{cases} \begin{cases} x=2, \\ y=3, \end{cases} \begin{cases} x=3, \\ y=1 \end{cases}$ 四种不同的截法. 这里,我们要强调以 x 为非负整数进行分类讨论.

教材 P_{111} 复习题 8 拓广探索第 9 题、第 10 题：

9. 现有 1 角、5 角、1 元硬币各 10 枚，从中取出 15 枚，共值 7 元. 1 角、5 角、1 元硬币各取多少枚？

分析：设 1 角、5 角、1 元硬币分别为 x 枚、y 枚、z 枚.

则有 $\begin{cases} x+y+z=15, \\ 0.1x+0.5y+z=7, \end{cases}$ 这是一个三元一次不定方程组，其中：x、y、z 是满足 $0 \leqslant x \leqslant 10$，$0 \leqslant y \leqslant 10$，$0 \leqslant z \leqslant 10$ 的非负整数. 问题即为探索方程 $\begin{cases} x+y+z=15, \\ 0.1x+0.5y+z=7, \end{cases}$ 即 $\begin{cases} x+y+z=15 ①, \\ x+5y+10z=70 ②, \end{cases}$ 的非负整数解的个数，如何进行有效变形与有效分析是解决问题的关键. 由①可得 $x=15-(y+z)$③，$y=15-(x+z)$④，$z=15-(x+y)$⑤. ③代入②可得：$4y+9z=55$⑥；④代入②可得：$4x-5z=5$⑦；⑤代入②可得：$9x+5y=80$⑧，⑥、⑦、⑧三个不定方程中，不定方程⑥难于确定方程的解，而不定方程⑦、⑧能比较容易得到问题的解 $\begin{cases} x=5, \\ y=7, \\ z=3, \end{cases}$ 我们把获得⑦、⑧两个方程的变形叫有效变形.

10. 某电脑公司有 A 型、B 型、C 型三种型号的电脑，其中 A 型每台 6000 元、B 型每台 4000 元、C 型每台 2500 元. 某中学现有资金 100500 元，计划全部用于从这家电脑公司购进 36 台两种型号的电脑. 请你设计几种不同的购买方案供这个学校选择，并说明理由.

分析：分三种情况讨论：

第一种情况：设购进 A 型、B 型两种型号电脑分别为 x 台、y 台.

则有 $\begin{cases} x+y=36 ①, \\ 6000x+4000y=100500 ②, \end{cases}$ 解得：$\begin{cases} x=-21.75, \\ y=57.75; \end{cases}$

第二种情况：设购进 A 型、C 型两种型号电脑分别为 x 台、y 台.

则有 $\begin{cases} x+y=36 ①, \\ 6000x+2500y=100500 ②, \end{cases}$ 解得：$\begin{cases} x=3, \\ y=33; \end{cases}$

第三种情况：设购进 B 型、C 型两种型号电脑分别为 x 台、y 台.

则有 $\begin{cases} x+y=36 ①, \\ 4000x+2500y=100500 ②, \end{cases}$ 解得：$\begin{cases} x=7, \\ y=29. \end{cases}$

综上所述，有两种方案供这个学校选择：第一种方案是购进 A 型电脑 3 台、C 型电脑 33 台；第二种方案是购进 B 型电脑 7 台、C 型电脑 29 台.

若把问题中的"计划全部用于从这家电脑公司购进 36 台两种型号的电脑"中的"两种"去掉，问题将如何呢？

分析：设购进 A 型、B 型、C 型三种型号电脑分别为 x 台、y 台、z 台.

则有 $\begin{cases} x+y+z=36 & ① \\ 6000x+4000y+2500z=100500 & ② \end{cases}$，这是一个三元一次不定方程组，其中：

x、y、z 是非负整数. 问题即为探索方程 $\begin{cases} x+y+z=36 & ① \\ 6000x+4000y+2500z=100500 & ② \end{cases}$ 的非负整

数解的个数. 由①可得 $z=36-(x+y)$ ③，把③代入②并化简可得：$7x+3y=21$④，进

一步得到 $y=7-\dfrac{7x}{3}$ ⑤. 易得：$\begin{cases} x=0, \\ y=7, \end{cases} \begin{cases} x=3, \\ y=0 \end{cases}$ 两组解，进而得 $\begin{cases} x=0, \\ y=7, \\ z=29, \end{cases} \begin{cases} x=3, \\ y=0, \\ z=33. \end{cases}$

综上所述，有两种方案供这个学校选择：第一种方案是购进 A 型电脑 0 台、B 型电脑 7 台、C 型电脑 29 台；第二种方案是购进 A 型电脑 3 台、B 型电脑 0 台、C 型电脑 33 台.

【小结】对本拓广探索，通过去掉"两种"，使一个二元一次方程组问题变成了一个三元一次不定方程问题，使问题的思维层次上升了一个台阶，对"消元"这一数学思想得到进一步巩固，对不定方程解的探求，进一步使学生的思维能力得到了提升.

第 2 节　函数、方程与不等式

函数、方程与不等式是初中数学的重要内容，是贯彻落实核心素养"会用数学的语言表达现实世界"的重要载体，函数图象中的交点坐标与方程的解、不等式的解集密切相关，是考试的重点，也是学生学习的难点.

方程与不等式主要包括两大方面，一个为方程【一元一次方程、二元一次方程(组)、分式方程、一元二次方程等方程的解法、含参方程组】，另一个为不等式【一元一次不等式(组)、含参不等式(组)】，其中方程与不等式的解法在考试中难度不大，是必得分题目；方程与不等式的含参问题在考试中有一定的难度，易错，需要多思考.

三者之间，函数是沟通方程与不等式的桥梁与纽带，函数刻画的是图形整体，而方程和不等式则刻画的是图形局部. 通过整体分析局部，通过局部上升到整体，正是数学学习应培养的能力与素质.

【问题 1】一次函数和反比例函数的图象与性质是中考必考内容之一，题型多样，形式灵活，其中函数图象性质、与方程不等式的关系是基础小题，难度不大，是必得分题目；与几何图形的综合涉及面积、存在性等问题，综合性较强，难度中等，掌握解题方法后，需要反复练习强化.

函数刻画整体，方程反映局部，不等式描绘区域. 懂得这三者之间的关系，就能从函数图象的角度去认识方程、不等式，从而比较直观地解决问题.

函数	图象	方程	不等式
一次函数：$y=kx+b$（$k\neq0$，k、b 为常数）	 函数 $y=kx+b$ 的图象	 方程 $kx+b=0$ 的解 $x=a$，即为函数 $y=kx+b$ 图象与 x 轴的交点的横坐标.	 不等式 $kx+b\geq0$ 的解集为 $x\geq a$，即为函数 $y=kx+b$ 的图象位于 x 轴上方部分图形对应的自变量取值范围.
反比例函数：$y=\dfrac{k}{x}$（$k\neq0$，k 为常数）	 函数 $y=\dfrac{k}{x}$（$k>0$，k 为常数）的图象	 方程 $\dfrac{k}{x}=mx+n$ 的解 $x=x_1$，$x=x_2$，即为函数 $y=mx+n$ 图象与函数 $y=\dfrac{k}{x}$ 图象交点的横坐标.	 不等式 $\dfrac{k}{x}>mx+n$ 的解集是 $x<x_2$ 或 $0<x<x_1$，即函数 $y=\dfrac{k}{x}$ 的图象高于函数 $y=mx+n$ 图象部分的 x 的取值范围.
二次函数：$y=ax^2+bx+c$（$a\neq0$，a、b、c 为常数）	 函数 $y=ax^2+bx+c$（$a>0$，a、b、c 为常数）的图象	 方程 $ax^2+bx+c=0$ 的解 $x=x_1$，$x=x_2$，即为函数 $y=ax^2+bx+c$ 图象与 x 轴的交点的横坐标.	 不等式 $ax^2+bx+c>0$ 的解集是 $x<x_2$ 或 $x>x_1$，即函数 $y=ax^2+bx+c$ 的图象位于 x 轴上方部分图形对应的自变量取值范围.

【案例 1】 图 2-2-1 是一次函数 $y_1 = kx + b$ 与 $y_2 = x + a$ 的图象,则不等式 $kx - x < a - b$ 的解集是(　　)

A. $x < 3$ 　　　　B. $x > 3$ 　　　　C. $x < a - b$ 　　　　D. $x > a - b$

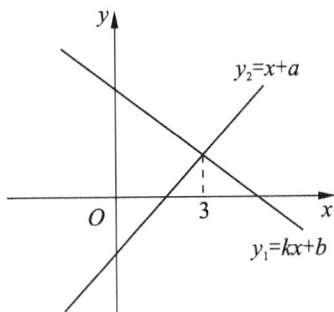

图 2-2-1

【案例分析】

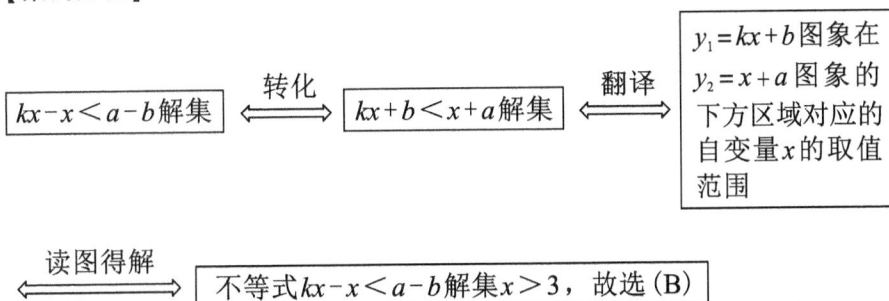

$kx - x < a - b$ 解集 ⇔ **转化** ⇔ $kx + b < x + a$ 解集 ⇔ **翻译** ⇔ $y_1 = kx + b$ 图象在 $y_2 = x + a$ 图象的下方区域对应的自变量 x 的取值范围

读图得解 ⇔ 不等式 $kx - x < a - b$ 解集 $x > 3$,故选(B)

数学是一门语言科学,它的语言包含文字语言、符号语言、图形语言,新的课程标准要培养学生"用数学的语言表达现实世界",数学学习存在困难的学生,往往对三种语言的相互转化存在困难,缺乏"语言加工"能力和"数形结合"思想的认识. 为此,老师要做好"翻译"工作,要引导学生重点掌握"图象语言信息",明确图形的交点意义,图形的高、低关系,上升、下降趋势等.

【案例 2】 如图 2-2-2 所示,在直角坐标系 xOy 中,一次函数 $y = -\frac{1}{2}x + 5$ 的图象 l_1 分别与 x,y 轴交于 A、B 两点,正比例函数的图象 l_2 与 l_1 交于点 $C(m, 4)$.

(1)求 m 的值及 l_2 的解析式;

(2)求 $S_{\triangle AOC} - S_{\triangle BOC}$ 的值;

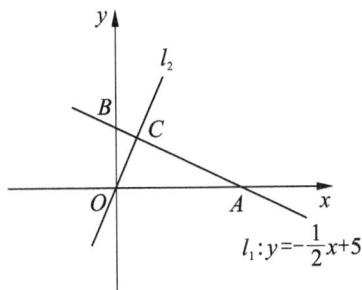

图 2-2-2

（3）一次函数 $y=kx+1$ 的图象为 l_3，且 l_1，l_2，l_3 不能围成三角形，直接写出 k 的值.

分析：教学中发现，学生的主要困难在于第三问，①一次函数 $y=kx+1$ 表达式中含有参变量 k，其图象一时画不出来；②l_1，l_2，l_3 不能围成三角形，考虑问题不周全，导致漏解.

问题解决：（1）一次函数 $y=kx+1$ 的图象是一条直线，而且，不论 k 取何值，当 $x=0$ 时，函数值 $y=1$，因此，直线恒过定点 $(0，1)$.

直线 $y=kx+1$ 是过定点 $(0，1)$ 的旋转直线系，相应地直线 $y=x+b$ 是倾斜角为 $45°$ 的平行直线系，其与 y 轴的交点坐标是 $(0，b)$.

l_1，l_2，l_3 不能围成三角形，意味着直线 l_3 与 l_1 平行或与 l_2 平行或经过 l_1 与 l_2 的交点，故 $k=-\dfrac{1}{2}$ 或 2 或 $\dfrac{3}{2}$.

【**总结**】平行直线系与旋转直线系问题，在一次函数 $y=kx+b$ 表达式中，当 k 变化，b 固定时，形成恒过定点 $(0，b)$ 的旋转直线系；当 k 固定，b 值变化时，形成与 y 轴的交点坐标为 $(0，b)$ 的平行直线系.

如：直线 $y=kx-k+1$ 是过定点 $(1，1)$ 的直线系，$y=3x-k+1$ 是与 y 轴的交点坐标为 $(0，-k+1)$ 的平行直线系.

【**问题2**】平面直角坐标系中的图形变换：在平面直角坐标系中，点的位置的改变会引起点的坐标的变化，函数图象位置的改变会引起函数图象解析式的变化，特别是图象的平移变换、对称变换所引起的函数解析式的变换是研究的重点问题.

【**案例3**】教材 P_{80} 习题7.2拓广探索第11题：

11. 如图2-2-3所示，三角形 COB 是由三角形 AOB 经过某种变换后得到的图形，观察点 A 与点 C 的坐标之间的关系. 三角形 AOB 内任意一点 M 的坐标为 $(x，y)$，点 M 经过这种变换后得到点 N，点 N 的坐标是什么？

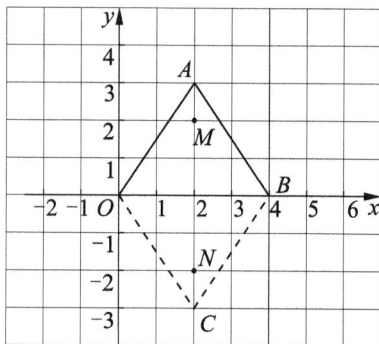
图 2-2-3

分析：问题中的某种变换就是后续要学习的对称变换.

通过观察知：点 $A(2，3)$、点 $C(2，-3)$，故点 A 与点 C 的坐标之间的关系是"横坐标不变，纵坐标互为相反数".

据此总结出关于 x 轴对称的点的坐标变换规律：

$M(x, y)$关于 x 轴对称的点 N 的坐标是 $N(x, -y)$.

学生经历了感知点关于 x 轴的对称变换,总结变换规律,得出重要数学结论的知识认证过程,自然会提出下面的数学问题:$M(x, y)$关于 y 轴对称的点 P 的坐标是什么? $M(x, y)$关于原点对称的点 Q 的坐标是什么?

提出的问题,正好是教材 P_{86} 复习题 7 拓广探索第 11 题:

11. 如图 2-2-4 所示,三角形 PQR 是三角形 ABC 经过某种变换后得到的图形,分别写出点 A 与点 P,点 B 与点 Q,点 C 与点 R 的坐标,并观察它们之间的关系. 三角形 ABC 内任意一点 M 的坐标为 (x, y),点 M 经过这种变换后得到点 N,点 N 的坐标是什么?

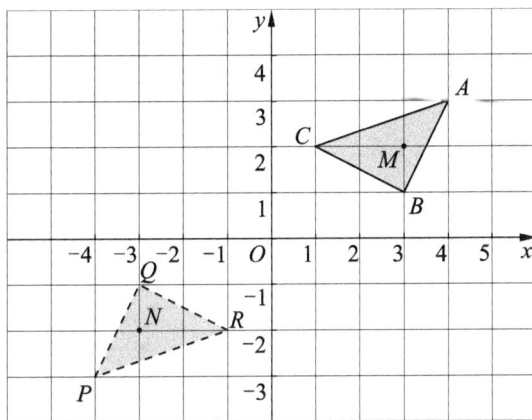

图 2-2-4

本题中的某种变换就是点关于原点的对称变换,此时三角形 PQR 与三角形 ABC 关于原点成中心对称图形,问题的拓广探索是对后续教学的一种有效铺垫.

笔者在教学实践中发现,这类拓广探索问题是引发学生"深度学习"的"导火索",是落实"会用数学语言表达现实世界;会用数学思维思考现实世界;会用数学眼光观察现实世界"核心素养重要载体.

点 $P(x, y)$关于坐标轴、原点对称点的坐标特征概括为:关于谁谁不变,另一个变相反;关于原点都要变.

$$P(x, y) \xleftrightarrow{\text{关于}x\text{轴对称}} P(x, -y)$$
$$P(x, y) \xleftrightarrow{\text{关于}y\text{轴对称}} P(-x, y)$$
$$P(x, y) \xleftrightarrow{\text{关于原点对称}} P(-x, -y)$$

关于点的坐标特征,在教学中,放手让学生主动去探索,主动去构建知识网络体系,形成知识网络图,效果良好.

(1)点的位置坐标特征:

$P(x, y)$	
类型	坐标特征
在第一象限	$x>0$, $y>0$ 或 $xy>0$, 且 $x+y>0$
在第二象限	$x<0$, $y>0$
在第三象限	$x<0$, $y<0$ 或 $xy>0$, 且 $x+y<0$
在第四象限	$x>0$, $y<0$
在第一、三象限	$xy>0$
在第二、四象限	$xy<0$
在第一、三象限角平分线上	$x-y=0$
在第二、四象限角平分线上	$x+y=0$
在坐标轴上	$xy=0$
到 x 轴的距离	$\|y\|$
到 y 轴的距离	$\|x\|$
在 x 轴上	纵坐标 $y=0$, 即 $P(x, 0)$
在 y 轴上	横坐标 $x=0$, 即 $P(0, y)$
在坐标原点	$x=0$ 且 $y=0$, 即 $P(0, 0)$
点在平面直角坐标系中的位置坐标特征	
关于 x 轴对称	$(x, -y)$
关于直线 $x=m$ 对称	$(2m-x, y)$
关于 y 轴对称	$(-x, y)$
关于直线 $y=n$ 对称	$(x, 2n-y)$
关于原点对称	$(-x, -y)$
关于点 $M(m, n)$ 对称	$(2m-x, 2n-y)$
点的对称坐标特征:关于谁谁不变,另一个变相反;关于原点都要变	
向左平移 m 个单位	$(x-m, y)$
向右平移 m 个单位	$(x+m, y)$
向上平移 n 个单位	$(x, y+n)$
向下平移 n 个单位	$(x, y-n)$
点的平移坐标特征:左右移动变横坐标,上下移动变纵坐标	

（2）两点的坐标特征与两点连线段与坐标轴的位置关系，两点间距离

已知点 $A(x, y)$、$B(m, n)$	
$AB//x$ 轴	① $y=n$　② $AB=\lvert x-m \rvert$
$AB//y$ 轴	① $x=m$　② $AB=\lvert y-n \rvert$
A、B 为坐标平面上任意两点	$AB=\sqrt{(x-m)^2+(y-n)^2}$

（3）函数图象的平移与函数解析式的变换规律：左加右减自变量，上加下减常数项.

原函数解析式	平移关系	平移后函数解析式
$y=kx+b$	向左平移 m 个单位	$y=k(x+m)+b$
	向右平移 m 个单位	$y=k(x-m)+b$
	向上平移 n 个单位	$y=kx+b+n$
	向下平移 n 个单位	$y=kx+b-n$
$y=a(x-h)^2+k$	向左平移 m 个单位	$y=a(x+m-h)^2+k$
	向右平移 m 个单位	$y=a(x-m-h)^2+k$
	向上平移 n 个单位	$y=a(x-h)^2+k+n$
	向下平移 n 个单位	$y=a(x-h)^2+k-n$
$y=ax^2+bx+c$	向左平移 m 个单位	$y=a(x+m)^2+b(x+m)+c$
	向右平移 m 个单位	$y=a(x-m)^2+b(x-m)+c$
	向上平移 n 个单位	$y=ax^2+bx+c+n$
	向下平移 n 个单位	$y=ax^2+bx+c-n$

（4）函数图象对称变换后，函数解析式的变换规律：

原函数解析式	对称关系	对称后函数解析式
$y=kx+b$	关于 x 轴对称	$y=-kx-b$
	关于 y 轴对称	$y=-kx+b$
	关于原点对称	$y=kx-b$
	关于直线 $x=m$ 对称	$y=k(2m-x)+b$
	关于直线 $y=n$ 对称	$y=-kx-b+2n$

续表

$y=a(x-h)^2+k$	关于 x 轴对称	$y=-a(x-h)^2-k$
	关于 y 轴对称	$y=a(x+h)^2+k$
	关于原点对称	$y=-a(x+h)^2-k$
	关于直线 $x=m$ 对称	$y=a(2m-x-h)^2+k$
	关于直线 $y=n$ 对称	$y=-a(x-h)^2-k+2n$
$y=ax^2+bx+c$	关于 x 轴对称	$y=-ax^2-bx-c$
	关于 y 轴对称	$y=ax^2-bx+c$
	关于原点对称	$y=-ax^2+bx-c$
	关于直线 $x=m$ 对称	$y=a(2m-x)^2+b(2m-x)+c$
	关于直线 $y=n$ 对称	$y=-ax^2-bx-c+2n$

函数解析式的变换规律：关于谁谁不变，另一个变相反；关于原点都要变

【案例4】已知二次函数 $y=-x^2+2x+3$.

(1)求函数图象的顶点坐标，并画出这个函数的图象；

(2)根据图象，直接写出：

①当函数值 y 为正数时，自变量 x 的取值范围；

②当 $-2<x<2$ 时，函数值 y 的取值范围；

③若经过点 $(0,k)$ 且与 x 轴平行的直线 l 与 $y=-x^2+2x+3$ 的图象有公共点，求 k 的取值范围.

分析：(1)∵ $y=-x^2+2x+3=-(x-1)^2+4$,

∴ 函数图象的顶点坐标为 $(1,4)$，这个函数的图象如图2-2-5所示.

(2)①函数值 y 为正数时，自变量 x 的取值范围是 $-1<x<3$;

②当 $-2<x<2$ 时，函数值 y 的取值范围是 $-5<y<3$;

③ $k\leqslant4$.

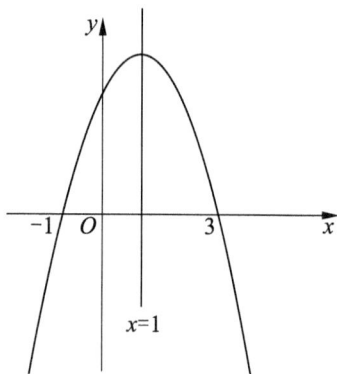

图 2-2-5

【问题引申】①画出函数 $y=-|x|^2+2|x|+3$ 的图象，如图2-2-6(1)所示. 其图象是将二次函数 $y=-x^2+2x+3$ 的图象位于 y 轴右侧的图形保持不变，再将 y 轴右侧的图形作关于 y 轴对称的图形而得到.

②画出函数 $y=|-x^2+2x+3|$ 的图象，如图2-2-6(2)所示.

其图象是将二次函数 $y=-x^2+2x+3$ 的图象位于 x 轴上方的图形保持不变,再将 x 轴下方的图形作关于 x 轴对称的图形而得到.

作经过点 $(0,k)$ 且与 x 轴平行的直线 l.

直线 l 与 $y=|-x^2+2x+3|$ 的图象有公共点 $\Leftrightarrow k\geqslant 0$.

直线 l 与 $y=|-x^2+2x+3|$ 的图象有 2 个公共点 $\Leftrightarrow k=0$ 或 $k>4$.

直线 l 与 $y=|-x^2+2x+3|$ 的图象有 3 个公共点 $\Leftrightarrow k=4$.

直线 l 与 $y=|-x^2+2x+3|$ 的图象有 4 个公共点 $\Leftrightarrow 0<k<4$.

③画出函数 $y=-x^2-2x+3$ 的图象,如图 2-2-6(3)所示.其图象是将二次函数 $y=-x^2+2x+3$ 的图象作关于 y 轴对称的图形而得到.

④画出函数 $y=x^2-2x-3$ 的图象,如图 2-2-6(4)所示.其图象是将二次函数 $y=-x^2+2x+3$ 的图象作关于 x 轴对称的图形而得到.

⑤画出函数 $y=x^2+2x-3$ 的图象,如图 2-2-6(5)所示.其图象是将二次函数 $y=-x^2+2x+3$ 的图象作关于原点对称的图形而得到.

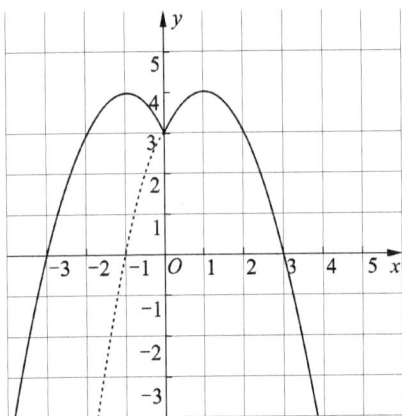

(1)

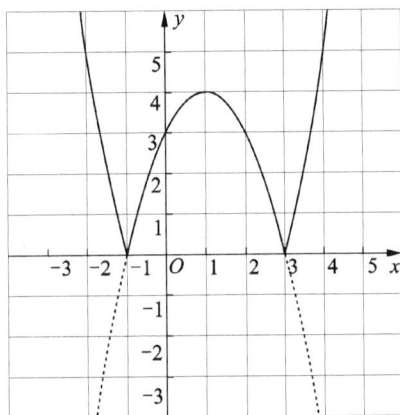

(2)

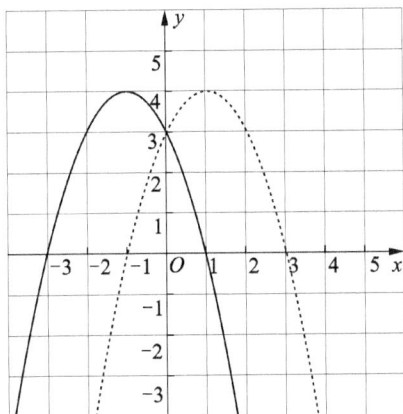

(3)

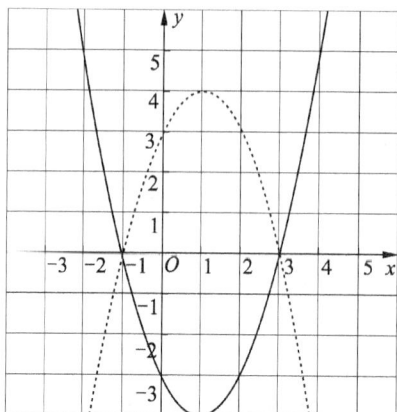
(4)

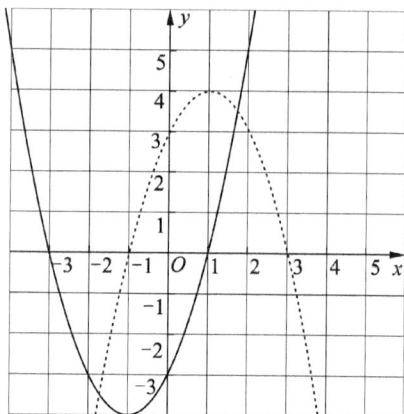
(5)

图 2-2-6

【小结】关于函数的学习，从函数定义出发，研究函数的图象、性质，再到函数的应用. 函数的学习，是训练学生数形结合思想的好时机，函数表达式的改变引起函数图象的变化，反过来，函数图象的某种变换导致函数解析式的改变，其中所包含的规律都是我们要重点研究的问题.

【案例5】(2021·荆州)小爱同学学习二次函数后，对函数 $y = -(|x|-1)^2$ 进行了探究. 在经历列表、描点、连线步骤后，得到如图2-2-7所示的函数图象.

请根据函数图象，回答下列问题：

(1)观察探究：

①写出该函数的一条性质：_____；

②方程 $-(|x|-1)^2 = -1$ 的解为_____；

③若方程 $-(|x|-1)^2 = a$ 有四个实数根，则 a 的取值范围是_____.

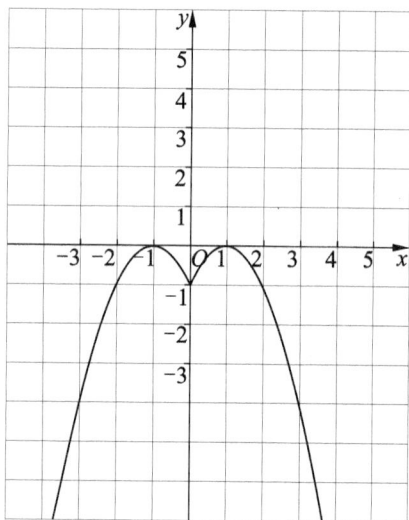

图 2-2-7

(2)延伸思考：

①函数 $y = -(x-1)^2$、$y = -(x+1)^2$、$y = (x+1)^2$、$y = -(|x|-1)^2$、$y =$

$(|x|-1)^2$ 的图象有什么关系?

②方程 $(|x|-1)^2=1$ 的解为_____.

③若方程 $(|x|-1)^2=a$ 有四个实数根,则 a 的取值范围是_____.

(3)延伸思考:

将函数的图象经过怎样的平移可以得到函数 $y_1=-(|x-2|-1)^2+3$ 的图象? 写出平移过程,并直接写出当 $2<y_1\leqslant 3$ 时,自变量的取值范围.

(4)将函数的图象经过怎样的变换可以得到函数 $y_2=(|x|-1)^2-3$ 的图象? 写出变换过程,并直接写出方程 $(|x|-1)^2-3-a=0$ 有四个实数根、恰有三个实数根、有两个实数根,a 的取值范围.

【答案】(1)①函数图象关于 y 轴对称;②方程的解为 $x=-2$、0 或 2;③$-1<a<0$.

(2)①函数 $y=-x^2$ 是研究问题的基础,函数 $y=-(x-1)^2$、$y=-(x+1)^2$、$y=(x+1)^2$、$y=-(|x|-1)^2$、$y=(|x|-1)^2$ 的图象都可以出其图象变换而得到.

$$y=-x^2 \xrightarrow{\text{向右平移 1 个单位长度}} y=-(x-1)^2 \xrightarrow{\text{关于 } y \text{ 轴对称}} y=-(x+1)^2 \xrightarrow{\text{关于 } x \text{ 轴对称}}$$

$$y=(x+1)^2$$

$$y=-(x-1)^2 \xrightarrow{\text{保留 } y \text{ 轴右侧图形并将其关于 } y \text{ 轴对称}} y=-(|x|-1)^2 \xrightarrow{\text{关于原点对称}}$$

$$y=(|x|-1)^2$$

概括为:关于谁谁不变,另一个变相反,关于原点对称都要变;左加右减自变量,上加下减常数项. 关于点的平移,点的坐标变化规律是:左减右加横坐标,上加下减纵坐标.

②方程的解为 $x=-2$、0 或 2;③$0<a<1$.

(3)函数 $y=-(|x|-1)^2$ 的图象向右平移 2 个单位长度,再向上平移 3 个单位长度得到函数 $y_1=-(|x-2|-1)^2+3$ 的图象,如图 2-2-8 所示.

当 $2<y_1\leqslant 3$ 时,自变量的取值范围是 $0<x<4$.

(4)函数 $y=-(|x|-1)^2$ 的图象作关于原点对称得到函数 $y=(|x|-1)^2$ 的图象,现将所得图象再向下平移 3 个单位长度得到函数 $y_2=(|x|-1)^2-3$ 的图象,如图 2-2-9 所示.

方程 $(|x|-1)^2-3-a=0$ 有四个实数根,则 a 的取值范围是 <u>$-3<a<-2$</u>;方程 $(|x|-1)^2-3-a=0$ 恰有三个实数根,则 a 的取值是 <u>$a=-2$</u>;方程 $(|x|-1)^2-3-a=0$ 有两个实数根,则 a 的取值范围是 <u>$a=-3$ 或 $a>-2$</u>.

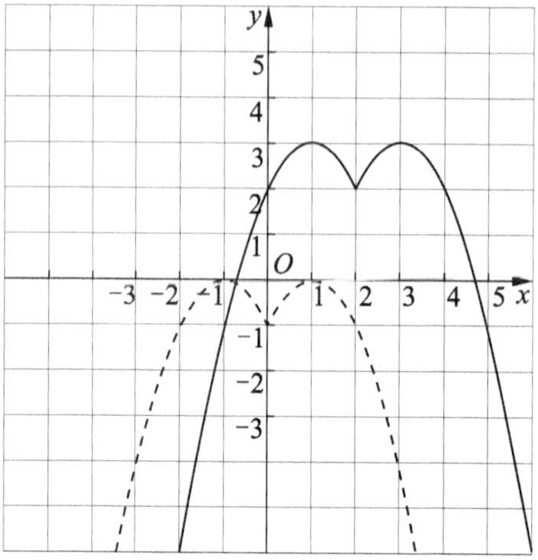

图 2-2-8

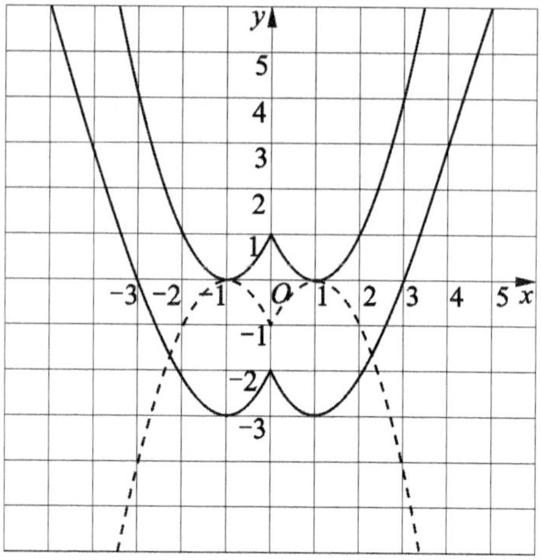

图 2-2-9

【问题3】函数图象、方程(组)的解与不等式(组)解集

方程的解与不等式的解集以及函数图象的交点坐标,这三者之间有着千丝万缕的关系,它是数学中"数形结合思想"的集中体现,也是"会用数学的语言表达现实世界"核心素养的训练素材.

【案例6】(2019·四川内江中考模拟)已知函数 $y=-(x-m)(x-n)+3(m<n)$,并且 $a,b(a<b)$ 是关于 x 的方程 $(x-m)(x-n)=3$ 的两个根,则实数 m、n、a、b 的大小关系可能是(   )

A. $m<a<b<n$ B. $m<a<n<b$

C. $a<m<b<n$ D. $a<m<n<b$

【分析】(1)从"数"的角度来看:$a,b(a<b)$ 是关于 x 的方程 $(x-m)(x-n)=3$ 的两个根,即 $(a-m)(a-n)=3>0$ ①,$(b-m)(b-n)=3>0$ ②.

∵ $m<n$,$a<b$,

∴ $m<a<b<n$ 不满足①排除(A);$m<a<n<b$ 不满足①排除(B);$a<m<b<n$ 不满足②排除(C);$a<m<n<b$ 满足①、②,故选(D).

(2)从"形"的角度来看:$a,b(a<b)$ 是关于 x 的方程 $(x-m)(x-n)=3$ 的两个根,等价于函数 $y=(x-m)(x-n)$ 与函数 $y=3$ 图象交点的横坐标分别是 $a,b(a<b)$,函数 $y=(x-m)(x-n)$ 图象与 x 轴的交点横坐标是 $m,n(m<n)$,如图 2-2-10(1)所示,据图可知:$a<m<n<b$,故选(D).

从"形"的角度来看:

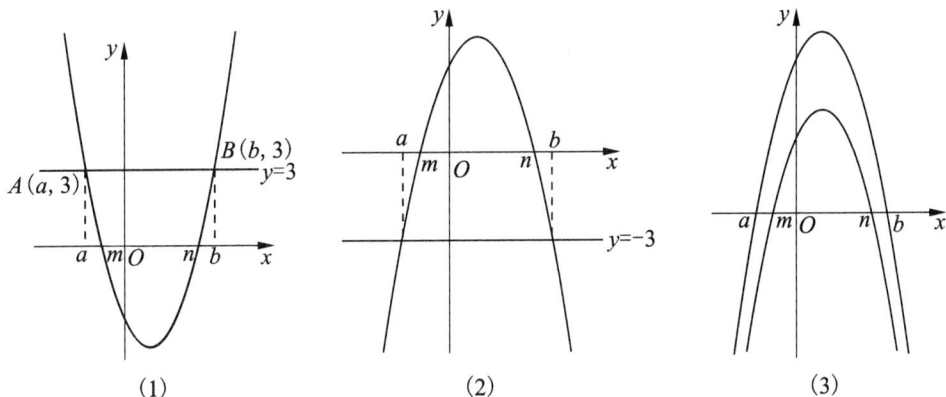

图 2-2-10

a，$b(a<b)$ 是关于 x 的方程 $(x-m)(x-n)=3$ 的两个根，等价于函数 $y=-(x-m)(x-n)$ 与函数 $y=-3$ 图象交点的横坐标分别是 a，$b(a<b)$，函数 $y=-(x-m)(x-n)$ 图象与 x 轴的交点横坐标是 m，$n(m<n)$，如图 2-2-10(2) 所示，据图可知：$a<m<n<b$，故选(D)．

从"形"的角度来看：

函数 $y=-(x-m)(x-n)$ 图象向上平移 3 个单位长度即得函数 $y=-(x-m)(x-n)+3$ 的图象．a，$b(a<b)$ 是关于 x 的方程 $(x-m)(x-n)=3$ 的两个根，等价于函数 $y=-(x-m)(x-n)+3$ 图象与 x 轴的交点的横坐标分别是 a，$b(a<b)$，函数 $y=-(x-m)(x-n)$ 图象与 x 轴的交点横坐标是 m，$n(m<n)$，据图 2-2-10(3) 可知：$a<m<n<b$，故选(D)．

【案例 7】(2018·山东莱芜市中考真题)函数 $y=ax^2+2ax+m(a<0)$ 的图象过点 $(2,0)$，则使函数值 $y<0$ 成立的 x 的取值范围是(　　)

　A. $x<-4$ 或 $x>2$　　　　　　B. $-4<x<2$

　C. $x<0$ 或 $x>2$　　　　　　D. $0<x<2$

【分析】此题隐藏着一些确定的关系，如函数 $y=ax^2+2ax+m(a<0)$ 是开口向下的一条抛物线，其对称轴是直线 $x=-1$，图象与 x 轴的另一交点坐标是 $(-4,0)$，函数值 $y<0$ 成立的 x 的取值范围等价于函数位于 x 轴下方部分图象对应的 x 的取值范围，如图 2-2-11 所示，故选(A)．

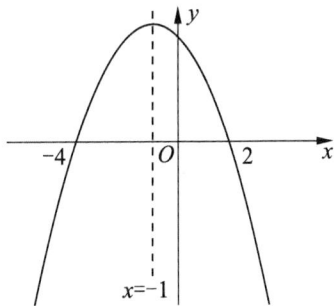

图 2-2-11

【案例8】(2019·山东济宁市中考真题)如图 2-2-12 所示，抛物线 $y=ax^2+c$ 与直线 $y=mx+n$ 交于 $A(-1,p)$、$B(3,q)$ 两点，则不等式 $ax^2+mx+c>n$ 的解集是_____．

【分析】化归与转化，是数学学习常用的思想方法．本题的难点在于"不等式 $ax^2+mx+c>n$ 的解集"与已知条件"如图 2-2-12 所示，抛物线 $y=ax^2+c$ 与直线 $y=mx+n$ 交于 $A(-1,p)$、$B(3,q)$ 两点"到底有怎样的关联？

事实上，不等式 $ax^2+mx+c>n$，可化为 $ax^2+c>-mx+n$，直线 $y=mx+n$ 与直线 $y=-mx+n$ 关于 y 轴对称，如图 2-2-13 所示，所以不等式的解集为 $x<-3$ 或 $x>1$．

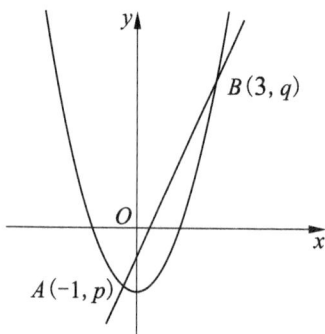

图 2-2-12

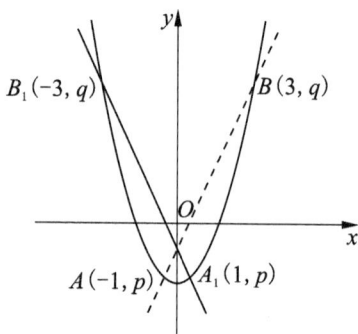

图 2-2-13

【案例9】(2019·甘肃天水市中考真题)如图 2-2-14 所示，一次函数 $y=kx+b$ 与反比例函数 $y=\dfrac{4}{x}$ 的图象交于 $A(m,4)$，$B(2,n)$ 两点，与坐标轴分别交于 M，N 两点．

(1)求一次函数的解析式；

(2)根据图象直接写出 $kx+b-\dfrac{4}{x}>0$ 中 x 的取值范围；

(3)求 $\triangle AOB$ 的面积．

解：(1)$A(1,4)$，$B(2,2)$，$y=-2x+6$．

(2)代数语言 $kx+b-\dfrac{4}{x}>0$ 中 x 的取值范围，翻译成图象语言，就是求一次函数

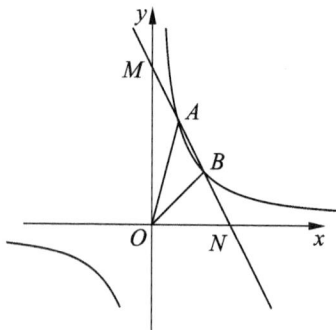

图 2-2-14

$y=kx+b$ 图象在反比例函数 $y=\dfrac{4}{x}$ 的图象上方时，对应 x 的取值范围．易得：$x<0$ 或 $1<x<2$．

（注：对于反比例函数相关不等式问题，要特别注意 y 轴的分界，即 y 轴的左边与右边分别加以考虑）

进一步可得：$kx+b-\dfrac{4}{x}<0$ 中 x 的取值范围是　$0<x<1$ 或 $x>2$　.

（3）思路一：由 $y=-2x+6$ 可求得：$M(0,6)$，$N(3,0)$.

$$S_{\triangle AOB}=S_{\triangle MON}-S_{\triangle AOM}-S_{\triangle NOB}=\frac{1}{2}\times6\times3-\frac{1}{2}\times6\times1-\frac{1}{2}\times3\times2=3$$

思路二：由 $y=-2x+6$ 可求得：$M(0,6)$，$N(3,0)$.

$S_{\triangle AOB}=S_{\triangle BOM}-S_{\triangle AOM}=3$ 或 $S_{\triangle AOB}=S_{\triangle AON}-S_{\triangle BON}=3$

思路三：过点 A 作 $AA_1\perp x$ 轴，垂足为 A_1，过点 B 作 $BB_1\perp x$ 轴，垂足为 B_1，如图 2-2-15（1）所示.

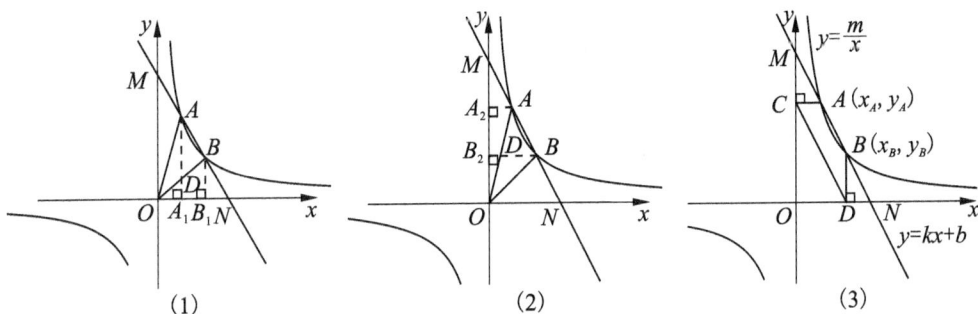

图 2-2-15

根据 K 的几何意义，知 $S_{\triangle AOA_1}=S_{\triangle BOB_1}$，

$\therefore S_{\triangle AOA_1}-S_{\triangle DOA_1}=S_{\triangle BOB_1}-S_{\triangle DOA_1}$，即 $S_{\triangle AOD}=S_{四边形DA_1B_1B}$，

$\therefore S_{\triangle AOD}+S_{\triangle ADB}=S_{四边形DA_1B_1B}+S_{\triangle ADB}$，即 $S_{\triangle AOB}=S_{梯形AA_1B_1B}=\dfrac{(AA_1+BB_1)}{2}\times A_1B_1$

$$=\frac{(y_A+y_B)(x_B-x_A)}{2}=3.$$

【总结】（1）转化思想：将求不规则 $\triangle AOB$ 的面积转化为求规则的直角梯形 AA_1B_1B 与直角梯形 AA_2B_2B 的面积.

如图 2-2-15（1）所示，$S_{\triangle AOB}=S_{梯形AA_1B_1B}=\left|\dfrac{(y_A+y_B)(x_B-x_A)}{2}\right|$……①；

如图 2-2-15（2）所示，$S_{\triangle AOB}=S_{梯形AA_2B_2B}=\left|\dfrac{(y_A-y_B)(x_B+x_A)}{2}\right|$……②，

①、②两个式子让我们惊奇地发现：$\triangle AOB$ 的面积只与点 $A(x_A,y_A)$、$B(x_B,$

y_B)的坐标有关,是两横坐标差与两纵坐标和的积或是两横坐标和与两纵坐标差的积的绝对值的一半.

(2)图形和差:如图 2-2-15(2)所示,将求不规则 $\triangle AOB$ 的面积转化为有横平竖直边的三角形面积的差的关系.

即:$S_{\triangle AOB} = S_{\triangle BOM} - S_{\triangle AOM}$;$S_{\triangle AOB} = S_{\triangle AON} - S_{\triangle BON}$;

$S_{\triangle AOB} = S_{\triangle MON} - S_{\triangle AOM} - S_{\triangle NOB}$;

(3)如图 2-2-15(3)所示,有重要结论:$MA = BN$.

证明:$\because y_A = \dfrac{m}{x_A}$,$y_B = \dfrac{m}{x_B}$,$\therefore \tan\angle MNO = \dfrac{y_A - y_B}{x_B - x_A} = \dfrac{\dfrac{m}{x_A} - \dfrac{m}{x_B}}{x_B - x_A} = \dfrac{m(x_B - x_A)}{x_A x_B(x_B - x_A)} = \dfrac{m}{x_A x_B}$,

$\therefore \tan\angle CDO = \dfrac{OC}{OD} = \dfrac{y_A}{x_B} = \dfrac{\dfrac{m}{x_A}}{x_B} = \dfrac{m}{x_A x_B}$,$\therefore \tan\angle MNO = \tan\angle CDO$,$\therefore \angle MNO = \angle CDO$,

$\therefore CD /\!/ MN$. 又$\because MC /\!/ BD$,$AC /\!/ DN$,

$\therefore$ 四边形 $CDBM$ 与四边形 $CDNA$ 都是平行四边形.

$\therefore MB = CD$,$AN = CD$,$\therefore MB = AN$,$\therefore MB - AB = AN - AB$,

即:$MA = BN$.

图 2-2-15(3)中,$MA = BN$,是反比例函数的一条重要性质,加上反比例函数既是中心对称图形又是轴对称图形,因此,反比例函数在训练学生思维能力方面有其独特性,也是中考命题的重要载体.

第3篇

几何教学实践与探索

《课程标准》中初中阶段"图形与几何"领域包括"图形的性质""图形的变化"和"图形与坐标"三个主题，学生在进一步学习点、线、面、角、三角形、多边形、圆等几何图形的基础上，从演绎证明、运动变化、量化分析三个不同的角度研究几何图形的基本性质和相互关系，其中"图形与坐标"强调数形结合，从代数的角度认识几何图形，用代数方法研究图形，在平面直角坐标系中用坐标表示图形上点的位置，用坐标法分析和解决实际问题，属于解析几何范畴．"图形的变化"强调从运动变化的观点来研究图形，理解图形在轴对称、平移和旋转时的变化规律和变化中的不变量，体现用图形运动认识、理解和表达现实世界，用数学语言表达对称，体现空间观念、几何直观和应用意识；用锐角三角函数解决实际问题，体现推理能力、运算能力、抽象能力和应用意识；在不同角度观察立体图形的过程中体现空间观念.

第 1 节　多边形

多边形是初中几何的重要组成部分，研究多边形主要从边、角、对角线、对称性等角度来分析. 从三角形到四边形，从四边形到特殊的四边形，从图形的定义出发，探究图形的性质与判定方法，最后，充分利用所学知识综合分析问题、解决问题，培养学生的逻辑推理能力、空间观念、几何直观和应用意识.

多边形学习中的最后一个特殊四边形，是特殊的平行四边形，其在初中数学中占有十分重要的地位，其主要原因是正方形的外延少、内涵多，其独特的图形性质对提升学生的数学思维能力和水平十分有益，是中考压轴题的常见素材来源. 正方形是考查学生几何素养的一个十分重要的载体，在初中，师生都要走出正方形很简单的误区，我们要真正明白，进入初中几何，正方形所承载的信息量大大增加，纵观整个初中教材，正方形是我们学习的最后一个多边形. 前面所学的平行线、三角形、平行四边形、矩形、菱形等有关平面几何的知识，在正方形中都能得到综合运用，同时，对几何中的三个全等变换—— 平移、翻折、旋转等相应的知识和能力融入其中，极大地丰富了初中几何的内涵，增加了初中几何试题设计的综合性、灵活性，理所当然地成为中考几何压轴题的重要素材来源.

一、人教版八年级下册 P62 实验与探究

我们学习了平行四边形、矩形、菱形、正方形，比较一下，哪种图形的性质最多，答案无疑是正方形.

正方形的四个角相等，四条边相等，对角线相等且互相垂直平分，它的对称轴比其他四边形都多，以后我们还会学到，它还是中心对称图形. 这些特点使正方形得到了人们的喜爱和广泛应用.

要用给定长度的篱笆围成一个面积最大的四边形区域，那么应当把这个区域选为正方形的数学道理是什么？

【问题一】如图 3-1-1 所示，矩形的周长为定值 $2a$，求矩形面积的最大值.
求解：设矩形的一边长为 x，则另一边长为 $a-x$.

$$S_{\text{矩形}ABCD} = x(a-x) = -\left(x - \frac{a}{2}\right)^2 + \frac{a^2}{4}.$$

$\because -1 < 0$，$\therefore$ 当 $x = \dfrac{a}{2}$ 时，$S_{\text{矩形}ABCD}$ 取得最

大值 $\dfrac{a^2}{4}$，此时 $BC = CD$.

即周长一定的矩形中正方形的面积最

大. 所以围成正方形.

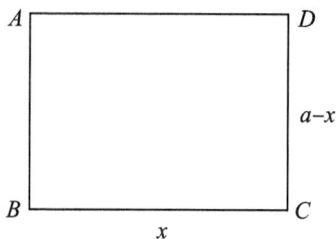

图 3-1-1

【小结】要用给定长度的篱笆围成一个圆，设圆的半径为 r.

则：$2\pi r = 2a$，$\therefore r = \dfrac{a}{\pi}$，$\therefore S_{\text{圆}} = \pi r^2 = \dfrac{a^2}{\pi} > \dfrac{a^2}{4} = S_{\text{正方形}ABCD}$.

【重要结论】周长一定的篱笆围成一个矩形区域或圆形区域，矩形中正方形的面积最大，圆形区域的面积大于正方形区域的面积.

二、正方形中的特殊几何元素

1. 直角三角形的直角顶点在正方形的对角线上运动属性——对称性

【问题二】如图 3-1-2 所示，正方形 $ABCD$ 的对角线相交于点 O，点 O 又是正方形 $A_1B_1C_1O$ 的一个顶点，将正方形 $A_1B_1C_1O$ 绕点 O 旋转. 观察、分析、猜想，在旋转过程中两个正方形的重叠部分的面积是否变化.

正方形是特殊的平行四边形，其轴对称性在研究上述问题中起到关键作用.

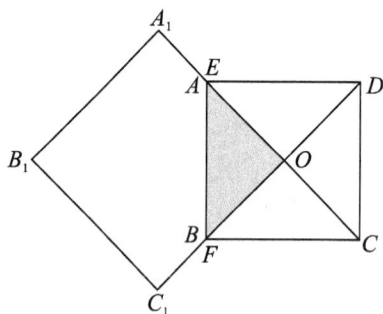

图 3-1-2

【探究】（1）当正方形 $A_1B_1C_1O$ 绕点 O 旋转到其边 OA_1，OC_1 分别与正方形 $ABCD$ 的两条对角线所在直线重合这类特殊位置时，显然 $S_{\text{两个正方形的重叠部分}} = \dfrac{1}{4}S_{\text{正方形}ABCD}$.

（2）当正方形 $A_1B_1C_1O$ 绕点 O 旋转到如图 3-1-3 的位置时.

$\because$ 四边形 $ABCD$ 是正方形，$\therefore \angle EAO = \angle FBO$，$OA = OB$.

又 $\because \angle AOB = \angle EOF$，$\therefore \angle AOE = \angle BOF$，$\therefore \triangle AOE \cong \triangle BOF$（ASA）.

$\therefore S_{\text{两个正方形的重叠部分}} = S_{\triangle BOE} + S_{\triangle BOF}$，$S_{\triangle BOF} = S_{\triangle AOE}$，$\therefore S_{\text{两个正方形的重叠部分}} = \dfrac{1}{4}S_{\text{正方形}ABCD}$.

方法二：过点 O 作 $OM \perp AB$，垂足为 M，过点 O 作 $ON \perp BC$，垂足为 N，如图 3-1-4 所示.

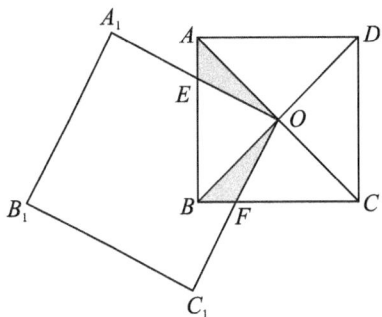

图 3-1-3

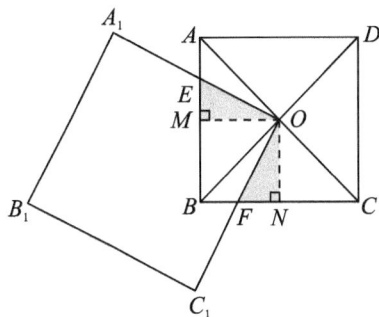

图 3-1-4

易证 $\triangle MOE \cong \triangle NOF$（ASA），$\therefore S_{\triangle MOE} = S_{\triangle NOF}$.

$\because S_{两个正方形的重叠部分} = S_{\triangle MOE} + S_{四边形BFOM} = S_{正方形OMBN}$，

$\therefore S_{两个正方形的重叠部分} = S_{正方形OMBN} = \dfrac{1}{4} S_{正方形ABCD}$.

综上所述，无论正方形 $A_1B_1C_1O$ 绕点 O 怎样旋转，两个正方形重叠部分的面积总等于正方形 $ABCD$ 面积的 $\dfrac{1}{4}$.

另一方面，如图 3-1-5 所示，正方形 $A_1B_1C_1O$ 绕点 O 旋转，在整个旋转过程中：

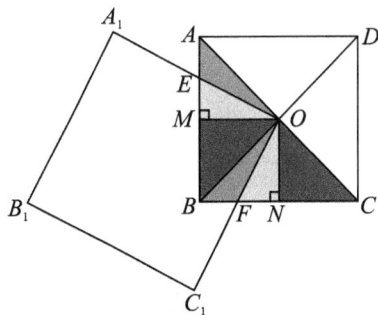

图 3-1-5

①两个正方形重叠部分对应四边形 $OEBF$ 的周长在由交点 E 由 A 到 B 的运动过程中，先逐渐变小，而后逐渐变大.

②四边形 $OEBF$ 的两边 BE、BF 的和是一个定值，始终等于正方形 $ABCD$ 的边长.

即：$BE + BF = AB$.

③正方形 $A_1B_1C_1O$ 绕点 O 旋转过程中，下面三组三角形全等关系保持不变.

$\triangle AOE \cong \triangle BOF$；$\triangle MOE \cong \triangle NOF$；$\triangle MOB \cong \triangle NOC$.

【拓广探索一】设正方形 $ABCD$ 的面积为 a^2，正方形 $A_1B_1C_1D_1$ 的顶点 D_1 沿正方形 $ABCD$ 的对角线 BD 从点 B 向点 D 运动，若 $BD_1 = \dfrac{2}{3}BD$，如图 3-1-6 所示，求两个图形重叠部分的面积以及 $BE + BF$ 的值.

分析：过点 D_1 作 $D_1M \perp AB$，垂足为 M，过点 D_1 作 $D_1N \perp BC$，垂足为 N，如图 3-1-7 所示.

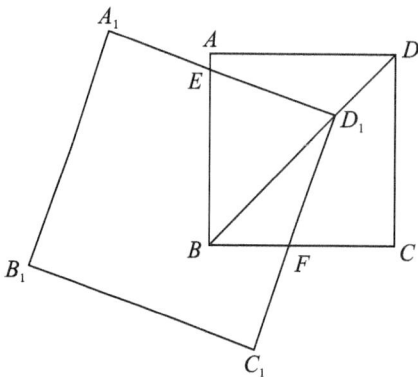

图 3-1-6

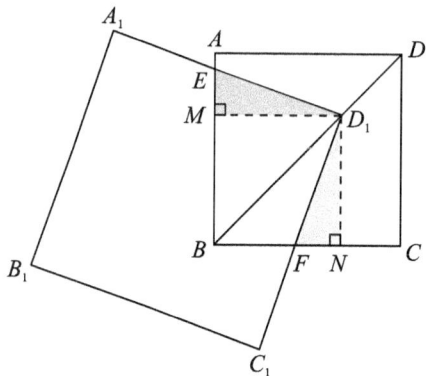

图 3-1-7

易证 $\triangle MD_1E \cong \triangle ND_1F$ (ASA)，$\therefore S_{\triangle MD_1E} = S_{\triangle ND_1F}$

$\because S_{两个正方形的重叠部分} = S_{\triangle MD_1E} + S_{四边形 BFD_1M} = S_{正方形 D_1MBN}$，

$\therefore S_{两个正方形的重叠部分} = S_{正方形 D_1MBN} = \dfrac{4}{9} S_{正方形 ABCD} = \dfrac{4}{9} a^2$.

$\therefore BE + BF = 2BM = \sqrt{2}\,BD_1 = \sqrt{2} \times \dfrac{2}{3} BD = \sqrt{2} \times \dfrac{2}{3} \times \sqrt{2}\,AB = \dfrac{4}{3}AB = \dfrac{4}{3}a$.

【重要结论】

一般地：若 $BD_1 = \dfrac{n}{m}BD$，则 $S_{两个正方形的重叠部分} = \dfrac{n^2}{m^2}a^2$；$BE + BF = \dfrac{2n}{m}a$；$D_1F = D_1E$.

【拓广探索二】如图 3-1-8 所示，点 E 是边长为 $2a$ 的正方形 $ABCD$ 对角线 AC 上一动点(点 E 与点 A，C 不重合)，连接 DE，作 $EF \perp DE$ 交射线 BA 于点 F，作射线 DF 交射线 CA 于点 G，若点 F 为边 AB 的中点，求线段 GE 的长.

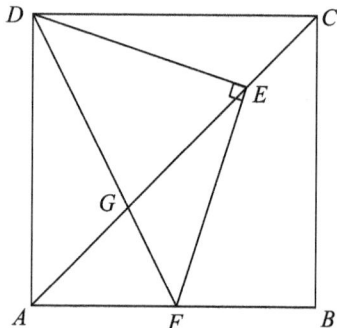

图 3-1-8

分析：由探索一知：$ED = EF = EB$，$\triangle DEF$ 是等腰直角三角形，$\angle EDF = 45°$，据正方形中的半角模型可知 $GE^2 = AG^2 + EC^2$.

求解一：如图 3-1-9 所示.

$\because CD /\!/ AB$，

∴ △AGF ∽ △CGD,

又∵ 点 F 为边 AB 的中点,

∴ $AG = \dfrac{1}{3}AC = \dfrac{2\sqrt{2}}{3}a$, $CG = \dfrac{2}{3}AC = \dfrac{4\sqrt{2}}{3}a$, $CE = \dfrac{4\sqrt{2}}{3}a - GE$.

据正方形中的半角模型可知　$GE^2 = AG^2 + EC^2$.

所以 $GE^2 = \left(\dfrac{2\sqrt{2}}{3}a\right)^2 + \left(\dfrac{4\sqrt{2}}{3}a - GE\right)^2$, 解得 $GE = \dfrac{5\sqrt{2}}{6}a$.

求解二：如图 3-1-10 所示, 易证△FDE 是等腰直角三角形, 所以∠EDG = ∠GAF = 45°, 又因为∠DGE = ∠AGF, 所以△AGF ∽ △DGE, 故 $DG \cdot FG = AG \cdot GE$.

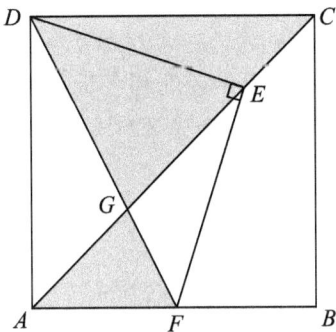

图 3-1-9

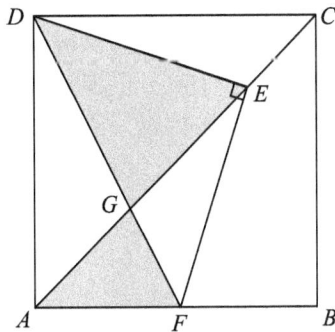

图 3-1-10

由已知易得 $AG = \dfrac{1}{3}AC = \dfrac{2\sqrt{2}}{3}a$, $FG = \dfrac{1}{3}DF = \dfrac{\sqrt{5}}{3}a$,

$DG = \dfrac{2}{3}DF = \dfrac{2\sqrt{5}}{3}a$, 所以 $\dfrac{2\sqrt{5}}{3}a \times \dfrac{\sqrt{5}}{3}a = \dfrac{2\sqrt{2}}{3}a \times GE$, 解得 $GE = \dfrac{5\sqrt{2}}{6}a$.

求解三：如图 3-1-11 所示, 因为△FDE 是等腰直角三角形, 所以∠EDG = ∠GCD = 45°, 又因为∠DGE = ∠CGD, 所以△DGE ∽ △CGD, 故 $\dfrac{DG}{CG} = \dfrac{GE}{DG}$, 即 $DG^2 = GE \cdot GC$.

因为 $DG = \dfrac{2}{3}DF = \dfrac{2\sqrt{5}}{3}a$, $CG = \dfrac{2}{3}AC = \dfrac{4\sqrt{2}}{3}a$, 所以 $GE = \dfrac{5\sqrt{2}}{6}a$.

【结论】(1) $ED = EF$　(2) $GE^2 = AG^2 + EC^2$　(3) ∠EFB = ∠ADE

(4) 图中的相似三角形：

△AGF ∽ △DGE ∽ △CGD, △DGE ∽ △ADE, △AGD ∽ △FGE.

总体来说：$\triangle AGF \backsim \triangle DGE \backsim \triangle CGD \backsim \triangle ADE$，$\triangle AGD \backsim \triangle FGE$.

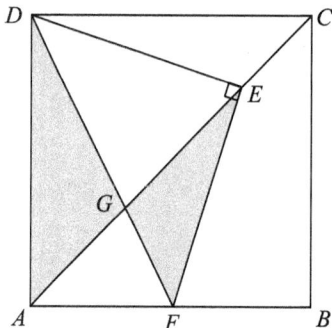

图 3-1-11

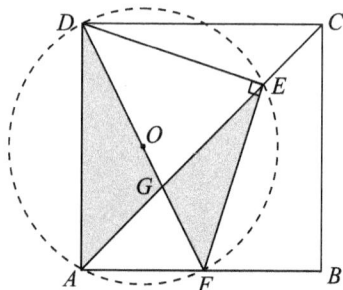

图 3-1-12

（5）"隐圆"：两直角三角形共斜边 DF，所以四边形 $ADEF$ 对角互补，四边形 $ADEF$ 是以斜边 DF 中点为圆心，斜边 DF 长度一半为半径的圆内接四边形，如图 3-1-12 所示，从而，借助圆的知识可得：$\angle ADG = \angle GEF$，$\angle DAG = \angle EFG$（同弧或等弧所对的圆周角相等）；

$\angle EFB = \angle ADE$（圆内接四边形的外角等于其内对角）.

【拓广探索三】点 E 是边长为 $2a$ 的正方形 $ABCD$ 对角线 AC 上一点，点 F 是边 AB 上一点，连接 DE，EF，DF，且 DF 与对角线交于点 G，如图 3-1-13 所示. 由探索二可知，若已知①$EF \perp DE$，我们能得到 ②$ED = EF$，③$\angle EDF = 45°$都成立.

我们不禁要问：若已知②$ED = EF$，我们能得到①$EF \perp DE$，③$\angle EDF = 45°$ 成立吗？若已知③$\angle EDF = 45°$，我们能得到①$EF \perp DE$，②$ED = EF$ 成立吗？

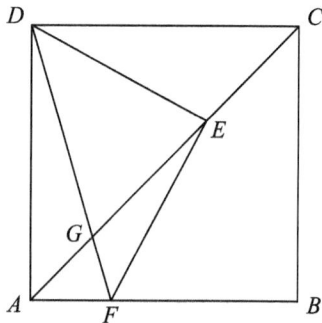

图 3-1-13

概括起来就是①$EF \perp DE$，②$ED = EF$，③$\angle EDF = 45°$三者之间有怎样的联系，能互推吗？

【问题分析】

过点 E 作 $EM \perp AD$，垂足为 M，过点 E 作 $EN \perp AB$，垂足为 N，如图 3-1-14 所示.

因为 $ED = EF$，$EM = EN$，所以 Rt$\triangle DME \cong$ Rt$\triangle FEN$，所以 $\angle DEM = \angle FEN$，因此 $\angle DEF = \angle MEN = 90°$，即 $ED \perp EF$，所以 $\triangle FDE$ 是等腰直角三角形，所以 $\angle EDF = 45°$.

于是，我们得出结论：已知②$ED=EF$，我们能得到①$EF \perp DE$，③$\angle EDF = 45°$都成立.

若已知③$\angle EDF = 45°$，则由$\angle EDF = \angle GAF = 45°$，$\angle AGF = \angle DGE$可知：$\triangle DGE \backsim \triangle AGF$，所以$\dfrac{DG}{AG} = \dfrac{EG}{FG}$，即$\dfrac{DG}{GA} = \dfrac{EG}{FG}$，又因为$\angle AGD = \angle FGE$，所以$\triangle AGD \backsim \triangle FGE$，因此$\angle DFE = 45°$，所以$\angle EDF = \angle DFE = 45°$，因此$ED=EF$，$EF \perp DE$.

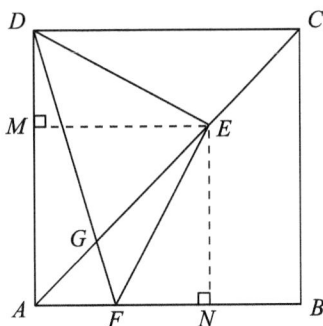

图 3-1-14

于是，我们得出结论：若已知③$\angle EDF = 45°$，我们能得到①$EF \perp DE$，②$ED = EF$都成立. 概括起来就是①$EF \perp DE$，②$ED = EF$，③$\angle EDF = 45°$三者之间，知其一就能知其二，即三者能互推. 换言之，就是三者之间是相伴而生的.

【小结】正方形既是中心对称图形，又是轴对称图形. 因此，直角三角形的直角顶点在正方形的中心，并绕中心旋转时，运动的过程中有许多不变的量，其本质就在于正方形的特殊性质——对称性：中心对称图形、轴对称图形、重叠部分四边形对角互补. 这里有一个重要的隐藏关系——"四点共圆"——重叠部分四边形是圆内接四边形，于是，对问题进一步做如下探究.

【拓广探索四】如图 3-1-15 所示，边长为 a 的正三角形 ABC 的中心 O 恰好为扇形 ODE 的圆心，$\angle DOE = 120°$且点 B 在扇形内，将扇形 ODE 绕点 O 旋转，$\triangle ABC$ 与扇形重叠部分的面积与$\triangle ABC$面积的关系如何？

(1)设扇形的半径 OD，OE 与正三角形的边 AB，BC 分别交于点 F，G，过点 O 作 $OM \perp AB$，垂足为 M，过点 O 作 $ON \perp BC$，垂足为 N，如图 3-1-16(1)所示.

易证 $\triangle OMF \cong \triangle ONG$，所以 $S_{重叠部分} =$

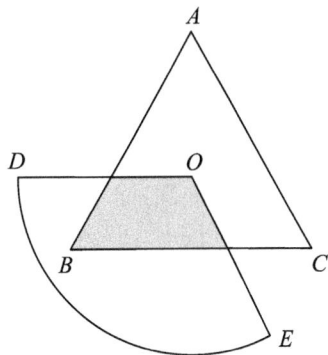

图 3-1-15

$$S_{四边形OFBG} = S_{四边形ONBM} = \frac{1}{3}S_{\triangle ABC} = \frac{\sqrt{3}}{12}a^2.$$

(2)连接 OB，OC，易证$\triangle OBF \cong \triangle OCG$，

所以 $S_{重叠部分} = S_{四边形OFBG} = S_{\triangle OBC} = \frac{1}{3}S_{\triangle ABC} = \frac{\sqrt{3}}{12}a^2.$

在整个旋转过程中，除 $S_{重叠部分} = \frac{1}{3}S_{\triangle ABC} = \frac{\sqrt{3}}{12}a^2$ 保持不变外，$OF = OG$，$\triangle OFB \cong$

△OGC 也成立，即 $BF=CG$，因此，重叠部分四边形 $BFOG$ 中，$BF+BG=BC$ 保持不变，进一步探究，可得 $\sqrt{3}BO=BG+BF$，如图 3-1-16(2)所示.

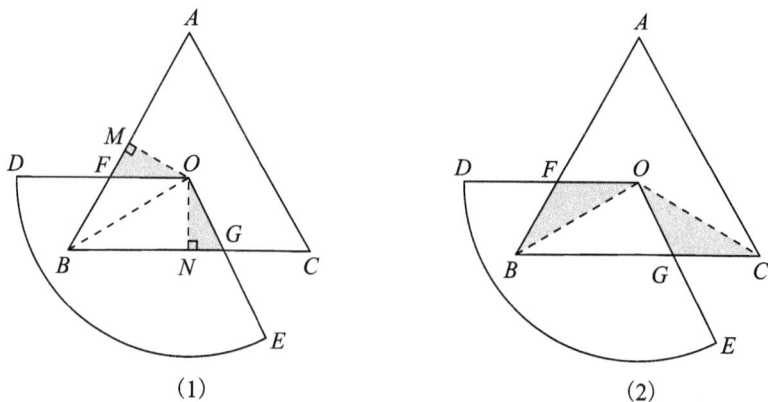

图 3-1-16

【拓广探索五】如图 3-1-17(1)(2)所示，菱形 $ABCD$ 中，若 $\angle BCD=120°$，$\angle MON=60°$，$\angle MON$ 绕点 O 旋转，OM 与 BC 相交于点 E，ON 与 CD 或 CD 的延长线相交于点 F，试探索线段 CO、CE、CF 间的数量关系.

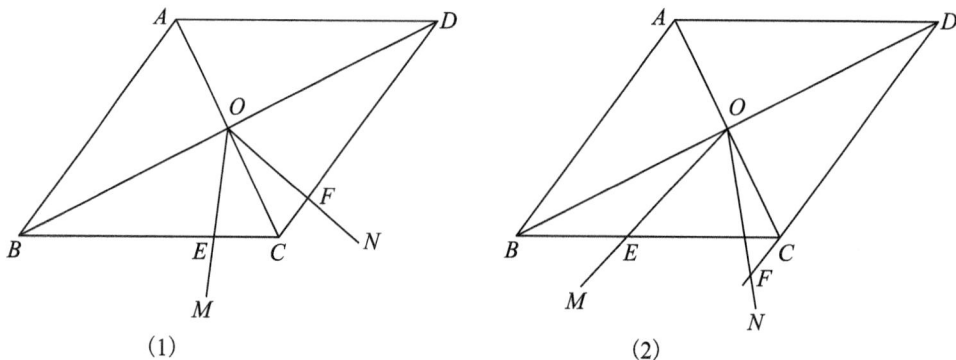

图 3-1-17

如图 3-1-18 所示，发现的结论：(1) Rt△OEG≌Rt△OFP；(2) $OE=OF$；(3)在图 3-1-18(1)中，$CO=CE+CF$；在图 3-1-18(2)中，$CO=CE-CF$.

下面以图 3-1-18(2)的情况给予证明：过点 O 作 $OG\perp BC$，垂足为 G，作 $OP\perp CD$，垂足为 P.

由菱形的性质可知 $OG=OP$，∵ $\angle BCD=120°$，∴ $\angle GOP=60°$.

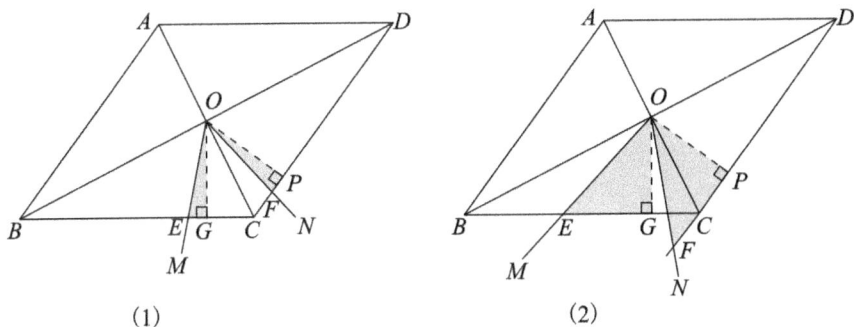

(1)　　　　　　　　　　　　(2)

图 3-1-18

又 $\because$ $\angle MON=60°$, $\therefore$ $\angle EOG=\angle FOP$. 又 $\because$ $OG\perp BC$, $OP\perp CD$, $\therefore$ $\angle OGE=\angle OPF=90°$,

因此 $\triangle GOE\cong\triangle POF$, $\therefore$ $PF=EG$, 易证 $\triangle COP\cong\triangle COG$, $\therefore$ $PC=CG=\dfrac{1}{2}CO$,

$\therefore$ $CO=CP+CG=PF-CF+CG=(GE+CG)-CF=CE-CF$.

问题再探索：如图 3-1-19 所示，菱形 $ABCD$，$\angle BCD=120°$，点 O 是对角线 AC 上的动点(点 O 与点 A、C 不重合)，$\angle MON=60°$，$\angle MON$ 绕点 O 旋转，OM 与 BC 相交于点 E，ON 与 CD 或 CD 的延长线相交于点 F，试探索线段 CO、CE、CF 间的数量关系.

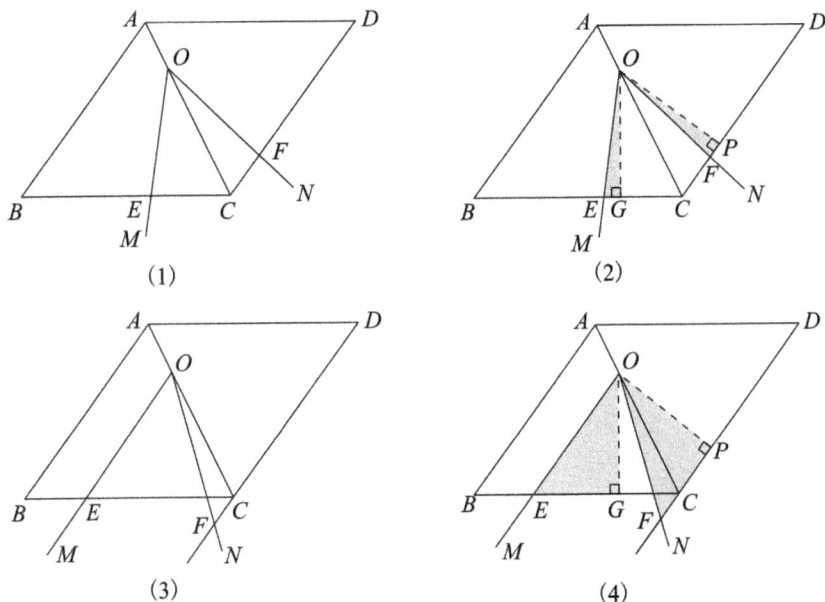

(1)　　　　　　　　　　　　(2)

(3)　　　　　　　　　　　　(4)

图 3-1-19

我们发现：（1）Rt△OEG≌Rt△OFP；（2）OE=OF；（3）在图 3-1-19（2）中，CO=CE+CF；在图 3-1-19（4）中，CO=CE-CF，依然保持不变.

【拓广探索六】当∠MON 在平行四边形、矩形的中心，重叠部分四边形满足对

角互补，如图 3-1-20 所示，易证：Rt△OGN∽Rt△OHM，$\dfrac{ON}{OM}=\dfrac{OG}{OH}=\dfrac{BC}{AB}$，$\dfrac{S_{\triangle OGN}}{S_{\triangle OHM}}=$

$\left(\dfrac{BC}{AB}\right)^2$.

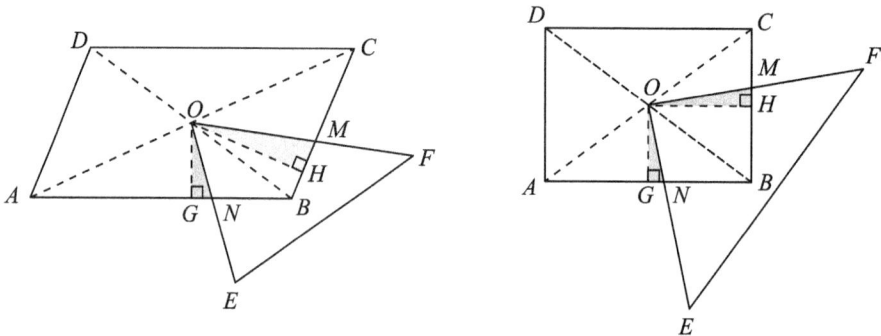

图 3-1-20

【小结】直角顶点在正方形等几何图形的对角线上的运动模型，图形组合中的绕点旋转，蕴含着丰富的"变"与"不变"关系，透过这种关系，正是命题者命制高质量几何题的出发点，也是解题者思维火花碰撞的汇合地.

【案例一】（2020·贵州遵义市中考真题）如图 3-1-21 所示，在边长为 4 的正方形 ABCD 中，点 E 为对角线 AC 上一动点（点 E 与点 A，C 不重合），连接 DE，作 EF⊥DE 交射线 BA 于点 F，过点 E 作 MN//BC 分别交 CD，AB 于点 M，N，作射线 DF 交射线 CA 于点 G. 当 AF = 2 时，GE 的长为

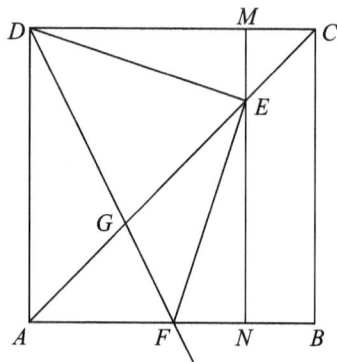

图 3-1-21

_____.

【分析】（1）当点 F 在边 AB 上，且 AF = 2 时，如图 3-1-22（1）所示. 易得 ED=EF=EB，△DEF 是等腰直角三角形，∠EDF = 45°，再根据正方形中的半角模型，知 GE² = AG² + EC².

因为 CD//AB，所以△AGF∽△CGD，又因为点 F 为边 AB 的中点，所以 AG=

$\dfrac{1}{3}AC=\dfrac{4\sqrt{2}}{3}$，$CG=\dfrac{2}{3}AC=\dfrac{8\sqrt{2}}{3}$，$CE=\dfrac{8\sqrt{2}}{3}-GE$. 所以 $GE^2=\left(\dfrac{4\sqrt{2}}{3}\right)^2+\left(\dfrac{8\sqrt{2}}{3}-GE\right)^2$，解

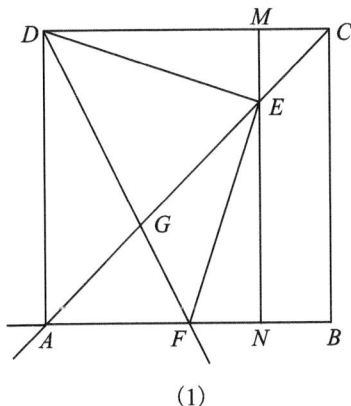

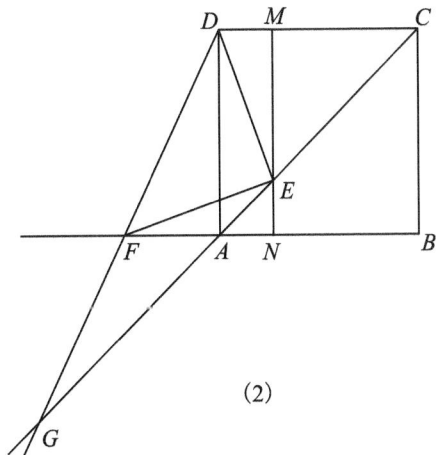

得 $GE=\dfrac{5\sqrt{2}}{3}$.

图 3-1-22

（2）当点 F 在边 BA 的延长线上，且 $AF=2$ 时，如图 3-1-22（2）所示. 由一线三垂直模型可知 $\triangle EFN\cong\triangle DEM$，所以 $FN=ME$. 设 $AN=x$，则有 $FN=2+x$，$ME=4-x$，由 $FN=ME$ 得 $2+x=4-x$，解得 $x=1$，所以 $AE=\sqrt{2}$. 因为 $AF/\!/CD$，所以 $\triangle AGF\backsim\triangle CGD$，由已知可得：$AG=AC=4\sqrt{2}$，所以 $GE=5\sqrt{2}$.

综上所述：$GE=\dfrac{5\sqrt{2}}{3}$ 或 $5\sqrt{2}$.

2. 正方形中的弦图

正方形 $ABCD$ 中，点 E 是边 AB 上一点，过点 B 作 $BF/\!/DE$，交边 CD 于点 F，如图 3-1-23 所示. 显然，四边形 $DEBF$ 是平行四边形；$\triangle AED\cong\triangle CFB$.

过点 C 作 $CG\perp DE$ 交 AD 于点 G，交 DE 于点 D_1，交 BF 于点 C_1，过点 A 作 $AH\perp BF$ 交 BC 于点 H，交 DE 于点 A_1，交 BF 于点 B_1，如图 3-1-24 所示.

有下面重要结论：

（1）四边形 $A_1B_1C_1D_1$ 是正方形；

（2）$\text{Rt}\triangle AA_1D\cong\text{Rt}\triangle DD_1C\cong\text{Rt}\triangle AB_1B\cong\text{Rt}\triangle CC_1B$.

（3）$\text{Rt}\triangle AED\cong\text{Rt}\triangle BHA\cong\text{Rt}\triangle CFB\cong\text{Rt}\triangle DGC$.

（4）设 $\text{Rt}\triangle AA_1D$ 的两直角边长分别为 a，b，斜边长为 c.

$\because S_{\text{正方形}ABCD} = 4S_{\text{Rt}\triangle CDD_1} + S_{\text{正方形}A_1B_1C_1D_1}$,

即 $c^2 = 2ab + (a-b)^2$, $\therefore c^2 = a^2 + b^2$.

这就是著名的勾股定理:直角三角形斜边的平方等于两直角边平方和.

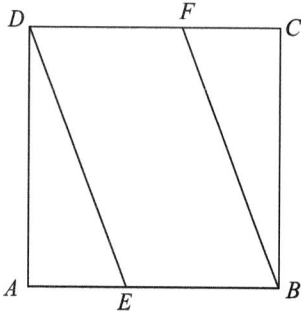

图 3-1-23

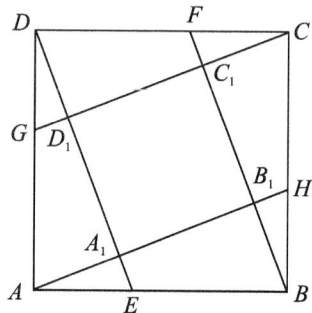

图 3-1-24

3. 正方形中的"十字架"

正方形中,与对边相交的两条互相垂直的线段相等. 我们把线段 AF、BE 叫作正方形中的"十字架",结论是"十字架"垂直且相等.

如图 3-1-25 所示,在正方形 $ABCD$ 中,点 E 是边 AD 上的一个点,连接 BE,过点 A 作 $AF \perp BE$ 交 CD 于点 F. 则有 $AF = BE$.

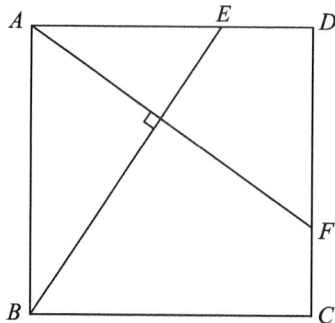

图 3-1-25

在正方形 $ABCD$ 中,点 E 是边 AD 上的一个点,连接 BE,点 F 是边 CD 上的一个点,连接 AF,若 $AF = BE$,则有 $AF \perp BE$.

一般地:如图 3-1-26 所示,①$DE = AF$, $BG = CH$ ②$FH = EG$ ③$FH \perp EG$,三个条件具备其中一个条件,就能推得另外两个结论成立.

特别地,当 FH, EG 相交于正方形的中心时,有 $DE = AF = BG = CH$,四边形

EFGH 是正方形，如图 3-1-27 所示.

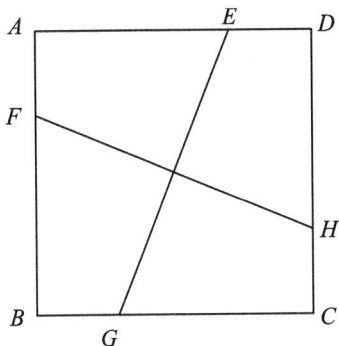

图 3-1-26

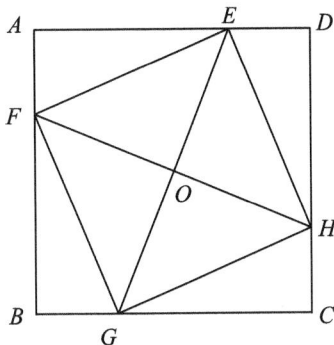

图 3-1-27

【知识迁移】人教版八年级下册 第十八章 第 68 页第 12 题.

12. 如图 3-1-28 所示，过 $\square ABCD$ 的对角线 *AC* 的中点 *O* 作两条互相垂直的直线，分别交 *AB*，*BC*，*CD*，*DA* 于 *E*，*F*，*G*，*H* 四点，连接 *EF*，*FG*，*GH*，*HE*. 试判断四边形 *EFGH* 的形状，并说明理由.

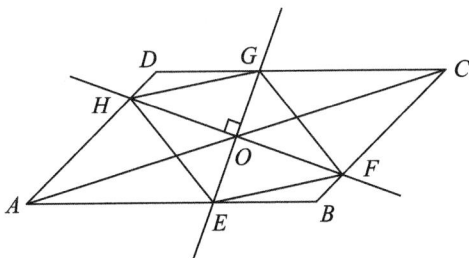

图 3-1-28

【案例二】(2021·淄博中考真题)已知：在正方形 *ABCD* 的边 *BC* 上任取一点 *F*，连接 *AF*，一条与 *AF* 垂直的直线 *l*(垂足为点 *P*)沿 *AF* 方向，从点 *A* 开始向下平移，交边 *AB* 于点 *E*.

(1)当直线 *l* 经过正方形 *ABCD* 的顶点 *D* 时，如图 3-1-29 所示. 求证：*AE*=*BF*；

(2)当直线 *l* 经过 *AF* 的中点时，与对角线 *BD* 交于点 *Q*，连接 *FQ*，如图 3-1-30 所示. 求∠*AFQ* 的度数；

(3)直线 *l* 继续向下平移，当点 *P* 恰好落在对角线 *BD* 上时，交边 *CD* 于点 *G*，如图 3-1-31 所示. 设 *AB*=2，*BF*=*x*，*DG*=*y*，求 *y* 与 *x* 之间的关系式.

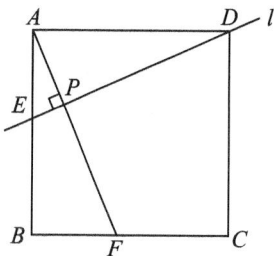
图 3-1-29

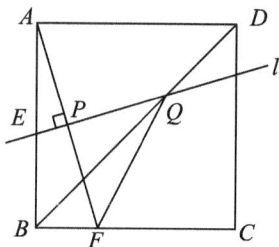
图 3-1-30

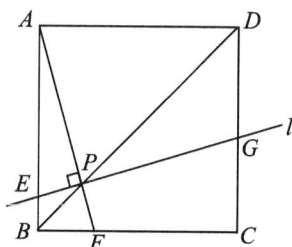
图 3-1-31

【案例分析】(1)如图 3-1-32(1)所示, ∵ 四边形 $ABCD$ 是正方形, ∴ $\angle BAD = \angle ABC = 90°$, $AB = AD$,

∴ $\angle 1 + \angle 4 = 90°$, $\angle 1 + \angle 5 = 90°$, ∴ $\angle 4 = \angle 5$.

又∵ $DE \perp AF$, ∴ $\angle 1 + \angle 3 = 90°$. 又∵ $\angle 2 + \angle 3 = 90°$,

∴ $\angle 1 = \angle 2$, $\angle 3 = \angle 5$, ∴ $\triangle ABF \cong \triangle DAE$(AAS), ∴ $AE = BF$.

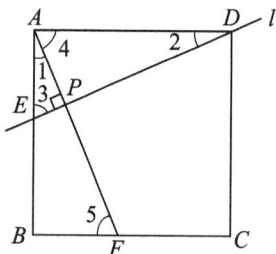
(1)

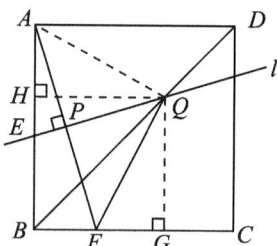
(2)

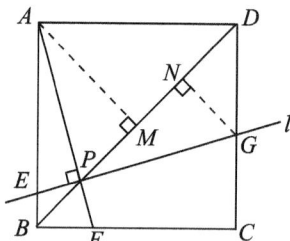
(3)

图 3-1-32

(2)如图 3-1-32(2)所示, 因为直线 l 与 AF 垂直, 直线 l 经过 AF 的中点, 故直线 l 是线段 AF 的垂直平分线, 连接 AQ, 则有 $QA = QF$, 过点 Q 作 $QH \perp AB$, 垂足为 H, 过点 Q 作 $QG \perp BC$, 垂足为 G.

易证 $\triangle AQH \cong \triangle FQG$, 所以 $\angle AQH = \angle FQG$, 因此 $\angle AQF = \angle HQG = 90°$, 所以 $\angle AFQ = 45°$.

(3)如图 3-1-32(3)所示, 首先, 易证 $PA = PG$, 过点 A 作 $AM \perp BD$, 垂足为 M, 过点 G 作 $GN \perp BD$, 垂足为 N. 根据一线三垂直模型可知 $\triangle APM \cong \triangle PGN$, 所以 $PM = GN = DN = \dfrac{\sqrt{2}}{2}y$, $PN = AM = \sqrt{2}$. 所以 $PD = \sqrt{2} + \dfrac{\sqrt{2}}{2}y$, $PB = \sqrt{2} - \dfrac{\sqrt{2}}{2}y$. 又因

为 $BC // AD$，所以 $\triangle BPF \backsim \triangle DPA$，所以 $\dfrac{BF}{AD} = \dfrac{BP}{PD}$，即 $\dfrac{x}{2} = \dfrac{\sqrt{2} - \dfrac{\sqrt{2}}{2}y}{\sqrt{2} + \dfrac{\sqrt{2}}{2}y}$，化简，得

$y = \dfrac{4-2x}{x+2}$.

4. 正方形中的几何模型

（1）一线三垂直模型

"一线三垂直"模型：经过直角三角形的顶点作任意直线 l，过斜边两端点作直线 l 的垂线，所形成的两个直线三角形全等或相似.

$\triangle ACB$ 是直角三角形，直线 l 经过直角顶点 C，过点 A 作 $AE \perp l$，垂足为 E，过点 B 作 $BF \perp l$，垂足为 F.

当 $AC = BC$ 时，如图 3-1-33 所示，$\triangle ACE \cong \triangle CBF$.

①$AE = CF$，$CE = BF$，$AE + BF = CE + CF$.

②若 Rt$\triangle AEC$ 中，$AE = a$，$EC = b$，$AC = c$，

则有 $S_{梯形AEFB} = \dfrac{1}{2}(a+b)^2$.

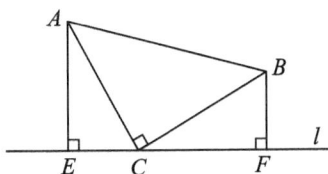

图 3-1-33

由 $S_{梯形AEFB} = 2S_{\triangle AEC} + S_{\triangle ABC}$，得 $\dfrac{1}{2}(a+b)^2 = ab + \dfrac{1}{2}c^2$，化简得 $c^2 = a^2 + b^2$.

这就是证明勾股定理的方法.

当 $AC \neq BC$ 时，如图 3-1-34 所示，$\triangle ACE \backsim \triangle CBF$.

若 Rt$\triangle ABC$ 中，$AC = m$，$BC = n$，$AB = c$，

则有 $\dfrac{S_{\triangle AEC}}{S_{\triangle CFB}} = \left(\dfrac{AC}{BC}\right)^2 = \left(\dfrac{m}{n}\right)^2$.

③如图 3-1-35 所示，若 Rt$\triangle AEC$ 中，

$AE = a$，$EC = b$，$AC = c$.

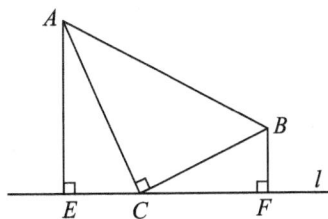

图 3-1-34

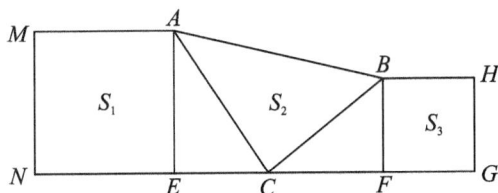

图 3-1-35

以 AE 为边向外作正方形 $AENM$，若 $AC \perp BC$，以 BF 为边向外作正方形 $BFGH$，则有 $S_1 + S_3 = 2S_2$.

【模型应用】（2020·湖南郴州市中考真题）如图 3-1-36 所示，在平面直角坐标系中，点 A 是双曲线 $y_1 = \dfrac{k_1}{x}(x > 0)$ 上任意一点，连接 AO，过点 O 作 AO 的垂线与双曲线 $y_2 = \dfrac{k_2}{x}(x < 0)$ 交于点 B，连接 AB，已知 $\dfrac{AO}{BO} = 2$，则 $\dfrac{k_1}{k_2} = ($ $)$.

A. 4   B. -4   C. 2   D. -2

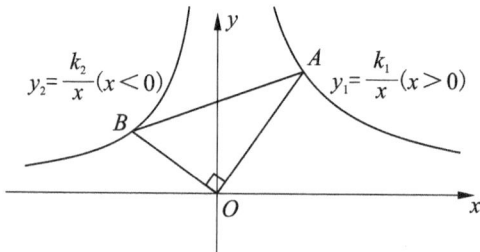

图 3-1-36

【案例三】 人教版八年级下册 第十八章 平行四边形 第 62 页第 15 题

15. 如图 3-1-37 所示，四边形 $ABCD$ 是正方形，G 是 BC 上的任意一点，$DE \perp AG$ 于点 E，$BF /\!/ DE$，且交 AG 于点 F．求证：$AF - BF = EF$.

求解：如图 3-1-38 所示，$\because DE \perp AG$，$BF /\!/ DE$，$\therefore \angle BFA = \angle AED = 90°$.

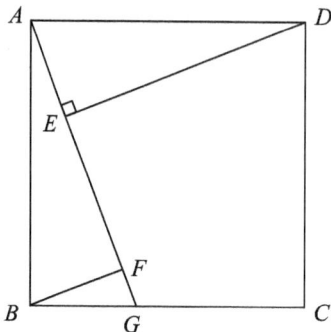

图 3-1-37

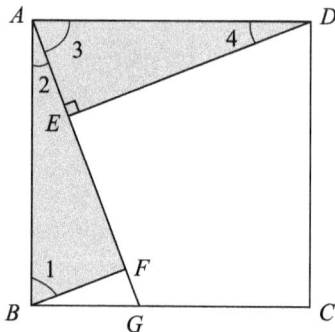

图 3-1-38

$\because \angle 1 + \angle 2 = 90°$，四边形 $ABCD$ 是正方形，

$\therefore \angle BAD = 90°$，$AB = AD$，即 $\angle 2 + \angle 3 = 90°$，$\therefore \angle 1 = \angle 3$，

$\therefore \triangle ABF \cong \triangle DAE$，$\therefore AF = DE$，$BF = AE$，$\therefore AF - BF = AF - AE = EF$.

【案例四】（2020·玉林）如图 3-1-39 所示，四边形 $ABCD$ 中，对角线 AC 与 BD 交于点 O，且 $OA = OB = OC = OD = \dfrac{\sqrt{2}}{2} AB$.

（1）求证：四边形 $ABCD$ 是正方形；

（2）若 H 是边 AB 上一点（H 与 A，B 不重合），连接 DH，将线段

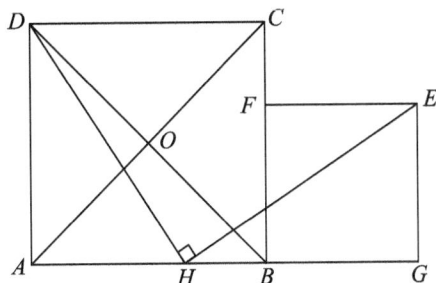

图 3-1-39

DH 绕点 H 顺时针旋转 $90°$，得到线段 HE，过点 E 分别作 BC 及 AB 延长线的垂线，垂足分别为 F，G. 设四边形 $BGEF$ 的面积为 S_1，以 HB，BC 为邻边的矩形的面积为 S_2，且 $S_1 = S_2$. 当 $AB = 2$ 时，求 AH 的长.

【分析】（1）证明：$\because OA = OB = OC = OD$，$\therefore$ 四边形 $ABCD$ 是平行四边形，且 $AC = BD$，$\therefore$ 四边形 $ABCD$ 是矩形.

又 $\because OA = OB = OC = OD = \dfrac{\sqrt{2}}{2} AB$，$\therefore OA^2 + OA^2 = AB^2$，因此 $\angle AOB = 90°$，即 $AC \perp BD$，$\therefore$ 四边形 $ABCD$ 是正方形.

（2）由一线三垂直模型可知 $\triangle ADH \cong \triangle GHE$，$\therefore EG = AH$，$HG = AD = 2$.

设 $AH = x$，则 $BH = 2 - x$.

$\therefore S_1 = x^2$，$S_2 = 2(2 - x)$. $\because S_1 = S_2$，$\therefore x^2 = 2(2 - x)$，

解得 $x_1 = \sqrt{5} - 1$，$x_2 = -\sqrt{5} - 1$（舍去），$\therefore AH = \sqrt{5} - 1$.

（2）正方形中的半角模型

半角模型：就是在正方形的一个直角顶点引出一个直角大小一半的角，由此所引发的一系列特殊边角关系模型. 其核心就是旋转形成对称，对称产生全等. 如图 3-1-40 所示，$\angle EAF = \dfrac{1}{2} \angle BAD$.

【正方形半角模型探究】如图 3-1-41 所示，四边形 $ABCD$ 是正方形，$\angle EAF = 45°$，其两边分别与正方形的边 BC，CD 交于点 E，F，与对角线 BD 分别交于点 M，N.

则有下面的重要结论：

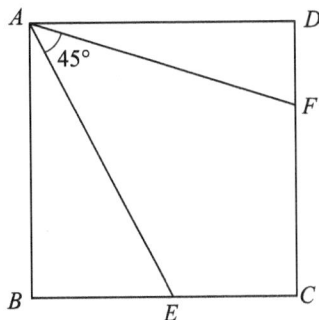

图 3-1-40

①$EF=DF+BE$；△ECF 的周长为正方形边长的 2 倍；

②$MN^2=BM^2+ND^2$；

③点 A 到线段 EF 的距离一定等于正方形的边长；

④∠1＝∠2，∠3＝∠4，∠2＝∠6，∠3＝∠5；

⑤由"A"字型、"反 A"字型相似得：△AMN∽△AFE∽△BME∽△DFN∽△DMA∽△BAN；

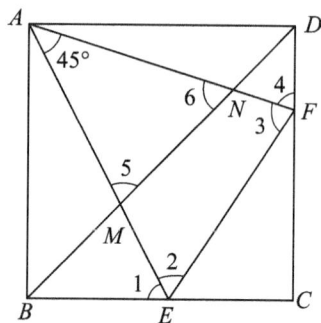

图 3-1-41

⑥若点 E 为边的中点，则点 F 为边的三等分点.

【半角模型再探究】①与④延长 CB 到点 G，使 $BG=DF$，连接 AG，如图 3-1-42 所示. 易证△ABG≌△ADF，所以 $AG=AF$，∠$BAG=$∠DAF. 因为四边形 $ABCD$ 是正方形，∠$EAF=45°$，所以∠$EAG=$∠$EAF=45°$. 又因为 $AE=AE$，所以△AEG≌△AEF，故 $EF=GE=DF+BE$.

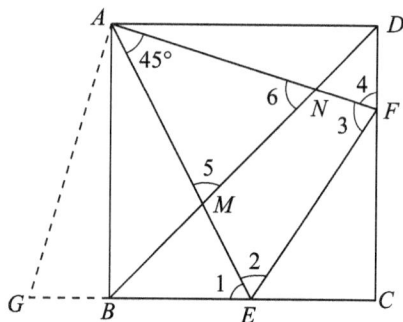

图 3-1-42

△ECF 的周长 $=EF+EC+CF=(DF+CF)+(BE+EC)=CD+CB=$ 正方形边长的 2 倍.

同时，由△AEG≌△AEF 可知∠1＝∠2，∠3＝∠G，而∠4＝∠G，所以∠3＝∠4，由"反 A"字型模型可知∠1＝∠2＝∠6，∠3＝∠4＝∠5.

②作∠ABG 的平分线 BH 交 AG 于点 H，连接 HM，如图 3-1-43(1)所示.

易证△BGH≌△DFN，所以 $BH=DN$，又∠$HBM=90°$，所以由勾股定理得 $MN^2=BM^2+ND^2$.

③如图 3-1-43(2)所示，易证△AEF≌△AEG，所以 $S_{△AEF}=S_{△AEG}$. 又因为 $EF=GE$，所以 $AH=AB$，即点 A 到线段 EF 的距离一定等于正方形的边长.

⑤如图 3-1-43(3)所示，因为四边形 $ABCD$ 是正方形，所以∠$DBC=$∠$BDC=$∠$EAF=45°$.

由"反 A"字型相似得：△AMN∽△AFE；△AMN∽△DFN；

由"A"字型相似得：△BME∽△DMA；△DFN∽△BAN；

由相似的传递性可知：△BME∽△DFN；△BME∽△AFE；△DFN∽△AFE.

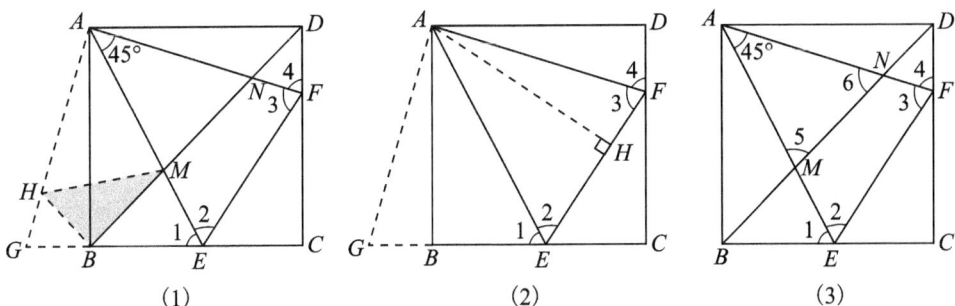

图 3-1-43

综上所述：$\triangle AMN \backsim \triangle AFE \backsim \triangle BME \backsim \triangle DFN \backsim \triangle DMA \backsim \triangle BAN$.

⑥设正方形 $ABCD$ 的边长为 $2a$，因为点 E 为边 BC 的中点，所以 $EC=a$. 设 $DF=x$，则有 $FC=2a-x$，由半角模型知 $EF=a+x$.

在 $\text{Rt}\triangle ECF$ 中，由勾股定理得 $EF^2=EC^2+CF^2$，即 $(a+x)^2=a^2+(2a-x)^2$，解得 $x=\dfrac{2a}{3}$.

即 $DF=\dfrac{2a}{3}$，所以点 F 为边的三等分点.

⑦正方形半角模型中的等腰直角三角形模型

四边形 $ABCD$ 是正方形，$\angle EBH=45°$，其两边分别与正方形的边 AD，CD 交于点 E，H，与对角线 AC 分别交于点 M，N，连接 MH，EN，则 $\triangle BMH$，$\triangle BNE$ 是等腰直角三角形，如图 3-1-44 所示.

设 MH，EN 相交于点 Q，则 $\triangle EMQ$，$\triangle HNQ$ 是等腰直角三角形，如图 3-1-45 所示.

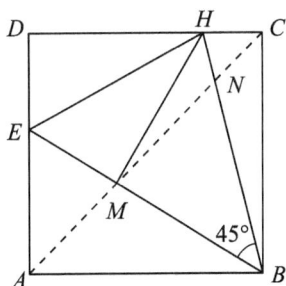

图 3-1-44

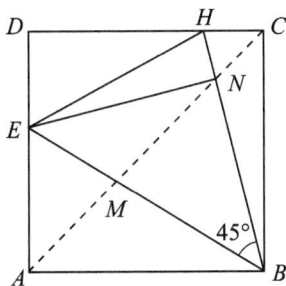

图 3-1-45

这就是正方形半角模型中的等腰直角三角形模型.

此模型中,①$BF \perp EH$,②$BF = BC$,③$\angle EBH = 45°$三者之间,知二推一.换言之,就是三者之间是相伴而生的.

⑧含45°角的三角形双对称正方形模型

在含45°角的三角形中,作45°角所对边上的高,得到两个三角形,将两个三角形分别向外作关于45°角的两边的对称图形,形成的正方形图形叫作半角中的双对称模型.

【探究1】已知△BEH中,$\angle EBH = 45°$,过点B作$BF \perp EH$,垂足为F,如图3-1-46所示.作△BHF关于BH的对称图形△BHC,作△BEF关于BE的对称图形△BEA,延长AE交CH的延长线于点D,易证四边形$ABCD$是正方形,这就是正方形的半角模型中的双对称模型,如图3-1-47所示.

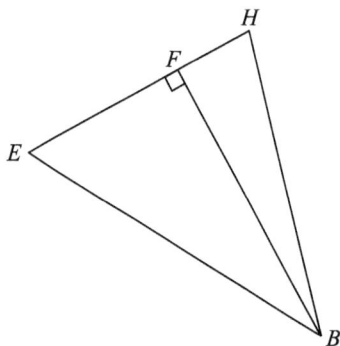

图3-1-46

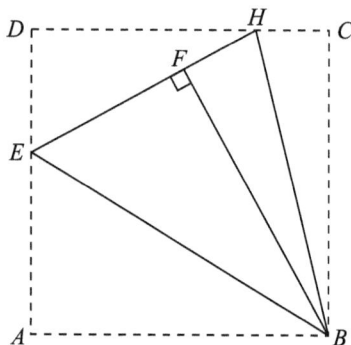

图3-1-47

【探究2】在半角中的双对称模型中,连接AC,分别与BE,BH相交于点M,N,如图3-1-48所示,则有△$BMN \backsim$ △BHE,$S_{\triangle BEH} = 2S_{\triangle BMN}$

法一:由正方形中模型可知,

∵ $\angle EBH = 45°$,易证△BMH为等腰直角三角形,

∴ $BH = \sqrt{2}BM$.

∵ △BEN为等腰直角三角形,

∴ $BE = \sqrt{2}BN$,

∴ $S_{\triangle BEH} = \dfrac{1}{2}BH \cdot BE\sin\angle EBH = \dfrac{1}{2} \times \sqrt{2}BM \cdot \sqrt{2}BN\sin\angle EBH$

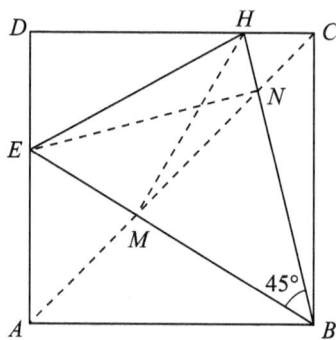

图3-1-48

$$= 2 \times \frac{1}{2} BM \cdot BN \sin \angle EBH = 2S_{\triangle BMN}.$$

法二：易证四边形 $MNHE$ 是圆内接四边形，根据圆内接四边形的外角性质可知：

$\angle MNB = \angle BEH$，又 $\because \angle EBH = \angle NBM$，

$\therefore \triangle BMN \backsim \triangle BHE$，相似比 $= BM : BH = 1 : \sqrt{2}$，

$\therefore S_{\triangle BEH} = 2S_{\triangle BMN}.$

【探究 3】 如图 3-1-49 所示，$S_{正方形ABCD} :$
$S_{\triangle BEH} = 2AB : EH.$

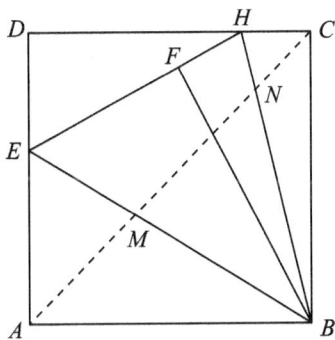

证明：由正方形中模型可知：$BF = AB$，

$\because S_{正方形ABCD} = AB^2$，$S_{\triangle BEH} = \frac{1}{2} EH \times BF$，

$\therefore S_{正方形ABCD} : S_{\triangle BEH} = 2AB : EH.$

综合以上探究，我们得出：

$\triangle BMN \backsim \triangle BHE$；　$S_{\triangle BEH} = 2S_{\triangle BMN}$；

$S_{正方形ABCD} : S_{\triangle BEH} = 2AB : EH.$

【小结】 正方形中有"双对称"模型，有

图 3-1-49

"半角"模型，有"一线三垂直"模型，"直角顶点在对角线上运动"模型，可以说是集多种模型于一体.

（1）①$BF \perp EH$，②$BF = BC$，③$\angle EBH = 45°$ 三者之间，知二推一. 换言之，就是三者之间是相伴而生的.

（2）"反 A"字型相似必伴随着另一个相似，即"双反 A"字型相似，也必包含着四点共圆.

如图 3-1-50(1) 所示，由"反 A"字型相似 $\triangle AME \backsim \triangle BMN$，必伴随着另一个"反 A"字型相似 $\triangle AMB \backsim \triangle EMN$.

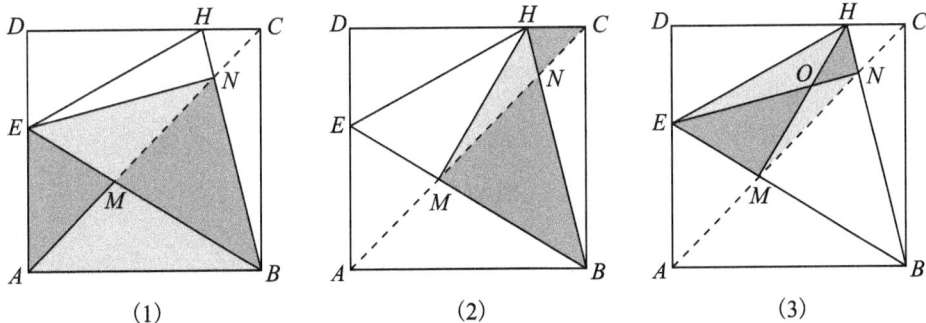

| (1) | (2) | (3) |

图 3-1-50

81

这就是说，"双反 A"字型相似总是相伴而生的，进而得到四边形 ABNE 对角互补.

如图 3-1-50(1)所示，A、E、N、B 四点共圆，四边形 ABNE 是圆内接四边形，从对角线角度分析，则有 MA×MN＝ME×MB，这就是著名的相交弦定理.

如图 3-1-50(2)所示，M、B、C、H 四点共圆，四边形 MBCH 是圆内接四边形，从对角线角度分析，则有 NM×NC＝NB×NH.

如图 3-1-50(3)所示，E、M、N、H 四点共圆，四边形 EMNH 是圆内接四边形，从对角线角度分析，则有 OE×ON＝OM×OH.

（3）"A"字型相似、"反 A"字型相似与子母图相似

如图 3-1-51 所示，△AME∽△CMB，△ANB∽△CNH 是"A"字型相似；

△BEH∽△BNM，△CNH∽△BNM，△AME∽△BMN 是"反 A"字型相似；

△ABN∽△BMN，△CBM∽△BNM 是子母图相似.

根据相似三角形的传递性可知：与△BNM 相似的三个三角形△CBM，△ABN，△BEH 也两两相似.

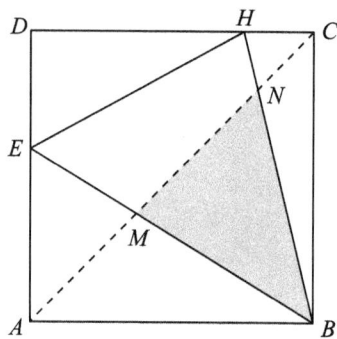

图 3-1-51

【案例五】菱形 ABCD 中，∠BAD＝120°，点 O 为射线 CA 上的动点，作射线 OM 与直线 BC 相交于点 E，将射线 OM 绕点 O 逆时针旋转 60°，得到射线 ON，射线 ON 与直线 CD 相交于点 F(图 3-1-52).

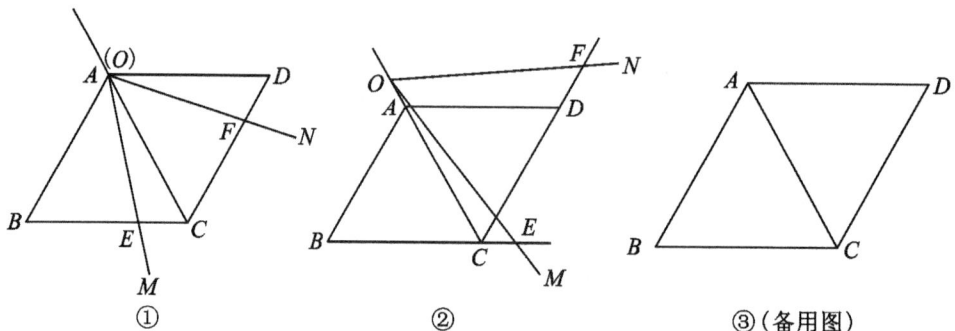

① ② ③（备用图）

图 3-1-52

（1）图 3-1-52①，点 O 与点 A 重合时，点 E，F 分别在线段 BC，CD 上，请直接写出 CE，CF，CA 三条线段之间的数量关系；

（2）图 3-1-52②，点 O 在 CA 的延长线上，且 $OA = \frac{1}{3}AC$，E，F 分别在线段 BC 的延长线和线段 CD 的延长线上，请写出 CE，CF，CA 三条线段之间的数量关系，并说明理由；

（3）点 O 在线段 AC 上，若 $AB = 6$，$BO = 2\sqrt{7}$，当 $CF = 1$ 时，请直接写出 BE 的长.

【分析】（1）如图 3-1-53 所示，CE，CF，CA 三条线段之间的数量关系是 $CA = CE + CF$. 理由如下：∵ 四边形 $ABCD$ 是菱形，$\angle BAD = 120°$，∴ $AB = AD = DC = BC$，$\angle BAC = \angle DAC = 60°$，∴ △$ABC$，△$ACD$ 都是等边三角形. ∵ $\angle DAC = \angle EAF = 60°$，∴ $\angle CAE = \angle DAF$. ∵ $AB = AD$，$\angle ADC = \angle ACE = 60°$，∴ △$CAE \cong$ △DAF，∴ $CE = DF$，因此 $AC = CD = CF + DF = CF + CE$，即 $CA = CE + CF$.

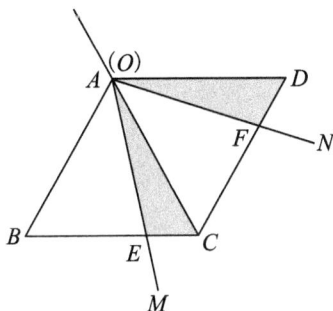

图 3-1-53

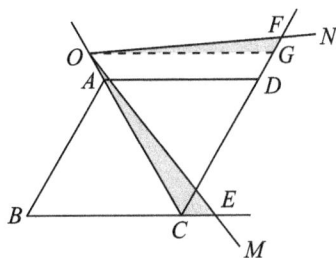

图 3-1-54

（2）CE，CF，CA 三条线段之间的数量关系是 $CF - CE = \frac{4}{3}CA$. 理由如下：

如图 3-1-54 所示，作 $OG /\!/ AD$ 交 CF 于点 G，易知 △OCG 是等边三角形. ∵ $\angle COG = \angle EOF = 60°$，∴ $\angle COE = \angle GOF$. ∵ $OG = OC$，$\angle OGF = \angle ACE = 120°$，∴ △$GOF \cong$ △COE，∴ $CE = GF$，∴ $CF - EC = CF - FG = CG = OC = AC + \frac{1}{3}AC = \frac{4}{3}AC$，

即 $CF - CE = \frac{4}{3}AC$.

（3）如图 3-1-55 所示，作 $BH \perp AC$，垂足为 H. ∵ $AB = 6$，∴ 由菱形的性质知 $AH = CH = 3$，∴ $BH = 3\sqrt{3}$.

①如图 3-1-56 所示，当点 O 在线段 AH 上，点 F 在线段 CD 上时，∵ $BO = 2\sqrt{7}$，∴ $OH = \sqrt{BO^2 - BH^2} = 1$，∴ $OC = OH + CH = 1 + 3 = 4$，由（1）知 $OC = CE + CF$.

∵ $OC = 4$，$CF = 1$，∴ $CE = 3$，因此 $BE = BC - CE = 6 - 3 = 3$.

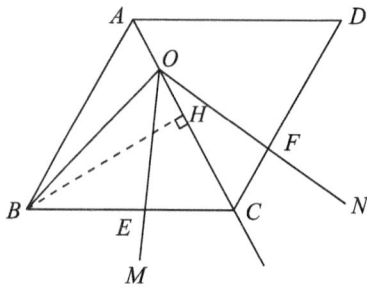

图 3-1-55

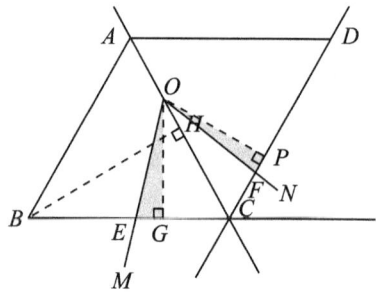

图 3-1-56

②如图 3-1-57 所示，当点 O 在线段 AH 上，点 F 在线段 DC 的延长线上，点 E 在线段 BC 上时。

由（2）可知 $\triangle GOE \cong \triangle POF$，$\therefore PF = EG$，$\triangle COP \cong \triangle COG$，$\therefore PC = CG = \dfrac{1}{2}OC$，

$\therefore OC = PC + CG = PF - CF + CG = (GE + CG) - CF = CE - CF$，

$\therefore CE = OC + CF = 4 + 1 = 5$，

$\therefore BE = BC - CE = 6 - 5 = 1$。

综上所述：$BE = 3$ 或 1。

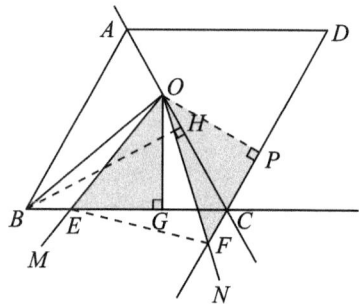

图 3-1-57

③如图 3-1-58 所示，当点 O 在线段 CH 上，点 F 在线段 CD 上时。

$\because BO = 2\sqrt{7}$，$\therefore OH = \sqrt{BO^2 - BH^2} = 1$，$\therefore OC = CH - OH = 3 - 1 = 2$，由（1）知 $OC = CE + CF$。$\because OC = 2$，$CF = 1$，$\therefore CE = 1$，$\therefore BE = BC - CE = 6 - 1 = 5$。

④如图 3-1-59 所示，当点 O 在线段 CH 上，点 F 在线段 DC 的延长线上，点 E 在线段 BC 上时。

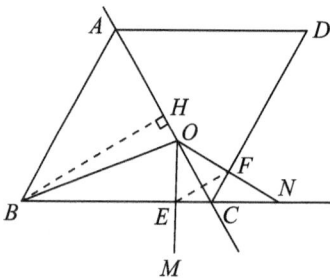

图 3-1-58

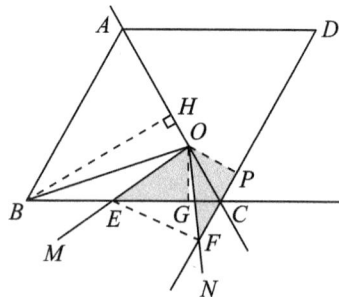

图 3-1-59

由（2）可知 $OC=CE-CF$，

∴ $CE=OC+CF=2+1=3$，∴ $BE=BC-CE=6-3=3$.

综合以上所有情况，得 $BE=1$ 或 3 或 5.

（3）正方形中的圆内接四边形模型

对角互补的四边形是圆内接四边形，据此，我们可以得到下列的四边形是圆内接四边形：

①四边形 $ABFE$、$FBCH$ 是圆内接四边形，对角线 BE、BH 分别为圆内接四边形的直径，并且平分四边形的对角，如图 3-1-60 所示.

②四边形 $ABNE$、$CBMH$、$DEMH$、$EMNH$ 是圆内接四边形，如图 3 1-61 所示.

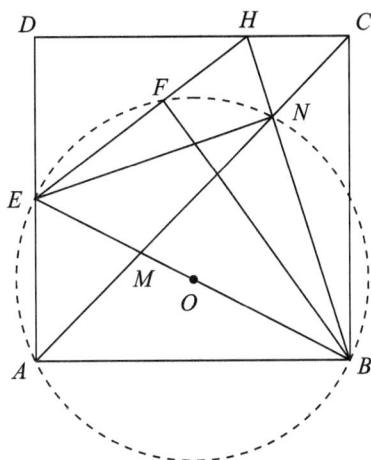

图 3-1-60

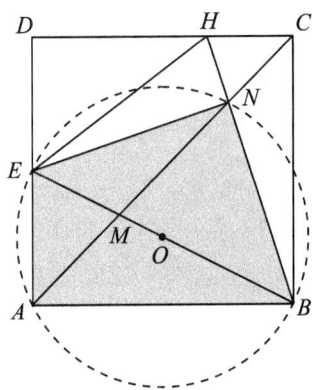

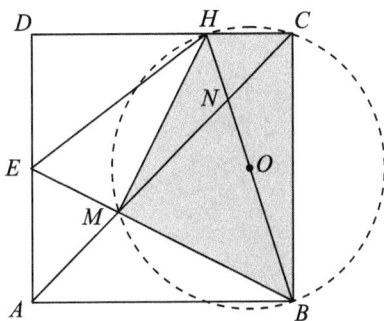

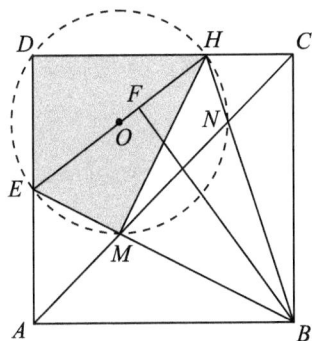

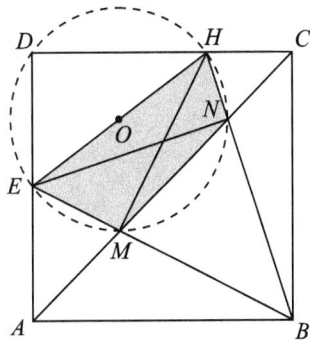

图 3-1-61

【案例六】（2019·湖北孝感市中考模拟）

如图3-1-62所示，正方形 $ABCD$ 中，点 E，F 分别在线段 BC，CD 上运动，且满足 $\angle EAF=45°$，AE 交 BD 于 M 点，AF 交 BD 于 N 点.

（1）若正方形的边长为2，则 $\triangle CEF$ 的周长是_____；

（2）下列结论：

① $BM^2+DN^2=MN^2$；

② 若 F 是 CD 的中点，则 $\tan\angle AEF=2$；

③ 连接 MF，则 $\triangle AMF$ 为等腰直角三角形；

④ $BE+DF=EF$；

⑤ 点 A 到线段 EF 的距离一定等于正方形的边长；

⑥ 若 $\tan\angle BAE=\dfrac{1}{2}$，则 $\tan\angle DAF=\dfrac{1}{3}$；

⑦ 若 $BE=2$，$DF=3$，则 $S_{\triangle AEF}=18$.

其中结论正确的是_____.（将正确的序号写在横线上）

分析：（1）$\triangle CEF$ 的周长 $=EF+EC+CF=(DF+CF)+(BE+EC)=CD+CB=4$；

（2）由半角模型知①④⑤正确；若 F 是 CD 的中点，则 $\tan\angle AEF=3$，所以②不正确；

③由 $\angle EAF=\angle NDF=45°$，$\angle ANM=\angle DNF$ 可知：$\triangle ANM \backsim \triangle DNF$，所以 $\dfrac{AN}{DN}=\dfrac{MN}{FN}$，即 $\dfrac{AN}{MN}=\dfrac{DN}{FN}$. 又因为 $\angle AND=\angle MNF$，所以 $\triangle AND \backsim \triangle MNF$，因此 $\angle AFM=\angle ADN=45°$，所以 $\triangle AMF$ 为等腰直角三角形，所以③正确.

设正方形 $ABCD$ 的边长为 $2a$，若 $\tan\angle BAE=\dfrac{1}{2}$，则 $BE=a$，所以 $EC=a$. 设 $DF=x$，则有 $FC=2a-x$，由半角模型知 $EF=a+x$.

在 $\text{Rt}\triangle ECF$ 中，由勾股定理得 $EF^2=EC^2+CF^2$，即 $(a+x)^2=a^2+(2a-x)^2$，解得 $x=\dfrac{2a}{3}$，所以 $\tan\angle DAF=\dfrac{DF}{AD}=\dfrac{1}{3}$. 所以⑥正确.

设正方形 $ABCD$ 的边长为 a.

因为 $BE=2$，$DF=3$，所以 $EC=a-2$，$FC=a-3$，由半角模型知 $EF=5$，点 A 到线段 EF 的距离（设为 AH）一定等于正方形的边长 a.

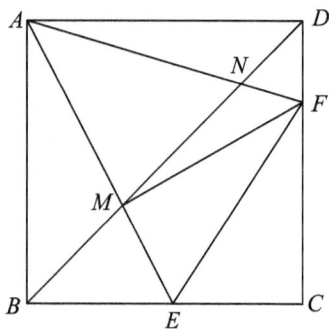

图3-1-62

在 Rt△ECF 中，由勾股定理得 $EF^2 = EC^2 + CF^2$，即 $5^2 = (a-2)^2 + (a-3)^2$，解得 $a = 6$，

所以 $S_{\triangle AEF} = \dfrac{1}{2} \times EF \times AH = \dfrac{1}{2} \times 5 \times 6 = 15$. 故⑦不正确.

综上，其中结论正确的是①③④⑤⑥.

正方形是基本几何图形，是数学命题的重要载体，更是中考数学压轴题命题的重要背景. 几何综合题的图形往往比较复杂，图形之中会蕴含多种基本图形. 当从不同的角度挖掘题目潜在条件时，可能会分离出不同的几何图形，观察到不同基本图形所蕴含的几何模型，从而产生多样化的解法.

许多数学问题往往就呈现了几何图形的一部分，需要我们根据问题补全图形，从而把握问题的本质，即对于几何"残图"，通过辅助线构造完整的图形，从而看到问题的本源，更清晰地呈现元素间的关系.

【案例七】（2018 年·山东滨州中考真题）

如图 3-1-63 所示，在矩形 $ABCD$ 中，$AB = 2$，$BC = 4$，点 E、F 分别在 BC、CD 上，若 $AE = \sqrt{5}$，$\angle EAF = 45°$，则 AF 的长为 _____.

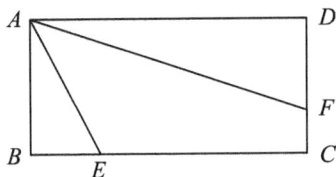

图 3-1-63

联想到正方形中的半角模型，则能确定辅助线如图 3-1-64 和图 3-1-69 所示，从而从原图中分离出正方形半角模型，得到 $EM = BE + GM$；联想到等腰直角三角形，则能确定辅助线如图 3-1-65 和图 3-1-66 所示，从而从原图中分离出一线三垂直模型，得到一组全等的三角形.

【思路一】设点 G 为 AD 的中点，点 H 为 BC 的中点，连接 GH 交 AF 于点 M，连接 ME，如图 3-1-64 所示. 易证四边形 $ABHG$ 是正方形，由正方形的半角模型可知 $EM = BE + GM$.

设 $GM = x$，则 $EM = 1 + x$，$MH = 2 - x$，又 $EH = 1$，

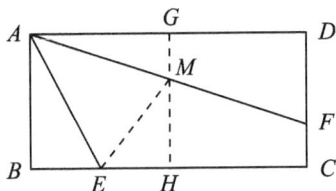

图 3-1-64

在 Rt△EHM 中，由勾股定理得 $(x+1)^2 = 1 + (2-x)^2$，解得 $x = \dfrac{2}{3}$.

所以 $AM = \sqrt{AG^2 + GM^2} = \dfrac{2\sqrt{10}}{3}$.

因此，$AF=2AM=\dfrac{4\sqrt{10}}{3}$.

【思路二】过点 E 作 $EM\perp AE$，交 AF 于点 M，过点 M 作 $MG\perp BC$，垂足为 H. 如图 3-1-65 所示，由一线三直角全等模型可知 $MG=BE=1$，$EG=AB=2$，所以 $AM=\sqrt{10}$，$GC=1$.

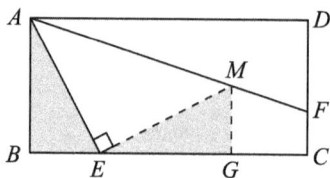

图 3-1-65

设 $MF=m$，由平行线分线段成比例定理

得：$\dfrac{MF}{AF}=\dfrac{GC}{BC}=\dfrac{1}{4}$，所以 $AF=4MF$，即 $\sqrt{10}+m=4m$，解得 $m=\dfrac{\sqrt{10}}{3}$，所以 $AF=4m=$

$\dfrac{4\sqrt{10}}{3}$.

【思路三】过点 E 作 $EG\perp AF$，垂足为 G，过点 G 作 $MN\perp AD$，交 AD 于点 N，交 BC 于点 M，如图 3-1-66 所示.

设 $NG=x$，$AN=y$，由一线三直角全等模型可知 $MG=AN=y$，$EM=NG=x$，

所以 $\begin{cases}x+y=2\\x^2+y^2=\dfrac{5}{2}\end{cases}$，

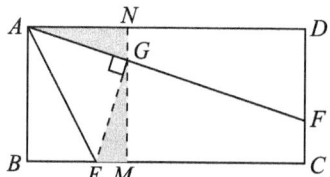

图 3-1-66

解方程组得 $\begin{cases}x=\dfrac{1}{2}\\y=\dfrac{3}{2}\end{cases}$，$\begin{cases}x=\dfrac{3}{2}\\y=\dfrac{1}{2}\end{cases}$（舍去）.

由 $\triangle ANG\backsim\triangle ADF$ 可知 $\dfrac{AG}{AF}=\dfrac{AN}{AD}=\dfrac{3}{8}$，

所以 $AF=\dfrac{8}{3}AG=\dfrac{4\sqrt{10}}{3}$.

【思路四】如图 3-1-67 所示，过点 F 作 $FG\perp AE$，交 AE 的延长线于点 G，交 BC 于点 H. 因为 $AB=2$，$AE=\sqrt{5}$，所以 $BE=1$. 易证 $\triangle ABE\backsim\triangle HGE\backsim\triangle HCF$，所以可设 $EG=x$，$CF=y$，则有 $GH=2x$，$EH=\sqrt{5}x$；$HC=2y$，$HF=\sqrt{5}y$. 由 $AG=GF$，$BC=BE+EH+HC$，

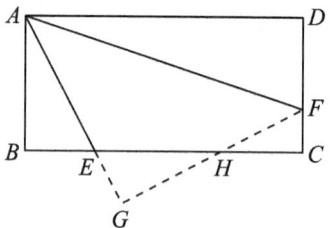

图 3-1-67

得 $\begin{cases}\sqrt{5}+x=2x+\sqrt{5}y\\1+\sqrt{5}x+2y=4\end{cases}$，解方程组得 $\begin{cases}x=\dfrac{\sqrt{5}}{3}\\y=\dfrac{2}{3}\end{cases}$.

所以 $DF=\dfrac{4}{3}$，因此 $AF=\sqrt{DF^2+AD^2}=\dfrac{4\sqrt{10}}{3}$.

【思路五】 过点 F 作 $FG\perp AE$，交 AE 的延长线于点 G，交 BC 于点 H，过点 G 作直线 MN 分别交 AB、DC 的延长线于点 M、N. 如图 3-1-68 所示，根据一线三垂直模型，易证 $\triangle AMG\cong\triangle GNF$. 设 $MG=x$，$GN=y$，则有 $\begin{cases}y=2x\\x+y=4\end{cases}$，解得 $\begin{cases}x=\dfrac{4}{3}\\y=\dfrac{8}{3}\end{cases}$. 所以 $AG=\sqrt{AM^2+MG^2}=\sqrt{5}x=\dfrac{4\sqrt{5}}{3}$.

故 $AF=\sqrt{2}AG=\dfrac{4\sqrt{10}}{3}$.

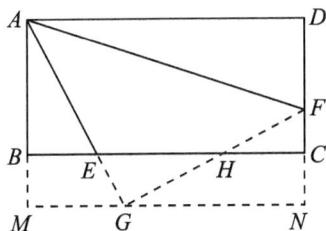

图 3-1-68

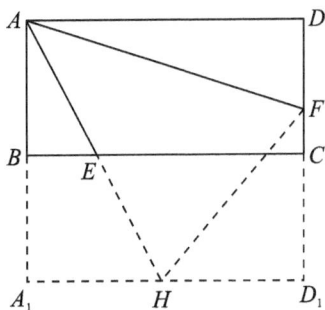

图 3-1-69

【思路六】 将矩形 $ABCD$ 沿边 BC 折叠，得正方形 AA_1D_1D，延长 AE 交边 A_1D_1 于点 H，连接 FH. 如图 3-1-69 所示.

设 $DF=x$，则 $D_1F=4-x$，由正方形的半角模型可知：$HF=DF+HA_1=x+2$.

在 $\mathrm{Rt}\triangle HD_1F$ 中，由勾股定理，得 $HF^2=HD_1^2+FD_1^2$，

即 $(x+2)^2=4+(4-x)^2$，解得 $x=\dfrac{4}{3}$.

所以 $AF=\sqrt{DF^2+AD^2}=\dfrac{4\sqrt{10}}{3}$.

数学教育家苑建广认为，学生的几何直观水平分为三个层次，其中第三层次是几何直观成为分析和解决问题的有效工具，抽象和形象互辅，其特征表现为有效分离基本图形，突破问题；善于构造几何模型，变更命题；全面认识图形，随机应变．一图多观能有效地训练学生从多角度分离基本图形并解决问题，拓展学生的思维宽度，培养学生思维的发散性、深刻性和创造性，促进学生几何直观素养的发展．

（4）正方形中的折叠问题

过正方形边的中点翻折后，图中隐含着新的翻折——矩形中点翻折模型．

正方形 $ABCD$ 中，点 E 是边 AD 上一动点，将 $\triangle BAE$ 沿 BE 对折，得 $\triangle BFE$，则图中必隐藏着另一个对折，即延长 EF 交 CD 于点 H，连接 BH，则 $\triangle BCH$ 与 $\triangle BFH$ 关于 BH 对称．这就是著名的正方形双折叠模型．图中包含著名的正方形中的半角图，$\triangle BHE$ 中，$\angle EBH = 45°$，如图 3-1-70 所示．

特别地，若点 E 是边 AD 的中点，则有正方形中的三折叠模型，图中包含著名的正方形中的半角图，$\triangle BHE$ 中，$\angle EBH = 45°$；还包含 Rt $\triangle BEH_1$，如图 3-1-71 所示．

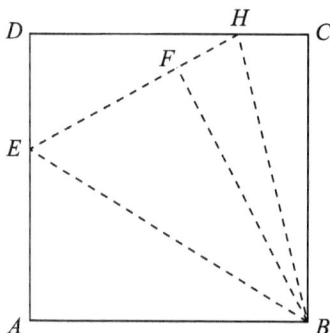

图 3-1-70

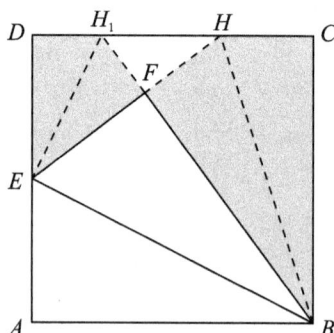

图 3-1-71

【案例八】数学是"思维的体操"，数学教学离不开对学生数学思维品质和思维能力的培养．中考数学压轴题，具有综合性强、解题入口宽等特点，广东省 2021 年中考数学第 23 题，从不同角度探索一题多解，实现不同数学分支知识间的相互融合，是提升学生数学思维品质的重要手段．在当前"双减"政策背景下，"减负提质"是对每一位教育工作者提出的教学要求．一题多解，是破解"双减"提质增效之困的有效途径．在教学实践中，依据正方形的特殊性质所包含的特殊几何模型出发，笔者引导学生探究了十几种解法．

1　题目呈现

（广东省 2021 年中考数学试题第 23 题）

23. 如图 3-1-72 所示, 边长为 1 的正方形 $ABCD$ 中, 点 E 为 AD 的中点. 连接 BE, 将 $\triangle ABE$ 沿 BE 折叠得到 $\triangle FBE$, BF 交 AC 于点 G, 求 CG 的长.

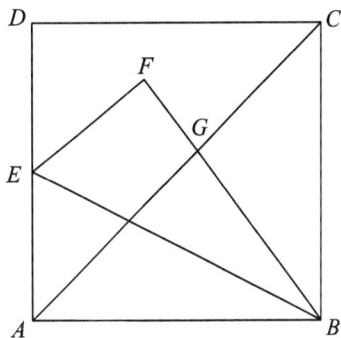

图 3-1-72

2　题目背景

本题是广东省 2021 年中考数学压轴题的最后一题, 求线段长, 是学生最喜欢、最熟悉的问题, 学生易于接受, 没有陌生感.

两点间距离公式、勾股定理、锐角三角函数、三角形全等、三角形相似等都是求解"求线段长"问题的重要工具.

本题以正方形为大背景, 从学生反复训练的"折叠"小背景为出发点设置问题, 题干简洁, 具有探索性强、综合性高、解题入口宽、解题方法多等特点.

3　题目构图

本题属"图形与几何"知识模块, 需要充分利用正方形的几何属性以及图形"折叠"变换这一几何特征, 建立数学模型, 多角度构造"全等"图、"相似"图, 通过几何论证及逻辑推理, 达到问题解决的目的.

题目	构图一	构图二	构图三
构图四	构图五	构图六	构图七

续表

构图八	构图九	

4 题目解决

【思路一】 延长 BF 交 CD 于点 Q，如图 3-1-73 所示.

因为四边形 $ABCD$ 是正方形，所以 $\angle EDQ=\angle EFQ=90°$，易证 $\triangle QDE\cong\triangle QFE$，所以 $\angle DEQ=\angle FEQ$，所以 $\angle QEB=\angle QEF+\angle FEB=\dfrac{1}{2}(\angle DEF+\angle AEF)=90°$.

图 3-1-73

易证 $\triangle QEF\backsim\triangle EBF$，所以 $\dfrac{EF}{BF}=\dfrac{QF}{EF}$，即

$EF^2=QF\cdot BF$，所以 $QF=QD=\dfrac{1}{4}$，$CQ=\dfrac{3}{4}$.

因为 $CQ/\!/AB$，所以 $\triangle QGC\backsim\triangle BGA$，所以 $\dfrac{QC}{AB}=\dfrac{CG}{AG}$.

设 $GC=m$，则 $\dfrac{\frac{3}{4}}{1}=\dfrac{m}{\sqrt{2}-m}$，解得：$m=\dfrac{3\sqrt{2}}{7}$，即 $GC=\dfrac{3\sqrt{2}}{7}$.

【思路二】 延长 BF 交 CD 于点 Q，如图 3-1-68 所示.

易证 $\triangle QDE\cong\triangle QFE$，所以 $QF=QD$.

不妨设 $QF=QD=x$，则 $BQ=1+x$，$CQ=1-x$.

在 Rt$\triangle BCQ$ 中，由勾股定理，得：$BQ^2=CQ^2+BC^2$，即：$(1+x)^2=(1-x)^2+1^2$

解得 $x=\dfrac{1}{4}$. 所以 $QF=QD=\dfrac{1}{4}$，$CQ=\dfrac{3}{4}$.（以下同【思路一】）

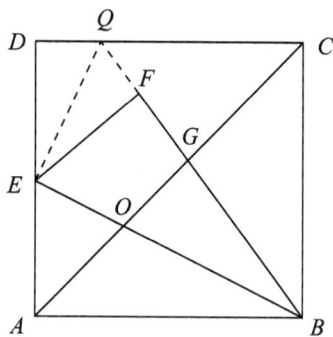

【小结】以上两种思路，从"矩形中点翻折模型"——"矩形沿一边中点翻折，必隐含着另一个翻折"着手，获得 $QF=QD$，$\angle QEB=90°$ 是解决问题的关键. 在 Rt$\triangle QEB$ 中，利用射影定理 $EF^2=QF \cdot BF$，求得 CQ，或在 Rt$\triangle QCB$ 中，利用勾股定理 $BQ^2=CQ^2+BC^2$，求得 CQ，再通过三角形相似，列方程使问题得解，这里的"矩形双折叠模型"真是巧妙.

【思路三】由已知，得 $EA=ED=EF=\dfrac{1}{2}$，以点 E 为圆心，以 EA 为半径作 $\odot E$，延长 BF 交 CD 于点 Q，如图 3-1-74 所示.

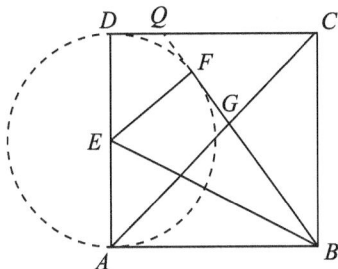

图 3-1-74

因为四边形 $ABCD$ 是正方形，所以 $\angle EDQ=\angle EFQ=90°$，所以 CD、BF 是 $\odot E$ 的切线，所以 $QF=QD$.

不妨设 $QF=QD=x$，则 $BQ=1+x$，$CQ=1-x$.

在 Rt$\triangle BCQ$ 中，由勾股定理，得：$BQ^2=CQ^2+BC^2$，

即 $(1+x)^2=(1-x)^2+1^2$

解得 $x=\dfrac{1}{4}$. 所以 $QF=QD=\dfrac{1}{4}$，$CQ=\dfrac{3}{4}$.

（以下同【思路一】）

【小结】通过定点定长构造圆，利用切线的判定定理、切线长定理，获得 $QF=QD$，求得 CQ，再通过三角形相似，列方程使问题得解，这里的"构造圆"突出了问题本质.

【思路四】延长 BF 交 CD 于点 Q，延长 QE 交 BA 延长线于点 H，如图 3-1-75 所示.

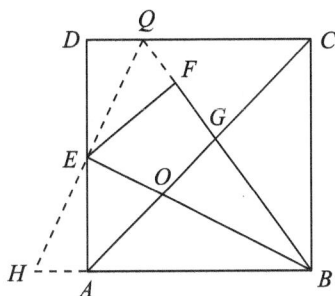

图 3-1-75

易证：$\triangle QDE \cong \triangle HAE$，所以 $EQ=EH$，从而，$\triangle EFQ \cong \triangle EAH$（HL），

所以 $\triangle QDE \cong \triangle QFE$，因此 $QD=QF$，$\angle QEB=90°$.（以下同【思路一】）

【思路五】过点 E 作 $EQ \perp BE$ 交 CD 于点 Q，延长 QE 到点 H，使得 $EQ=EH$，连接 FQ、AH，如图 3-1-75 所示.

易证：$\triangle QDE \cong \triangle HAE$（SAS），$\triangle QEF \cong \triangle HEA$（SAS）

所以 $QD=QF=AH$，$\angle QFE=\angle D=90°$，所以 Q、F、B 三点共线.

因此 $QD=QF$，$\angle QEB=90°$.（以下同【思路一】）

【小结】思路四、五的"灵感"源于由折叠知 BE 是 $\angle ABC$ 的平分线，从角平分线常用几何模型——"双垂型、单垂型、平行角分出等腰、截取型"出发进行构图，使问题得到解决.

【思考六】延长 BF 交 CD 于点 Q，交 AD 延长线于点 P，如图 3-1-76 所示.

设 $DQ=m$，则 $QC=1-m$.

易证 $\triangle PDQ \backsim \triangle BCQ$，所以 $PD=\dfrac{QD}{QC}=$

$\dfrac{m}{1-m}$，

易证 $\triangle PEF \backsim \triangle BQC$，所以 $\dfrac{EF}{CQ}=\dfrac{PE}{BQ}=$

$\dfrac{PD+DE}{BQ}$，

即 $\dfrac{\frac{1}{2}}{1-m}=\dfrac{\frac{m}{1-m}+\frac{1}{2}}{BQ}$

所以 $BQ=1+m$.（以下同【思路二】）

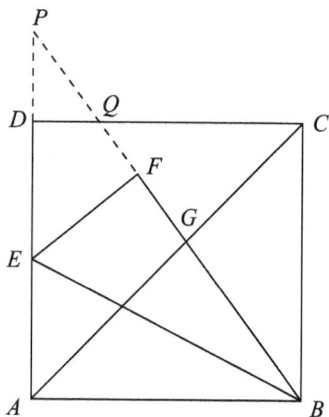

图 3-1-76

【小结】思路六利用相似三角形构图，设 $DQ=m$，则 $QC=1-m$. 利用三角形相似的判定与性质定理求得 $BQ=1+m$. 看似不相干的三条线段 DQ、QC、BQ，却存在着必然的联系，通过勾股定理 $BQ^2=CQ^2+BC^2$，列方程 $(1+m)^2=(1-m)^2+1^2$，求得 m，最终使问题得到了解决.

【思路七】过点 G 作 GR 垂直于 BC，垂足为 R，如图 3-1-77 所示.

设 $GC=\sqrt{2}x$，利用正方形的对角线性质，$\angle ACB=45°$，

则 $GR=RC=x$，$BR=1-x$.

在 Rt$\triangle BRG$ 中，由勾股定理，得 $BG^2=GR^2+BR^2=x^2+(1-x)^2$

所以 $BG=\sqrt{x^2+(1-x)^2}$.

如图 3-1-78 所示，设 $\angle EBF=\angle EBA=\alpha$，则 $GN=BG \cdot \sin\alpha$，$AM=BA \cdot \sin\alpha$，

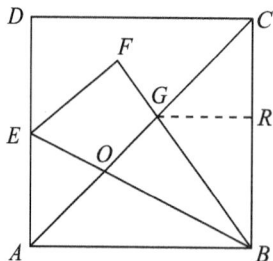

图 3-1-77

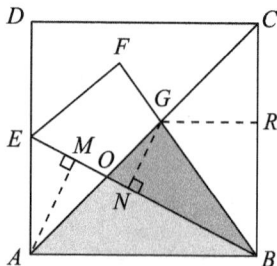

图 3-1-78

所以 $\dfrac{S_{\triangle OAB}}{S_{\triangle OBG}}=\dfrac{\dfrac{1}{2}OB\times AM}{\dfrac{1}{2}OB\times GN}=\dfrac{AM}{GN}=\dfrac{BA\cdot\sin\alpha}{BG\cdot\sin\alpha}=\dfrac{BA}{BG}.$

过点 E 作 $BH\perp AC$，垂足为 H，如图 3-1-79 所示，

则有 $\dfrac{S_{\triangle OAB}}{S_{\triangle OBG}}=\dfrac{\dfrac{1}{2}OA\times BH}{\dfrac{1}{2}OG\times BH}=\dfrac{OA}{OG}$，所以 $\dfrac{OA}{OG}=\dfrac{BA}{BG}$，

即 $\dfrac{\dfrac{\sqrt{2}}{3}}{OG}=\dfrac{1}{\sqrt{x^2+(1-x)^2}}$，所以 $OG=\dfrac{\sqrt{2}}{3}\cdot\sqrt{x^2+(1-x)^2}.$

如图 3-1-80 所示，易证 $\triangle OAE\backsim\triangle OCB$，所以 $\dfrac{AE}{BC}=\dfrac{OE}{OB}=\dfrac{OA}{OC}=\dfrac{1}{2}.$

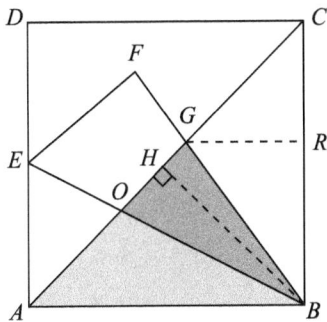

图 3-1-79

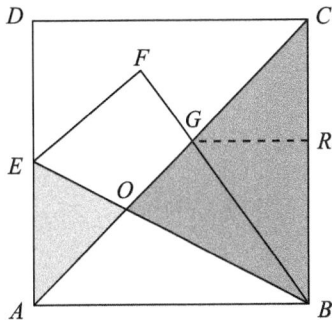

图 3-1-80

所以 $OA=\dfrac{\sqrt{2}}{3}$，$OC=\dfrac{2\sqrt{2}}{3}.$

因为 $OG+GC=OC$，

即 $\dfrac{\sqrt{2}}{3}\cdot\sqrt{x^2+(1-x)^2}+\sqrt{2}x=\dfrac{2\sqrt{2}}{3}.$

解得 $x=\dfrac{3}{7}$，所以 $GC=\dfrac{3\sqrt{2}}{7}.$

【小结】 思路七源于对"方程思想"的认识，设 $GC=\sqrt{2}x$，则线段 GR、CR、BR、BG 都可以用 x 表示出来，将线段 OG 也用 x 表示出来，最后，利用 $OG+GC=OC=\dfrac{2\sqrt{2}}{3}$，列方程求解.

【思路八】过点 E、G 分别作 BC 的垂线 EM、GR，垂足分别为 M、R，EM 交 BF 于点 S，如图 3-1-81 所示.

易证△ESB 是等腰三角形，可设 $ES=BS=m$，则 $MS=1-m$.

易得四边形 $ABME$ 是矩形，$BM=AE=\dfrac{1}{2}$.

如图 3-1-82 所示，在 Rt△BSM 中，由勾股定理，求得 $BS=\dfrac{5}{8}$，$SM=\dfrac{3}{8}$.

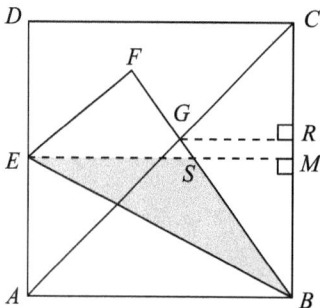
图 3-1-81

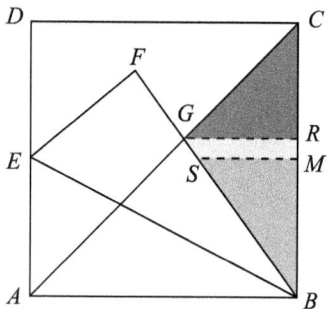
图 3-1-82

因为∠$GCR=45°$，所以可设 $CG=\sqrt{2}x$，则 $GR=CR=x$，$BR=1-x$.

由△BSM∽△BGR，得 $\dfrac{GR}{BR}=\dfrac{SM}{BM}=\dfrac{3}{4}$，即 $\dfrac{x}{1-x}=\dfrac{3}{4}$，解得 $x=\dfrac{3}{7}$，所以 $CG=\sqrt{2}x=$ $\dfrac{3\sqrt{2}}{7}$.

【小结】利用角平分线四种常用几何模型——"双垂型、单垂型、平行角分出等腰、截取型"之"平行角分出等腰"，得到△ESB 是等腰三角形，设 $ES=BS=m$，则 $MS=1-m$，在 Rt△BSM 中，由勾股定理，求得 $BS=\dfrac{5}{8}$，$MS=\dfrac{3}{8}$，最后，由 △BSM∽△BGR，使问题得解.

【思路九】过点 F 作 BC 的垂线 MN，分别交 AD、BC 于点 M、N，过点 G 作 $GR\perp BC$，垂足为 R，如图 3-1-83 所示.

易证△MEF∽△NFB，且相似比为 $1:2$.

设 $ME=m$，$MF=n$，则 $FN=2m$，$BN=$ $2n$，

在 Rt△MEF 中，由勾股定理，得 m^2+

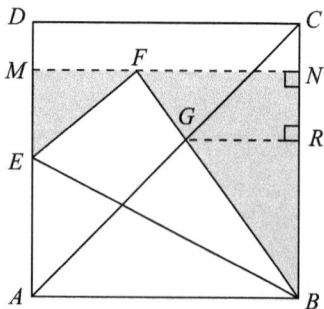
图 3-1-83

$n^2 = \dfrac{1}{4}$,

由 $MF + FN = MN = 1$, 得 $n + 2m = 1$,

解方程组 $\begin{cases} m^2 + n^2 = \dfrac{1}{4} \\ n + 2m = 1 \end{cases}$, 得 $\begin{cases} m = \dfrac{3}{10} \\ n = \dfrac{2}{5} \end{cases}$.

所以 $FN = \dfrac{3}{5}$, $BN = \dfrac{4}{5}$, 由 $\triangle BFN \backsim \triangle BGR$, 得 $\dfrac{GR}{BR} = \dfrac{FN}{BN} = \dfrac{3}{4}$.

(以下同【思路八】)

【小结】思路九的解题"灵感"源于"一线三直角构造全等或相似"模型.

利用 $\mathrm{Rt}\triangle EFB$, 过直角顶点 F 构造一线三直角相似, 得到 $\triangle MEF \backsim \triangle NFB$, 设 $ME = m$、$MF = n$, 则 $FN = 2m$, $BN = 2n$, 在 $\mathrm{Rt}\triangle MEF$ 中, 由勾股定理, 得 $m^2 + n^2 = \dfrac{1}{4}$, 由 $MF + FN = MN = 1$, 得 $n + 2m = 1$, 最后运用方程思想解决问题.

【思路十】延长 EF 交 CD 于点 H, 连接 BH, 过点 G 作 $GR \perp BC$, 垂足为 R, 如图 3-1-84(1)所示.

易证 $\triangle HFB \cong \triangle HCB$(HL), 设 $HC = m$, 则 $HF = m$, $DH = 1 - m$.

在 $\mathrm{Rt}\triangle DEH$ 中, 由勾股定理, 得 $(1-m)^2 + \dfrac{1}{4} = \left(\dfrac{1}{2} + m\right)^2$, 解得 $m = \dfrac{1}{3}$,

所以 $HC = HF = \dfrac{1}{3}$, $DH = \dfrac{2}{3}$. 如图 3-1-84(2)所示, 延长 BF, 交 CD 于点 Q, 易证 $\triangle DEH \backsim \triangle FQH$, $\triangle FQH \backsim \triangle CQB$, $\triangle FQH \backsim \triangle RGB$,

所以 $\triangle DEH \backsim \triangle CQB \backsim \triangle FQH \backsim \triangle RGB$, 所以 $\angle DHE = \angle QBC$,

所以 $\tan \angle DHE = \tan \angle QBC = \dfrac{GR}{BR} = \dfrac{3}{4}$.

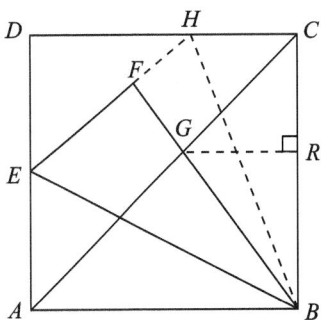

(1)

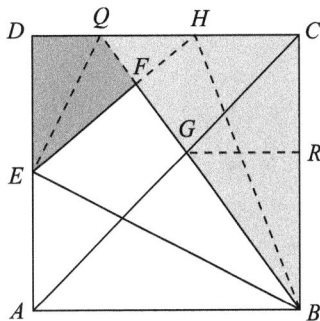

(2)

图 3-1-84

（以下同【思路八】）

【小结】 思路十源于对正方形中点翻折模型——以顶点和一边中点为折痕折叠，必隐含着另两个翻折. 如图 3-1-79（2）所示，$\triangle HFB \cong \triangle HCB$，$\triangle DEQ \cong \triangle FEQ$，设 $HC = m$，则 $HF = m$，$DH = 1 - m$. 在 $\mathrm{Rt}\triangle DEH$ 中，由勾股定理，得 $(1-m)^2 + \dfrac{1}{4} = \left(\dfrac{1}{2} + m\right)^2$，解得 $m = \dfrac{1}{3}$.

【思路十一】 以点 A 为原点，AB 所在直线为 x 轴，建立平面直角坐标系，如图 3-1-85 所示.

则有 $A(0, 0)$、$B(1, 0)$、$C(1, 1)$、$E\left(0, \dfrac{1}{2}\right)$，直线 BE 的解析式为 $y = -\dfrac{1}{2}x + \dfrac{1}{2}$，

由折叠的性质知，BE 的垂直平分线段为 AF.

所以，直线 AF 解析式为 $y = 2x$.

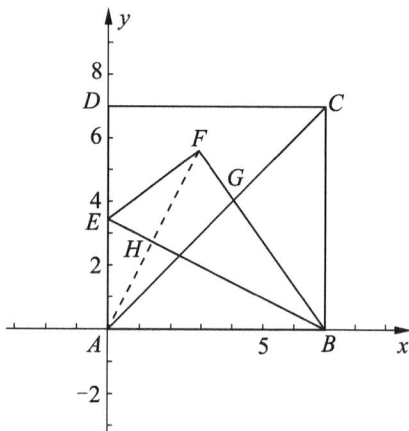

图 3-1-85

联立方程组 $\begin{cases} y = -\dfrac{1}{2}x + \dfrac{1}{2}, \\ y = 2x \end{cases}$

解得 $\begin{cases} x = \dfrac{1}{5} \\ y = \dfrac{2}{5} \end{cases}$，所以 $H\left(\dfrac{1}{5}, \dfrac{2}{5}\right)$.

由中点坐标公式易得 $F\left(\dfrac{2}{5}, \dfrac{4}{5}\right)$，

所以直线 BF 的解析式为 $y = -\dfrac{4}{3}x + \dfrac{4}{3}$.

联立方程组 $\begin{cases} y = -\dfrac{4}{3}x + \dfrac{4}{3}, \\ y = x \end{cases}$，解得 $\begin{cases} x = \dfrac{4}{7} \\ y = \dfrac{4}{7} \end{cases}$，所以 $G\left(\dfrac{4}{7}, \dfrac{4}{7}\right)$.

由平面上两点之间的距离公式得 $CG = \dfrac{3\sqrt{2}}{7}$.

【小结】 正方形是特殊的几何图形, 通过建立平面直角坐标系, 易于表示点的坐标, 从而实现由代数的方法研究几何问题的目的, 这正是解析几何的根本思想. 关于解析思想, 在初中数学教学中还未引起足够的重视, 值得数学老师思考.

一点说明: 直线 $l_1: y = k_1 x + m$ 与直线 $l_2: y = k_2 x + n$ 垂直, 则有 $k_1 \cdot k_2 = -1$. 或许有老师要讲, 在初中阶段, 此结论还不能直接应用, 我们可以有如下两种处理方式:

方式一: 设 $H\left(t, -\dfrac{1}{2}t + \dfrac{1}{2}\right)$, 由 $\angle EAH = \angle ABE$, 得 $\tan\angle EAH = \tan\angle ABE$,

所以 $\dfrac{t}{-\dfrac{1}{2}t + \dfrac{1}{2}} = \dfrac{\dfrac{1}{2}}{1}$, 解得 $t = \dfrac{1}{5}$. 从而, 得 $H\left(\dfrac{1}{5}, \dfrac{2}{5}\right)$, 所以 $F\left(\dfrac{2}{5}, \dfrac{4}{5}\right)$.

方式二: 设 $F(m, n)$, 过点 F 作 $FM \perp AB$, 交 BE 于点 M, 则 $M\left(m, -\dfrac{1}{2}m + \dfrac{1}{2}\right)$,

由 $FM = AE$, 得 $n - \left(-\dfrac{1}{2}m + \dfrac{1}{2}\right) = \dfrac{1}{2}$, 由 $BF = BA = 1$, 得 $(m-1)^2 + n^2 = 1$.

联立方程组 $\begin{cases} n - (-\dfrac{1}{2}m + \dfrac{1}{2}) = \dfrac{1}{2} \\ (m-1)^2 + n^2 = 1 \end{cases}$, 得 $\begin{cases} m = \dfrac{2}{5} \\ n = \dfrac{4}{5} \end{cases}$, 所以 $F\left(\dfrac{2}{5}, \dfrac{4}{5}\right)$.

5　题后反思

正方形是基本几何图形, 它与圆在平面几何中占据十分重要的位置, 是几何的核心内容. 部分中考压轴题就是以它为背景, 考查学生的综合解题能力.

本题还伴随着如下重要结论:

(1) $\angle EBH = 45°$;

(2) $EH = AE + CH$;

(3) △EDH 的周长为正方形边长的 2 倍;

(4) 点 B 到 EH 的距离等于正方形的边长;

(5) 四边形 $MNHE$、$ABNE$、$CBMH$、$DEMH$、$ABFE$ 都是圆内接四边形, EB 平分 $\angle AEH$, HB 平分 $\angle CHE$, 如图 3-1-86 所示;

(6) 如图 3-1-87 所示, 图中的等腰直角三角形: △BEN、△BMH、△HQN、△EQM;

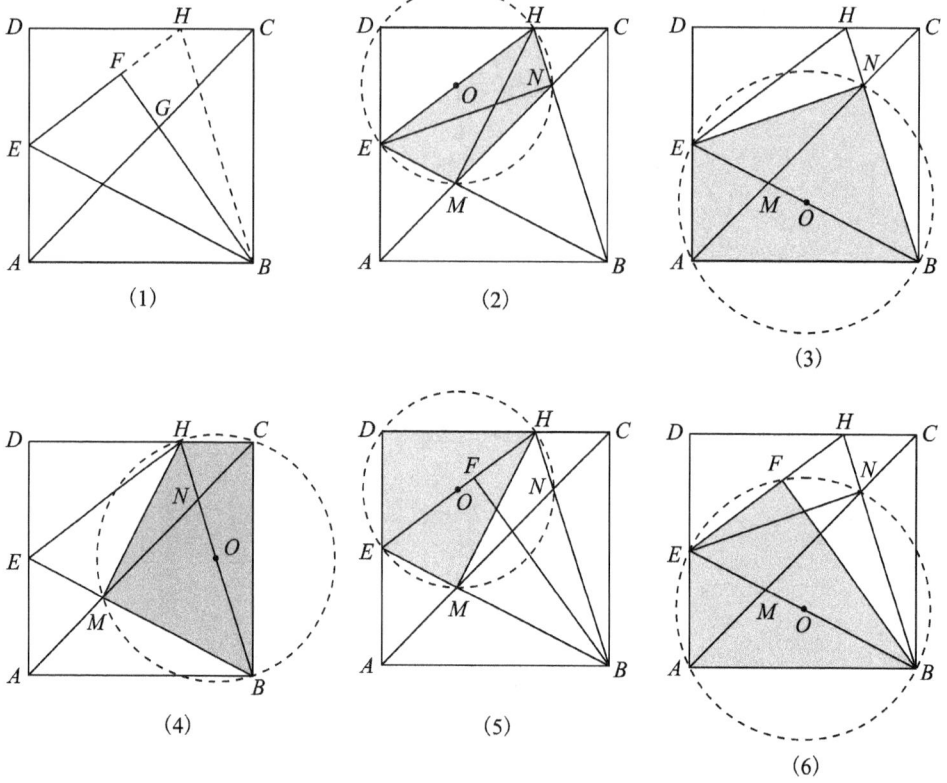

图 3-1-86

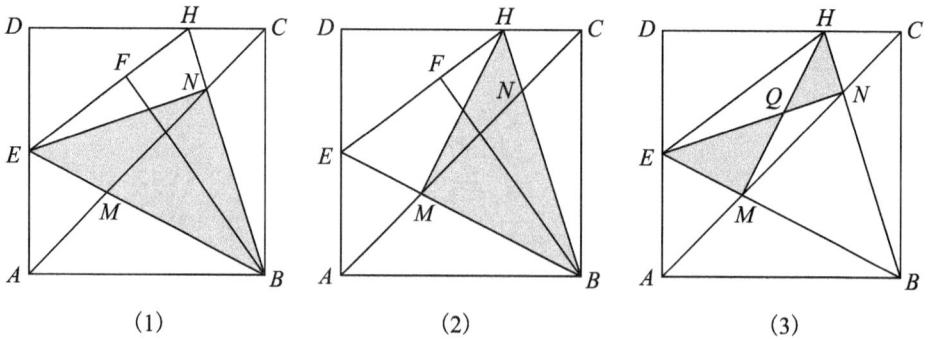

图 3-1-87

（7）$MN^2 = AM^2 + CN^2$；

如图 3-1-88 所示，延长 DC 到 E_1，使 $CE_1 = AE$，连接 BE_1，易证 $\triangle ABE \cong \triangle CBE_1$，$CM_1 = AM$，$\angle NCM_1 = 90°$，

所以 $MN^2 = AM^2 + CN^2$.

（8）如图 3-1-89 所示，图中的相似三角形

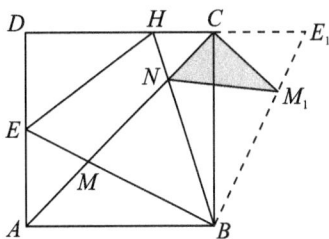

图 3-1-89（1）中：$\triangle EAM \backsim \triangle NBM$、$\triangle EMN \backsim \triangle AMB$、$\triangle ABN \backsim \triangle BMN$、$\triangle EAM \backsim \triangle NAB$、$\triangle BMN \backsim \triangle ABN$；

图 3-1-89（2）中：$\triangle CHN \backsim \triangle ABN$、$\triangle CHN \backsim \triangle BMN$、$\triangle CHN \backsim \triangle AME$、$\triangle EAM \backsim \triangle NBM$；

图 3-1-89（3）中：$\triangle BCH_1 \backsim \triangle HDE$、$\triangle BCH_1 \backsim \triangle BRG$、$\triangle HDE \backsim \triangle HFH_1$、$\triangle BCH_1 \backsim \triangle HFH_1$、$\triangle BRG \backsim \triangle HFH_1$.

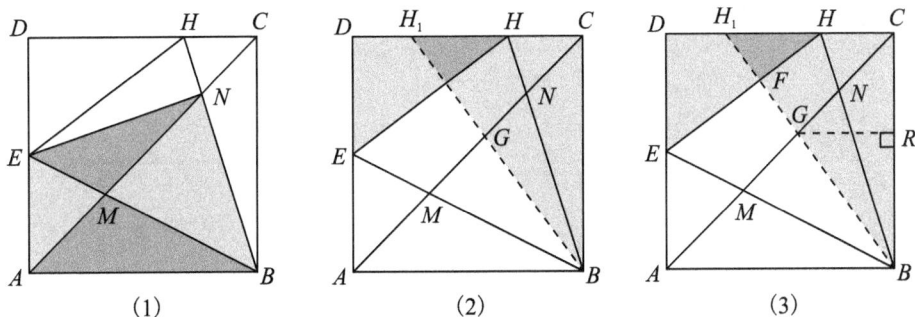

图 3-1-88

图 3-1-89

（9）$S_{\triangle BEH} = 2S_{\triangle BMN}$，$\triangle BMN \backsim \triangle BHE$，$S_{ABCD} : S_{\triangle BEH} = 2AB : EH$.

6　结语

义务教育数学课程标准（2022 版）提出几何教学要重视"几何模型"意识的培养，把"数学模型"作为解决数学问题的工具."化繁为简"，从复杂的几何图形中，能看到熟悉的基本几何图形和对应的几何模型，"化简为繁"，从基本几何图形和对应的几何模型中能通过几何的基本概念、性质及判定方法，厘清构成几何图形各元素间的位置关系、数量关系，最终，将获得的"关系"置于复杂的几何图形中，去关联更多的"关系"，在与其他知识的交汇融合中，探索问题的本质，寻求一题多解、一题多思，是几何解题教学的出发点和最终归属，是新课标"整体性"教学的真实体现，也是落实学科素养的必然要求.

【问题引申】设点 H 是正方形的边 AB 上一点，将折痕由原来的 EB 改为 EH，回答同样问题.

如图 3-1-90 所示，边长为 1 的正方形 $ABCD$ 中，点 E 为 AD 的中点. H 是边 AB 上一点，且 $AH = \dfrac{3}{4}$，连接 EH，将 $\triangle AEH$ 沿 EH 折叠得到 $\triangle FEH$，HF 交 AC 于点 G，求 CG 的长.

求解：如图 3-1-91 所示，延长 HF，交边 CD 于点 Q，连接 EQ. 利用矩形中点翻折模型(矩形沿着边中点翻折后，图中隐含新的翻折)易证 $\triangle DEQ \cong \triangle FEQ$，所以 $\angle 3 = \angle 4$. 由折叠的性质可知，$\angle 1 = \angle 2$，所以 $\angle 2 + \angle 3 = 90°$. 利用一线三垂直模型，易证 $\triangle DEQ \backsim \triangle AHE$，所以 $\dfrac{DQ}{AE} = \dfrac{ED}{AH} = \dfrac{2}{3}$，因此 $DQ = \dfrac{2}{3}AE = \dfrac{1}{3}$，所以 $CQ = \dfrac{2}{3}$.

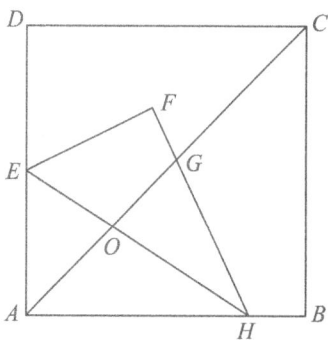

图 3-1-90

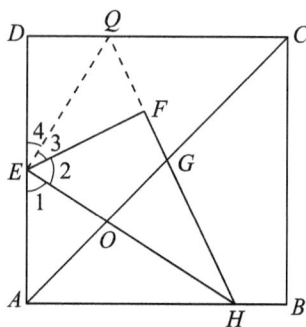

图 3-1-91

利用"A"字型相似，易证 $\triangle CGQ \cong \triangle AGH$，

所以 $\dfrac{CG}{AC-CG} = \dfrac{CQ}{AH} = \dfrac{8}{9}$.

故 $CG = \dfrac{8}{17}AC = \dfrac{8\sqrt{2}}{17}$.

【题后小结】在实际解题过程中，基本图形往往缺少部分元素，或条件隐藏于复杂图形之中，具有一定的干扰性、隐秘性，成为几何解题的障碍. 让"隐"逐渐变为"显"，让数学思维的"灵感"成为数学思维的常态，这需要教师在日常教学中引导学生多归纳、多记忆常见的基本图形，强调对基本图形的条件和结论的理解，训练从复杂的图形中分离出基本图形，以及利用这些基本图形分析问题、解决问题，甚至提出问题的能力，培养学生的几何直观素养.

(5)图形的平移与旋转

图形的旋转也是常见的几何图形全等变换，它与图形的平移、翻折共同构成初中几何的三大"全等变换". 而且, 因为旋转方向和旋转角度的不同, 能使旋转前后图形更加丰富, 因此, 图形旋转作为几何变换的重要内容, 经常在中考的几何题目中出现. 简单的平移、旋转、中心对称画图, 沿坐标轴方向平移后的图形与原图形对应点坐标之间的关系以及图形与原图形之间的关系, 旋转与中心对称变换后的图形与原图形间的变换关系分析, 对典型例题的讲解和习题训练是教学的重点.

【案例九】 线段 AB 与 CD 的位置关系如图 3-1-92 所示, $AB=CD=a$, AB 与 CD 的交点为 O, 且 $\angle AOC=60°$. 求证: $AC+BD \geq a$.

分析: 如图 3-1-93 所示, 平移 AB 到 CC', 连接 BC'. 根据平移的性质, AB 和 CC' 平行且相等, 所以四边形 $BACC'$ 是平行四边形, 所以 AC 和 BC' 平行且相等, 所以 $CC'=AB=CD=a$, $\angle DCC'=\angle AOC=60°$.

连接 DC', 易得 $\triangle DCC'$ 是等边三角形, $\because BC'+BD > DC'=a$, $\therefore AC+BD > a$.

当 $OA=OC$ 时, D、B、C' 三点在一条直线上, 如图 3-1-94 所示, 此时 $AC+BD=a$.

综上所述: $AC+BD \geq a$.

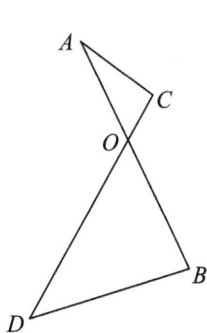

图 3-1-92

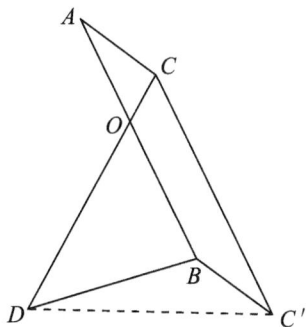

图 3-1-93

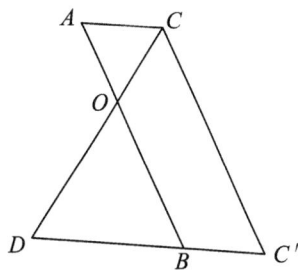

图 3-1-94

如图 3-1-95(1) 所示, P 是等边三角形 ABC 内一点, 将 $\triangle PBC$ 绕点 B 旋转到 $\triangle P_1BA$ 的位置, 易确定 $\triangle P_1BP$ 的形状是等边三角形; 反之, 等边三角形 P_1BP 与等边三角形 ABC 中, 连接 P_1A、PC, 如图 3-1-95(2) 所示, 易证 $\triangle P_1BA \cong \triangle PBC$.

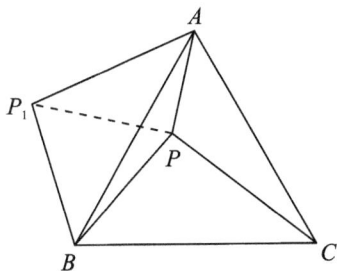

(1)

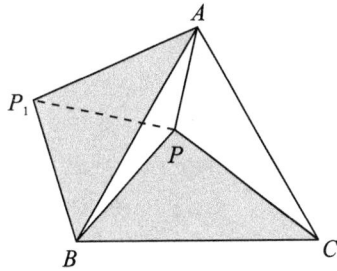

(2)

图 3-1-95

【小结】共顶点的两个等边三角形图，如图 3-1-96（1）所示，能自然生存两个全等的三角形，如图 3-1-96（2）所示，△$P_1BA \cong \triangle PBC$. 反之，任意三角形，以三角形的边为边构造等边三角形，能构造出手拉手全等图，如图 3-1-96（3）所示.

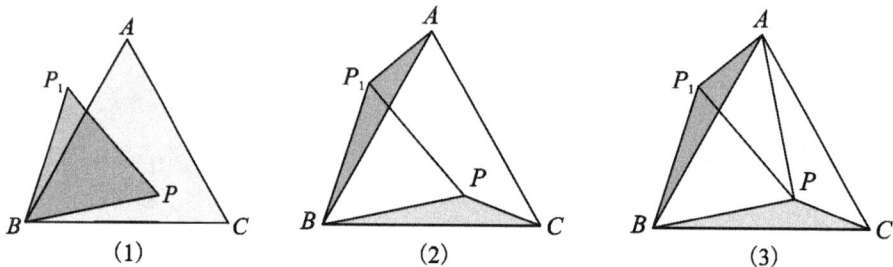

图 3-1-96

如图 3-1-96(3) 所示，设 $PA=a$, $PB=b$, $PC=c$，线段 BP 绕点 B 逆时针方向旋转 60°到 BP_1，连接 P_1A，则 $P_1A=c$, $P_1P=b$. 若 $a^2=b^2+c^2$，则 △AP_1P 是直角三角形，△BP_1P 是等边三角形，所以 $\angle AP_1B=150°$，所以 $\angle BPC=\angle AP_1B=150°$，所以 $S_{\triangle BPC}=\frac{1}{2}PB\times\frac{1}{2}PC=\frac{1}{4}bc$.

$$S_{四AP_1BP}=S_{\triangle PP_1B}+S_{\triangle PP_1A}=\frac{\sqrt{3}}{4}b^2+\frac{1}{2}bc，因此 S_{\triangle BPA}=S_{四AP_1BP}-S_{\triangle BPC}=\frac{\sqrt{3}}{4}b^2+\frac{1}{4}bc，$$

又因为 $S_{\triangle ABC}=\frac{\sqrt{3}}{4}AC^2$，所以 $S_{\triangle CPA}=\frac{\sqrt{3}}{4}AC^2-(\frac{\sqrt{3}}{4}b^2+\frac{1}{2}bc)$.

如图 3-1-97 所示，P 是正方形 $ABCD$ 内一点，将 △PBC 绕点 B 旋转到 △P_1BA 的位置，请确定 △P_1BP 的形状；反之，等腰直角三角形 P_1BP 与正方形 $ABCD$，连接 P_1A、PC，易证△$P_1BA \cong \triangle PBC$.

一般地，从同一个顶点出发的两组分别相等的线段，若每组相等的线段的夹角也相等，则可构成一组全等的三角形，这就是几何中的"手拉手模型".

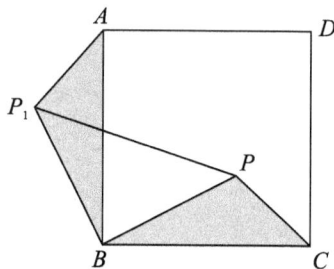

图 3-1-97

即：已知 $OA=OB$, $OC=OD$, $\angle AOB=\angle COD=\alpha$，如图 3-1-98(1) 所示，连接 AC、BD，如图 3-1-98(2) 所示，则有 △$OAC \cong \triangle OBD$；AC 与 BD 的夹角为 α 或 α 的补角.

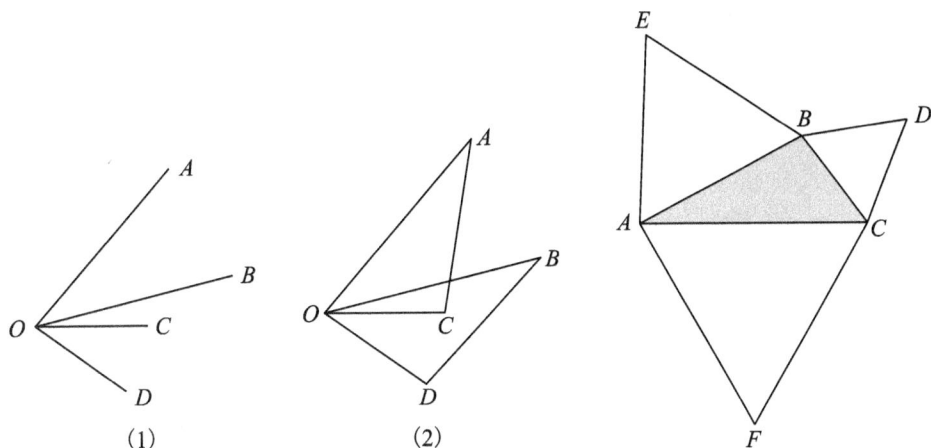

图 3-1-98　　　　　　　　　　图 3-1-99

【问题再思考】 上述模型构造的核心要素是什么?

分别以△ABC 三边为边作等边三角形△ACF、△ABE、△BCD, 如图 3-1-99
所示.

连接 EC 与 AD, EC、AD 相交于点 O, 如图 3-1-100(1)所示.

连接 BF, 如图 3-1-100(2)所示, 试判断 EC、AD、BF 是否相交于同一点.

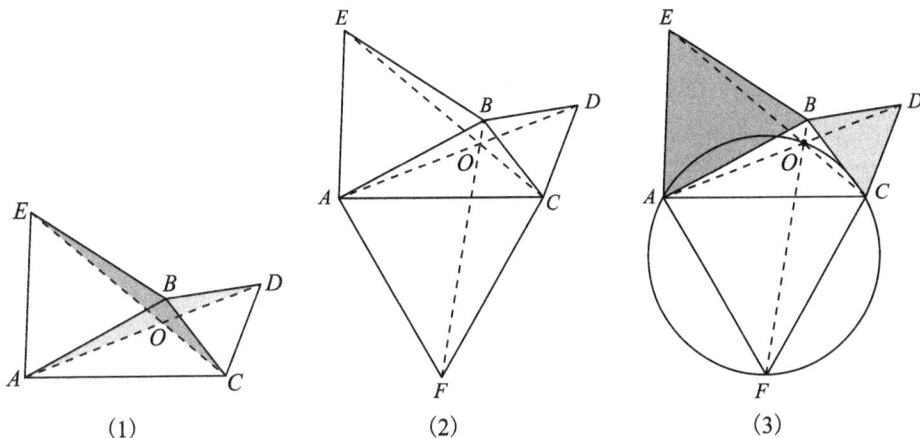

图 3-1-100

(1)易证: $\angle AOE = 60°$, $\angle AOC = 120°$.

(2)易证: OB 平分 $\angle EOD$, 所以 $\angle EOB = \angle DOB = 60°$, 所以 $\angle BOC = 120°$.

(3)如图 3-1-100(3)所示, 连接 OF, 因为 $\angle AOC + \angle AFC = 180°$, 所以四边

形 $OAFC$ 是圆内接四边形，因为 $FC = FA$，所以 $\overset{\frown}{FC} = \overset{\frown}{FA}$，所以 $\angle AOF = \angle COF = 60°$。

所以 $\angle COF + \angle BOC = 180°$。所以 B、O、F 三点共线，即 BF 过点 O，因此，EC、AD、BF 相交于同一点。

并且 $OF = OC + OA$……①；$OD = OC + OB$……②；$OE = OB + OA$……③。

①+②+③，得 $OD + OE + OF = 2(OA + OB + OC)$。

【总结】 识类型忆特点，方可快速找到图形中元素间的相互关系，寻联系探思路，方可明晰图形的本质特征。从基本的几何图形出发，构造复杂的几何图形是试题命制者的工作，从复杂的几何图形中，能看清图形所包含的基本几何图形，寻找出图形中的模型，是解题者应该努力练就的基本功。

吴礼华老师《中数数学杂志》(曲阜) 2010 年 8 期第 39 ~ 41 页论文 "12 字法" 学好几何证明，即 "见什么想什么，要什么写什么"，对我几何教学影响较深。

要做到 "见什么想什么，要什么写什么"，则要求学生要有一个比较扎实的几何系统知识，即几何中的相关概念、命题，相关性质、公理与定理等基础知识，并对这些知识熟练记忆。因此，我们在记忆的时候要将相关知识联系记忆，并进行比较，从中找出知识间的必然联系。

那么如何理解 "见什么想什么，要什么写什么" 这 12 个字的学习方法呢? 吴老师给出了下面的见解：

一、"见什么想什么"

1. 想相关的性质(即可以用得到的东西)

(1)见到垂直，即要想到：①所成的角为 90°；②线段的垂直平分线(其上的点到线段两端的距离相等)；③有可能是三角形的高。

(2)见到线段的中点或角平分线，即要想相关的三个表达式子：①两个小者的相等关系(较短两条线段或较小两个角)；②小者等于大者的一半的关系(较短两条线段或较小两个角与最长线段与最大角)；③大者等于小者的 2 倍的关系(最长线段与最大角与较短两条线段或较小两个角)。

(3)见到两直线平行，马上要想到有关的角的性质：①内错角相等；②同位角相等；③同旁内角互补。

(4)见到直角三角形，即要想到：①有一角为 90°；②勾股定理；③斜边上的中线等于斜边的一半；④30° 角所对的直角边等于斜边的一半[注：③与④都有这样的关系：等于斜边的一半]；⑤全等时的 HL。

(5)见到等腰三角形，即要想到：①两腰相等；②两(底)角相等；③三线合一。

(6)见到有关解多边形的题目，我们必须想到与多边形相关的内角和、外角和知识：即内角和为 $(n-2)\times 180°$，外角和为 $360°$.

（7）见到平行四边形，马上想到：①对边平行；②对边相等；③对角相等；④对角线互相平分.

（8）见到矩形，马上想到：①四角相等，且都为 $90°$；②对边平行；③对边相等；④对角线互相平分且相等.

（9）见到菱形，马上想到：①对边平行；②四边相等；③对角相等；④对角线互相平分、垂直且平分每一组对角.

（10）见到正方形，马上想到：①对边平行；②四边相等；③四角相等，且都为 $90°$；④对角线互相平分、相等、垂直且平分每一组对角.

2．想相关的方法（即怎样见题想方法）

3．想相关的思路

二、"要什么写什么"

我们在证明的过程中，由一个知识点可能得到很多相关的性质、结论，但并不是所有的结论我们都要在证明过程中写上，如果这样反而使证明过程不清不楚，适得其反．所以在写证明过程中要做到"要什么写什么"：即题目要怎样的结论，我们就写哪些结论，这样我们的证明过程就简洁、明确，推理具有逻辑性.

比如：①常用的三角形全等，则会得出六个相应的结论：三组边、三组角对应相等，那么，我们在证明的过程中就要看清楚：是要用线段（即是边）的关系，还是用角的关系，进而写出相应的结论，这样才能使证明过程简洁、明确，推理具有逻辑性.

②比如平行四边形、矩形、菱形、正方形等都有很多的性质结论：边的关系（涉及线段时还可能用到对角线的一些内容：平分，交点为线段的中点等）、角的关系（也可能用到对角线平分每一组对角这一重要性质）以及对角线的关系（其又有不同的关系：平分、相等、垂直、平分每一组对角，因而要适当选择来解题）.

总之，在解题的过程中，要认真观察题目的每一句话，进而去想到相关的知识去解决问题.

【案例十】（2020·四川攀枝花市中考真题）如图 3-1-101 所示，在边长为 4 的正方形 $ABCD$ 中，点 E，F 分别是 BC，CD 的中点，DE，AF 交于点 G，AF 的中点为 H，连接 BG，DH. 给出下列结论：①$AF\perp DE$，②$DG=\dfrac{8}{5}$，③$HD/\!/BG$，④$\triangle ABG\backsim\triangle DHF$. 其中正确的结论有 _____.（请填上所有正确结论的序号）

分析：如图 3-1-102（1）所示，根据正方形中的"十字架"模型可知 $AF\perp DE$，①正确；

易证 $\triangle DGF \backsim \triangle DCE$. 所以 $\dfrac{DG}{CD}=\dfrac{DF}{DE}$, 即

$\dfrac{DG}{4}=\dfrac{2}{2\sqrt{5}}$, 求得 $DG=\dfrac{4\sqrt{5}}{5}\neq\dfrac{8}{5}$, ②不正确;

假如 $HD\parallel BG$, 则 $\angle 4=\angle 5$, 因为 $AB\parallel$ DF, 所以 $\angle 1=\angle 2$, 从而 $\angle 3=\angle HDF$.

又因为 H 为 AF 的中点, $\triangle ADF$ 是直角三角形, 所以 $DH=HF$, 因此 $\angle 2=\angle HDF$, 所以 $\angle 1=\angle 3$, 而 $\angle 1=\angle ABF\neq\angle 3$, ③不正确;

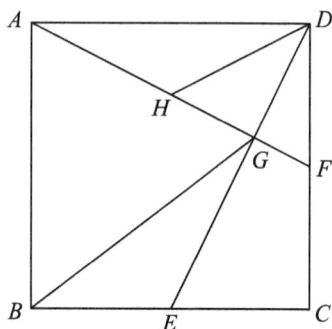

图 3-1-101

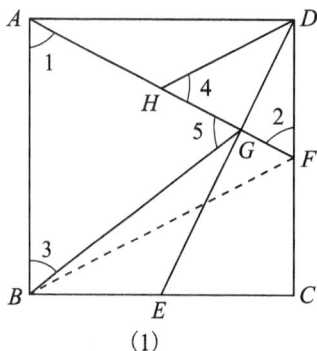

(1)

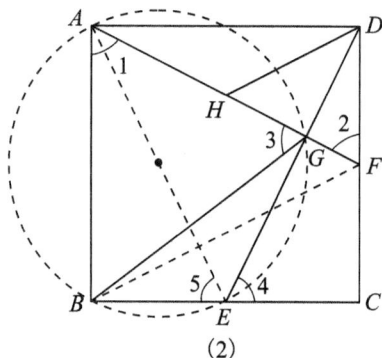

(2)

图 3-1-102

如图 3-1-102(2)所示, 因为四边形 $ABEG$ 对角互补, 所以 A, B, E, G 四点共圆, 因此 $\angle 3=\angle 5$, 易证 $\angle 2=\angle 4$, $\angle 4=\angle 5$, 所以 $\angle 2=\angle 5$, 因此 $\angle 2=\angle 3$, 又因为 $\angle 1=\angle 2$, 所以 $\angle 1=\angle 3$, 故 $\triangle ABG\backsim\triangle DHF$, ④正确. 综上所述, 正确的结论有①④.

【题后小结】充分挖掘几何问题中的几何特征, 把不同的几何分支进行融合, 是灵活有效解决几何问题的诀窍, 如解析方法与几何方法的整合, 圆与几何的知识整合等. 义务教育阶段新课标(2022 版)提出, 要大力发展学生的自主合作探究的能力, 立足学生的"四基""四能"的培养, 教学中注重问题情境的创设.

【案例十一】人教版八年级下册第十八章 平行四边形 第 64 页

【数学活动】矩形纸折作 $60°$, $30°$, $15°$, $45°$, $22.5°$

问题 1: 如果我们身边没有量角器或三角尺, 你能用矩形纸片作出 $45°$ 的角吗?

方法：如图 3-1-103(1)所示，折叠矩形纸片，使 AB 落在 AD 上.

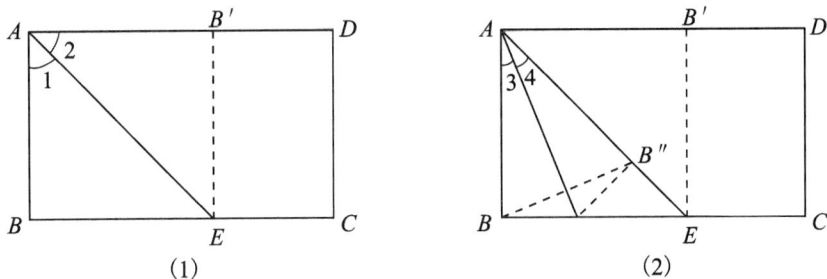

(1)

(2)

图 3-1-103

由折叠知△ABE≌△AB'E，四边形 ABEB' 是正方形，∠1=∠2=45°，

继续折叠，得出 22.5°的角，如图 3-1-103(2)所示，再次折叠矩形纸片，使 AB 落在 AE 上，∠3=∠4=22.5°.

问题 2：如果我们身边没有量角器或三角尺，你能用矩形纸片作出 60°，30° 的角吗？

方法：如图 3-1-104(1)所示，对折矩形纸片 ABCD，使 AD 与 BC 重合，折痕 为 EF，把纸片展开；再一次折叠纸片，使点 A 落在 EF 上，并使折痕经过点 B，得 折痕 BM，同时得到线段 BN.

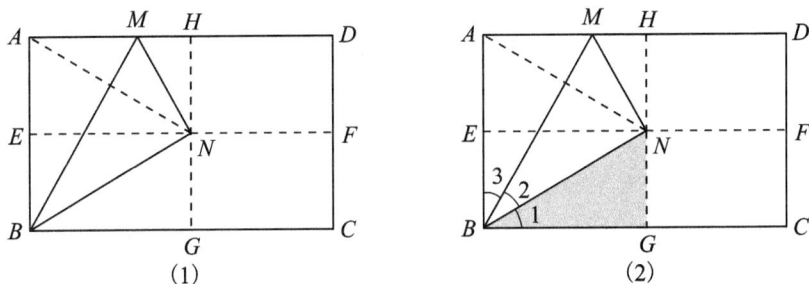

(1)

(2)

图 3-1-104

问题：观察猜想∠1，∠2，∠3 有什么关系？你能证明猜想的关系吗？

猜想：∠1=∠2=∠3=30°.

求解：由折叠知∠2=∠3.

过点 N 作 NG⊥BC，垂足为 G，交 AD 于点 H，如图 3-1-104(2)所示.

由折叠可知 $GN=\dfrac{1}{2}AB$，$BN=AB$，在 Rt△BGN 中，因为 $GN=\dfrac{1}{2}BN$，

所以∠1=∠2=∠3=30°，∠ABN=∠AMB=60°.

【小结】在几何教学中，让学生通过想一想、折一折、找一找、说一说，灵活运用矩形、正方形、直角三角形以及利用轴对称的性质，在身边没有量角器或三角尺的情况下，不但可以作出特殊角 60°，30°，45°，还可作出特殊角 15°，22.5°等角度. 从某个角度来讲，数学也是一门实验科学，数学学习离不开观察、实验、猜想，这是落实"三会"核心素养的重要途径.

（2020·四川内江市中考真题）如图 3-1-105 所示，矩形 $ABCD$ 中，BD 为对角线，将矩形 $ABCD$ 沿 BE，BF 所在直线折叠，使点 A 落在 BD 上的点 M 处，点 C 落在 BD 上的点 N 处，连接 EF. 已知 $AB=3$，$BC=4$，则 EF 的长为_____.

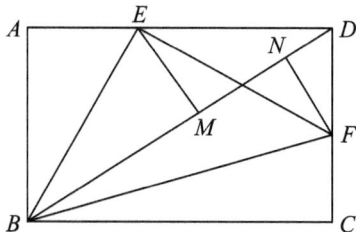
图 3-1-105

分析一：∵ 四边形 $ABCD$ 是矩形，

∴ $AB=CD=3$，$AD=BC=4$，$\angle A=\angle C=\angle EDF=90°$，

∴ $BD=\sqrt{AB^2+AD^2}=5$.

∵ 将矩形 $ABCD$ 沿 BE 所在直线折叠，使点 A 落在 BD 上的点 M 处，

∴ $AE=EM$，$\angle A=\angle BME=90°$，∴ $\angle EMD=90°$.

∵ $\angle EDM=\angle ADB$，∴ $\triangle EDM \backsim \triangle BDA$，∴ $\dfrac{ED}{BD}=\dfrac{EM}{AB}$.

设 $DE=x$，则 $AE=EM=4-x$，∴ $\dfrac{x}{5}=\dfrac{4-x}{3}$，解得 $x=\dfrac{5}{2}$，即 $DE=\dfrac{5}{2}$.

同理 $\triangle DNF \backsim \triangle DCB$，∴ $\dfrac{DF}{BD}=\dfrac{NF}{BC}$.

设 $DF=y$，则 $CF=NF=3-y$，

∴ $\dfrac{y}{5}=\dfrac{3-y}{4}$，解得 $y=\dfrac{5}{2}$，即 $DF=\dfrac{5}{3}$.

∴ $EF=\sqrt{DE^2+DF^2}=\sqrt{\left(\dfrac{5}{2}\right)^2+\left(\dfrac{5}{3}\right)^2}=\dfrac{5\sqrt{13}}{6}$.

分析二：∵ 四边形 $ABCD$ 是矩形，∴ $AB=CD=3$，$AD=BC=4$，$\angle A=\angle C=\angle EDF=90°$，

∴ $BD=\sqrt{AB^2+AD^2}=5$，

设 $AE=x$，由折叠知，$\triangle ABE \cong \triangle MBE$，∴ $AE=EM=x$，$DE=4-x$，$BM=AB=3$，$DM=5-3=2$，在 Rt$\triangle EMD$ 中，$EM^2+DM^2=DE^2$，

∴ $x^2+2^2=(4-x)^2$，解得 $x=\dfrac{3}{2}$，$DE=4-\dfrac{3}{2}=\dfrac{5}{2}$，

设 $CF=y$，由折叠知，$\triangle CBF \cong \triangle NBF$，$\therefore NF=CF=y$，$DF=3-y$，$BN=BC=4$，$DN=5-4=1$，在 Rt $\triangle DNF$ 中，$DN^2+NF^2=DF^2$，$\therefore y^2+1^2=(3-y)^2$，解得 $y=\dfrac{4}{3}$，

$DE=3-\dfrac{4}{3}=\dfrac{5}{3}$，$\therefore$ 在 Rt $\triangle EDF$ 中，由勾股定理，得 $EF=\sqrt{DE^2+DF^2}=$

$\sqrt{\left(\dfrac{5}{2}\right)^2+\left(\dfrac{5}{3}\right)^2}=\dfrac{5\sqrt{13}}{6}$.

【案例十二】 人教版八年级下册 第十八章 平行四边形 第 62 页习题 18.2 拓广探索第 17 题

17. 图 3-1-106 是一块正方形草地，要在上面修建两条交义的小路，使得这两条小路将草地分成的四部分面积相等，你有多少种方法？并与你的同学交流一下.

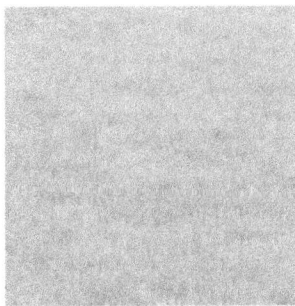

图 3-1-106

分析：先从特殊情况入手，小路为正方形的两条对角线，如图 3-1-107 所示. 或者，小路为正方形的另外两条对称轴，如图 3-1-108 所示.

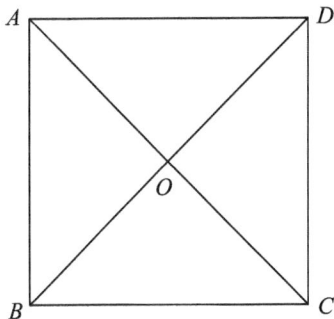

图 3-1-107

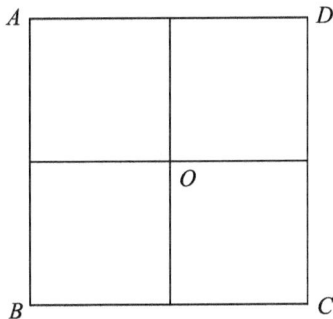

图 3-1-108

将特殊情况的两条路径绕正方形的对角线的交点 O 逆时针方向旋转一个角度，如图 3-1-109 所示，由此进行猜想：旋转后的两条直线将正方形的面积四等分.

数学问题要大胆猜想，小心论证.

思路分析：连接 AC，BD，设 AC，BD 相交于点 O.

因为正方形 $ABCD$ 是正方形，所以 $AC \perp BD$，且 $OA=OB=OC=OD$，$\angle OAE=$

$\angle OBM = \angle OCF = \angle ODN = 45°$，因此 $S_{\triangle AOB} = S_{\triangle BOC} = S_{\triangle COD} = S_{\triangle AOD} = \frac{1}{4}S_{\text{正方形}ABCD}$．

又因为 $EF \perp MN$，所以 $\angle AOE = \angle BOM = \angle COF = \angle DON$，因此 $\triangle AOE \cong \triangle BOM \cong \triangle COF \cong \triangle DON$，所以 $S_{\triangle AOE} = S_{\triangle BOM} = S_{\triangle COF} = S_{\triangle DON}$．

$\therefore S_{\text{四边形}AEON} = S_{\triangle AOE} + S_{\triangle AON} = S_{\triangle DON} + S_{\triangle AON} = S_{\triangle AOD} = \frac{1}{4}S_{\text{正方形}ABCD}$．

同理可得：$S_{\text{四边形}BMOE} = \frac{1}{4}S_{\text{正方形}ABCD}$，$S_{\text{四边形}CFOM} = \frac{1}{4}S_{\text{正方形}ABCD}$，$S_{\text{四边形}DNOF} = \frac{1}{4}S_{\text{正方形}ABCD}$，所以 $S_{\text{四边形}AEON} = S_{\text{四边形}BMOE} = S_{\text{四边形}CFOM} = S_{\text{四边形}DNOF}$．

当然，我们按照如图 3-1-110 所示，可以证明 $\triangle POE \cong \triangle HOM \cong \triangle QOF \cong \triangle GON$，所以 $S_{\triangle POE} = S_{\triangle HOM} = S_{\triangle QOF} = S_{\triangle GON}$．

$\therefore S_{\text{四边形}AEON} = S_{\text{四边形}AEOG} + S_{\triangle GON} = S_{\text{四边形}AEOG} + S_{\triangle POE} = S_{\text{正方形}APOG} = \frac{1}{4}S_{\text{正方形}ABCD}$．

同理可得：$S_{\text{四边形}BMOE} = \frac{1}{4}S_{\text{正方形}ABCD}$，$S_{\text{四边形}CFOM} = \frac{1}{4}S_{\text{正方形}ABCD}$，$S_{\text{四边形}DNOF} = \frac{1}{4}S_{\text{正方形}ABCD}$，所以 $S_{\text{四边形}AEON} = S_{\text{四边形}BMOE} = S_{\text{四边形}CFOM} = S_{\text{四边形}DNOF}$．

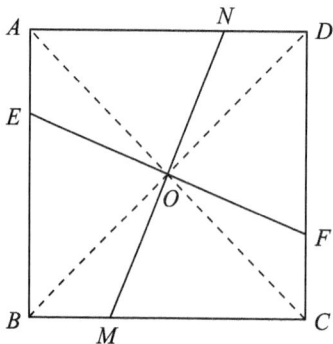

图 3-1-109

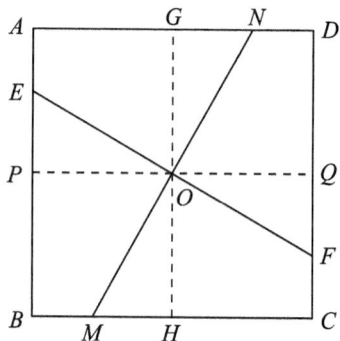

图 3-1-110

过正方形的对称中心的任意两条互相垂直的直线，将正方形面积四等分，这是正方形特有的性质．过平行四边形对称中心的两条直线，只有两条对角线所在直线或与一组邻边分别平行的两条直线能将图形面积四等分；过矩形的对称中心的两条直线，只有两条对角线所在直线或两条对称轴所在直线将矩形面积四等分；过菱形的对称中心的两条直线，只有两条对角线所在直线或与一组邻边分别平行的两条直线将菱形面积四等分．

（四）正方形相关的图形变换

初中几何变换包含以下几种：

平移变换——在平面内，将一个图形沿某个方向移动一定的距离，但不改变其形状和大小．

旋转变换——在平面内，将一个图形绕着固定的点按照某一个方向旋转一定的角度，不改变其形状和大小．

翻折变换——将一个平面图形沿着某一条轴线旋转 180°，得到新图形的变换．

位似变换——在平面内，某个点为定点 O，将一个图形上的任何一个点 A 变成直线 OA 上的点 A_1，使得 $|OA_1|=k|OA|$，$k\neq0$，这样的变换叫位似变换，定点 O 叫位似中心，k 叫作位似比．

具体而言，分为全等变换与相似变换两大类．图形的全等变换包括图形的平移、旋转、翻折；图形的相似变换有位似变换．这些几何变换是初中数学中比较基础的内容，在实际应用中也有广泛的应用，例如在计算机图形学、建筑设计、制造业等方面．

【案例十三】人教版八年级下册第十八章平行四边形第 69 页复习题 18 拓广探索第 14 题

14. 如图 3-1-111 所示，四边形 $ABCD$ 是正方形，点 E 是边 BC 的中点，$\angle AEF=90°$，且 EF 交正方形外角的平分线 CF 于点 F．求证 $AE=EF$．（提示：取 AB 的中点 G，连接 EG．）

【思路分析】要证明两条线段相等，常用的方法就是构造三角形，通过证明三角形全等达到目标．

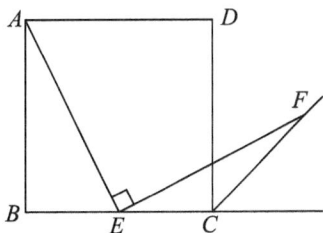

图 3-1-111

【思路一】如图 3-1-112 所示，过点 F 作 $FH\perp BC$，交 BC 的延长线于点 H．构造 $\triangle EFH$，看能不能证明 $\triangle EFH\cong\triangle AEB$．

$\because \angle AEF=90°$，$\therefore \angle 1+\angle 2=90°$．又 $\because$ 四边形 $ABCD$ 是正方形，$\therefore \angle B=90°$，因此 $\angle 1+\angle 3=90°$，$\therefore \angle 2=\angle 3$．$\because FH\perp BC$，$\therefore \angle FHE=90°$，$\therefore \angle B=\angle FHE$，但两个三角形中没有一条边具有已知的相等关系，因此，这种构造三角形证全等的做法达不到目标．

此处构造一线三直角，难道真没办法解决此问题了吗？现延长 HF 交 AD 的延长线于点 I，如图 3-1-113 所示．

设正方形 $ABCD$ 的边长为 $2a$，$CH=HF=b$．

则 $EH = a+b$，$AI = 2a+b$，$IF = 2a-b$.

∴ $AE^2 = AB^2 + BE^2 = (2a)^2 + a^2$，$EF^2 = EH^2 + HF^2 = (a+b)^2 + b^2$，

$AF^2 = AI^2 + IF^2 = (2a+b)^2 + (2a-b)^2$.

在 Rt△AEF 中，由勾股定理，得 $AF^2 = AE^2 + EF^2$，

即 $(2a+b)^2 + (2a-b)^2 = (2a)^2 + a^2 + (a+b)^2 + b^2$，化简得：$a = b$.

∴ $AE = EF$.

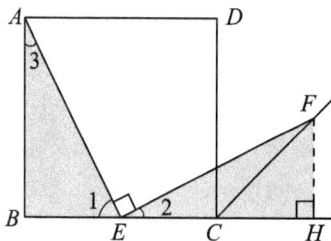

图 3-1-112

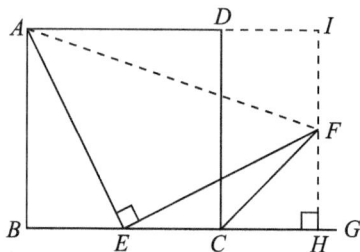

图 3-1-113

【思路二】取 AB 的中点 G，连接 EG. 构造△AGE，如图 3-1-114 所示，看能不能证明△$AGE \cong $△$ECF$.

通过直角倒角可得 ∠$EAG = $∠$FEC$，∵ 点 G，E 分别是正方形边的中点，∴ $AG = EC$，△EBG 是等腰直角三角形，∴ ∠$AGE = 135°$. 又∵ CF 是正方形外角平分线，

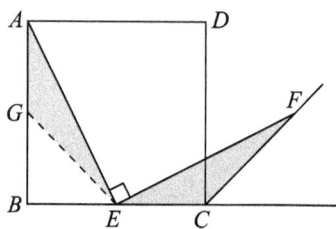

图 3-1-114

∴ ∠$ECF = 135°$，

∴ ∠$AGE = $∠$ECF$，因此△$AGE \cong $△$ECF$（ASA）.

∴ $AE = EF$.

【问题】对于【思路二】，我们依赖于本题题后的提示："取 AB 的中点 G，连接 EG"而得解，我们不禁要问，这是怎么想到的？存在一般规律吗？

事实上，点 G 在 AB 边上的位置是由点 E 在 BC 边上的位置决定的.

问题引申：点 E 是直线 BC 上的动点，结论 $AE = EF$ 还成立吗？

问题分析：动点 E 在直线 BC 上运动，可分三种情况讨论：

（1）动点 E 在线段 BC 上运动，如图 3-1-115(1) 所示；

（2）动点 E 在线段 BC 的延长线上运动，如图 3-1-115(2) 所示；

（3）动点 E 在线段 BC 的反向延长线上运动，如图 3-1-115(3) 所示.

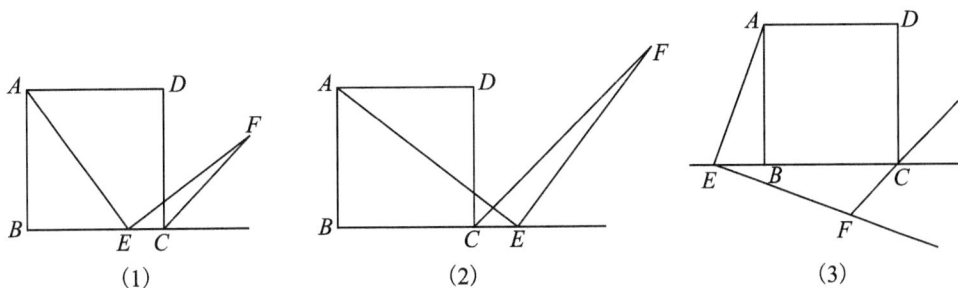

图 3-1-115

解决问题的根本方法就是在直线 AB 上截取 $AG=CE$，并且 $BG=BE$，如图 3-1-116 所示. 因此，可以得到 $\triangle AGE$ 和 $\triangle ECF$ 中一组对应角相等和一组对应边相等，即 $\angle AGE=\angle ECF=135°$（或 $45°$），$AG=CE$，即可构造 $\triangle AGE\cong\triangle ECF$，所以 $AE=EF$.

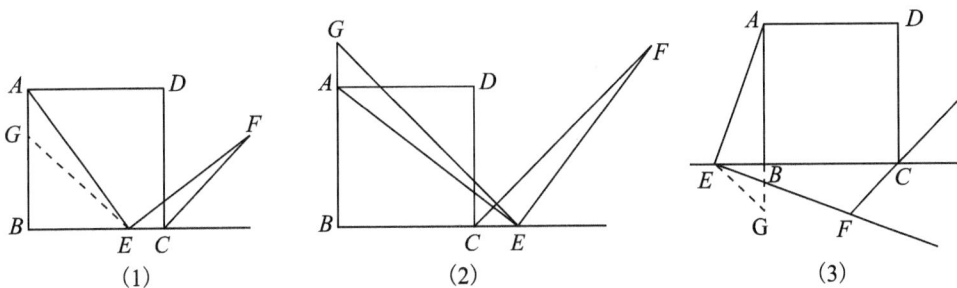

图 3-1-116

【问题引申】通过"在直线 AB 上截取 $AG=CE$，并且 $BG=BE$"的方法，构造出两个三角形全等，有效地解决了"正方形外角平分线"问题，还有别的方法吗？

【思路三】将 $\triangle ABE$ 绕点 B 顺时针方向旋转 $90°$ 得 $\triangle CBE'$，连接 $E'E$，如图 3-1-117，易证四边形 $EE'CF$ 是平行四边形.

事实上，由旋转知，$\triangle BEE'$ 是等腰直角三角形，$\therefore \angle E'EC=\angle ECF=135°$，$\therefore E'E/\!/CF$.

由旋转知：$\angle E'CB=\angle BAE$，又 $\because \angle FEH=\angle BAE$，$\therefore \angle E'CB=\angle FEH$，$\therefore E'C/\!/EF$.

$\therefore$ 四边形 $EE'CF$ 是平行四边形，$\therefore E'C=EF$，又由旋转知：$E'C=AE$，$\therefore AE=EF$.

将 $\triangle ABE$ 绕点 B 逆时针方向旋转 $90°$ 得 $\triangle A'BE'$，连接 $E'F$，如图 3-1-118 所示，易证四边形 $E'A'EF$ 是平行四边形.

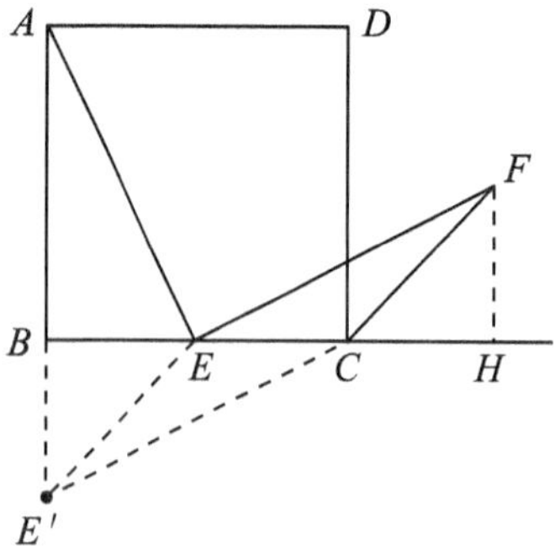

图 3-1-117

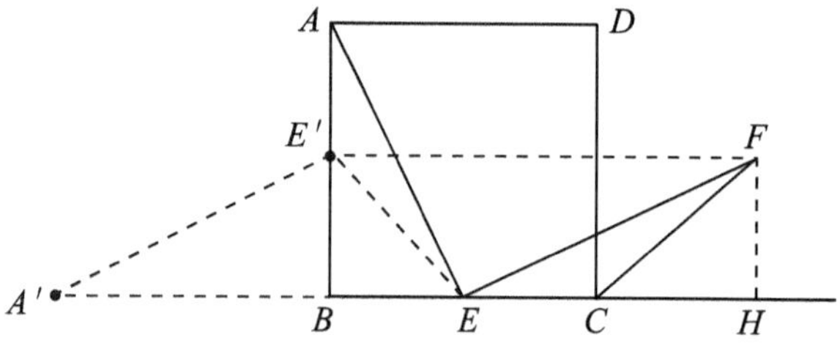

图 3-1-118

事实上，由旋转知，$\triangle BEE'$ 是等腰直角三角形，

$\therefore \angle AE'E = \angle ECF = 135°$，至此，不难证明 $\triangle AE'E \cong \triangle ECF$. $\therefore AE = EF$.

又 $\because A'E' = AE$，$\therefore A'E' = EF$.

由旋转知：$\angle E'A'B = \angle BAE$，又 $\because \angle FEH = \angle BAE$，$\therefore \angle E'A'B = \angle FEH$，

$\therefore E'A' \parallel EF$.

$\therefore$ 四边形 $E'A'EF$ 是平行四边形.

【小结】所证两条相等的线段 AE、EF 是互相垂直的，通过"旋转 90°"，AE 的对应边与 EF 平行，于是可以将证明"$AE = EF$"转化为证明"AE 的对应边与 EF 构成的四边形是一个平行四边形".

【思路四】将 $\triangle ABE$ 绕点 E 逆时针方向旋转 90° 得 $\triangle A'B'E$，连接 $B'C$，如图 3-1-119 所示，易证 $\triangle CB'E$ 是等腰直角三角形，B'、C、F 三点共线.

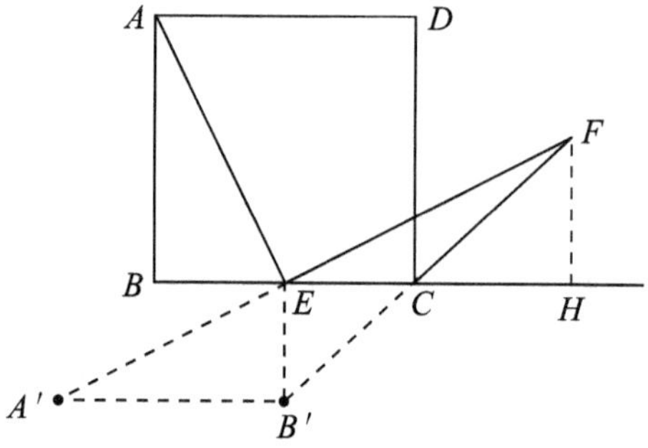

图 3-1-119

由旋转知：$A'B' = AB$，$\angle EA'B' = \angle BAE$，$AE = A'E$.

$\because$ 点 E 是正方形 $ABCD$ 的边 BC 的中点，

$\therefore EC = \dfrac{1}{2}AB$，$\therefore EC = \dfrac{1}{2}A'B'$.

$\because \angle FEH = \angle BAE$，$\therefore \angle EA'B' = \angle FEH$，

$\therefore EC \parallel A'B'$，$\therefore \triangle FEC \backsim \triangle FA'B'$，

$\therefore \dfrac{EF}{FA'} = \dfrac{EC}{A'B'} = \dfrac{1}{2}$，即 $\dfrac{EF}{EF+EA'} = \dfrac{EF}{EF+AE} = \dfrac{1}{2}$，

$\therefore AE = EF$.

【小结】所证两条相等的线段 AE、EF 是互相垂直的，通过"旋转 $90°$"，AE 的对应边与 EF 共线，于是可以将证明"$AE=EF$"转化为证明"点 E 是线段 $A'F$ 的中点".

【思路五】(1)将 $\triangle ABE$ 绕点 A 逆时针方向旋转 $90°$ 得 $\triangle ADE'$，连接 $E'F$，如图 3-1-120 所示.

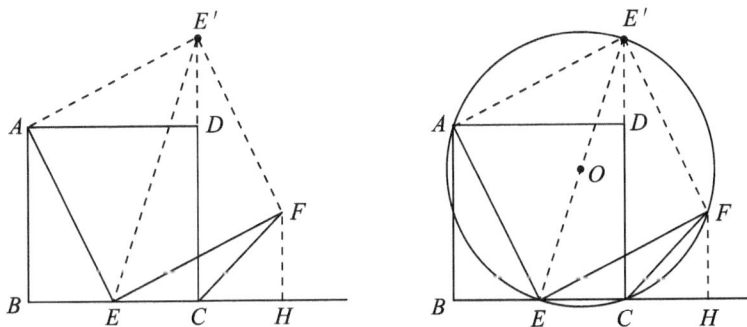

图 3-1-120

易证四边形 $AECE'$ 是对角互补的四边形，

∴ 四边形 $AECE'$ 是圆内接四边形，且 EE' 是直径，设 EE' 的中点为 O，

设 $\angle BAE=x$，则 $\angle FEC=\angle E'AD=x$.

∴ $\angle EE'C=45°-x$，又 ∵ $\angle CFE=45°-x$，∴ $\angle EE'C=\angle CFE$，又 ∵ $\overset{\frown}{EC}=\overset{\frown}{EC}$，

∴ 点 F 在四边形 $AECE'$ 的外接圆 $\odot O$ 上，$\angle EFE'=90°$，∴ $\angle EAE'=\angle AEF=\angle EFE'=90°$，

又 ∵ $AE=AE'$，∴ 四边形 $AEFE'$ 是正方形，∴ $AE=EF$.

(2)将 $\triangle ABE$ 绕点 A 逆时针方向旋转 $90°$ 得 $\triangle AB'E'$，连接 $E'E$，如图 3-1-121 所示.

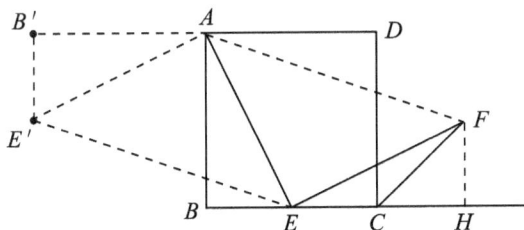

图 3-1-121

易证四边形 $AE'EF$ 是平行四边形,

$\therefore EF = AE'$,又由旋转知 $AE = AE'$,$\therefore AE = EF$.

【思路六】旋转变换

(1) 将 $\triangle ECF$ 绕点 E 顺时针方向旋转 $90°$ 得 $\triangle EC'F'$,连接 BC',如图 3-1-122(1) 所示.

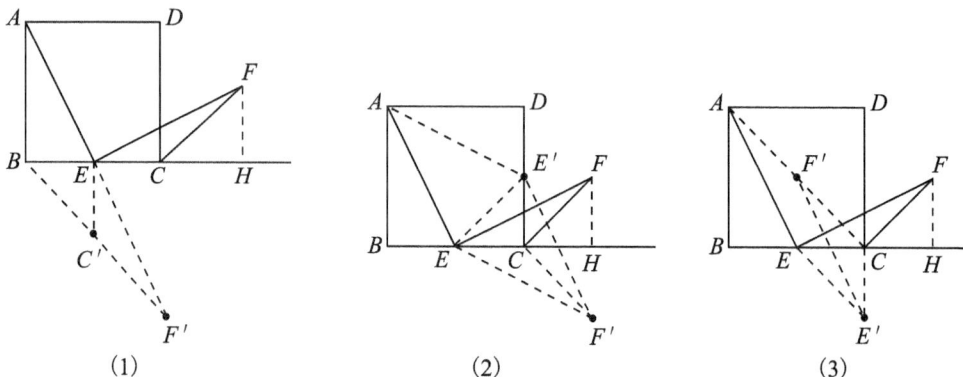

图 3-1-122

易证 A、E、F' 三点共线.

由旋转知:$EF' = EF$,$\angle C'EF' = \angle CEF$,$EC = EC'$.

$\because$ 点 E 是正方形 $ABCD$ 的边 BC 的中点,$\therefore EC = \dfrac{1}{2}AB$,$\therefore EC' = \dfrac{1}{2}AB$.

$\because \angle FEC = \angle BAE$,$\therefore \angle C'EF' = \angle BAE$,$\therefore EC' // AB$,$\therefore \triangle EC'F' \backsim \triangle ABF'$,

$\therefore \dfrac{EF'}{AF'} = \dfrac{EC'}{AB} = \dfrac{1}{2}$,即 $\dfrac{EF'}{EF'+EA} = \dfrac{EF}{EF+AE} = \dfrac{1}{2}$,$\therefore AE = EF$.

(2) 将 $\triangle ECF$ 绕点 C 顺时针方向旋转 $90°$,得 $\triangle E'CF'$,如图 3-1-122(2) 所示.

易证:四边形 $AEF'E'$ 是平行四边形.

事实上,设 $\angle BAE = x$,则 $\angle FEC = \angle F'E'C = \angle F'E'C = \angle E'AD = x$.

$\triangle ECE'$ 是等腰直角三角形,$\angle CEE' = \angle CE'E = 45°$,

$\therefore \angle FEC = \angle F'E'C = \angle F'E'C = \angle E'AD = 45°+x$,$\therefore AE // E'F'$,$AE' // EF$,

$\therefore$ 四边形 $AEF'E'$ 是平行四边形,$\therefore AE = E'F'$,又 $\because EF = E'F'$,$\therefore AE = EF$.

(3) 将 $\triangle ECF$ 绕点 C 逆时针方向旋转 $90°$,得 $\triangle E'CF'$,如图 3-1-122(3) 所示.

易证 A、F'、C 三点共线.

设 $\angle BAE = x$,则 $\angle FEC = \angle F'E'C = x$.

∵ △ECE'、△ABC 都是等腰直角三角形, ∴ ∠$EAF' = ∠CF'E' = ∠F'E'E = 45°-x$,

∴ $AE//E'F'$, $EE'//AF'$, ∴ 四边形 $AEE'F'$ 是平行四边形,

∴ $AE = E'F'$, 又∵ $EF = E'F'$, ∴ $AE = EF$.

【思路七】翻折变换

(1)将 △ABE 沿边 BC 所在直线翻折得△$A'BE$, 如图 3-1-123(1)所示. 易证 A'、C、F 三点共线.

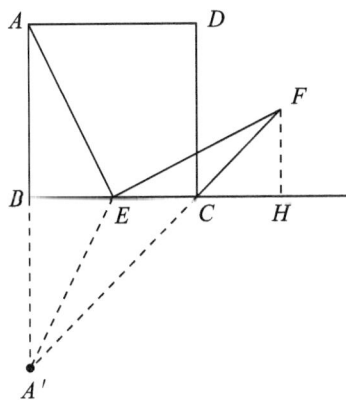 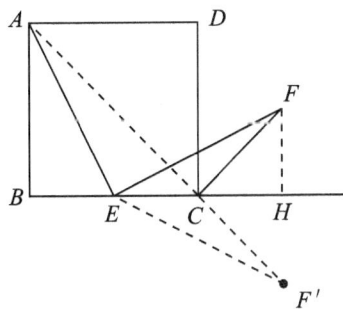

(1)　　　　　　(2)

图 3-1-123

设 ∠$BAE = x$, 则 ∠$FEC = ∠BA'E = ∠BAE = x$.

∴ ∠$EFC = ∠EA'C = 45°-x$, ∴ $A'E = EF$, 又∵ $AE = A'E$, ∴ $AE = EF$.

(2)将 △ECF 沿边 BC 所在直线翻折得△ECF', 如图 3-1-123(2)所示. 易证 A'、C、F 三点共线, 设 ∠$BAE = x$, 则 ∠$EAC = ∠EF'C = 45°-x$.

∴ $AE = EF'$, 又∵ $EF = EF'$, ∴ $AE = EF$.

【思路八】四点共圆: 如图 3-1-124 所示, 因为 ∠$AEF = ∠ACF = 90°$, 由定弦定角知, A、E、C、F 四点共圆, 所以 ∠$AFE = ∠ACE = 45°$, 所以 ∠$EAF = ∠AFE = 45°$, 所以 $AE = EF$.

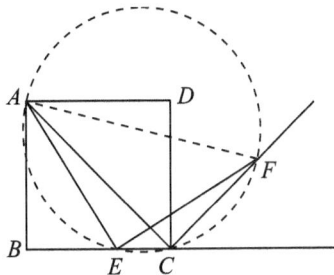

图 3-1-124

【小结】 图形变换是初中几何的重要内容, "拓广探索"素材是进行大单元教学时, 联系模块知识的纽带, 更是落实数学学科素养的良好素材.

【类似题】如图 3-1-125 所示，正方形 $ABCD$ 的边长为 1，点 E 是边 BC 上一动点（不与点 B，C 重合），过点 E 作 $EF \perp AE$ 交正方形外角的平分线 CF 于点 F，交 CD 于点 G，连接 AF. 有下列结论：①$AE = EF$；②$CF = \sqrt{2} BE$；③$\angle DAF = \angle CEF$；④$\triangle CEF$ 面积的最大值为 $\dfrac{1}{6}$. 其中正确的是_____（把正确结论的序号都填上）.

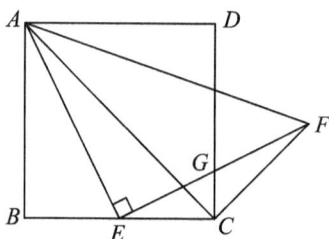

图 3-1-125

分析：由"正方形外角平分线模型"知，①②正确.

③错误. ④设 $EC = x$，则 $BE = 1-x$，

$\therefore S_{\triangle CEF} = \dfrac{1}{2}x(1-x) = -\dfrac{1}{2}\left(x-\dfrac{1}{2}\right)^2 + \dfrac{1}{8}$，$\therefore$ 当 $EC = x = \dfrac{1}{2}$ 时，$\triangle CEF$ 面积的最大值为 $\dfrac{1}{8}$，故④错误.

因此，其中正确的是___①②___.

"正方形外角平分线模型"告诉我们，$\triangle AEF$ 一定是一个等腰直角三角形，$\angle EAF = 45°$，于是这里产生了另一个重要的数学模型——"半角模型"，如图 3-1-126 所示.

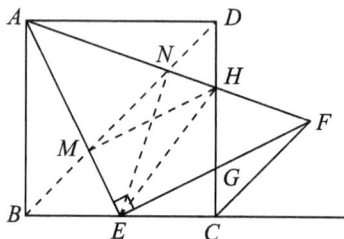

图 3-1-126

【总结】几何教学离不开图形的"观察""操作"和"思考".

通过观察图形，找出图形的特征，让学生对图形有直观感受和认知；通过动手操作，让同学们经历图形的变化过程，认识到图形变换过程的内在联系，此可称之为"知其然"；通过观察、操作得到的直观认知，需要思考为什么会出现这样的情况，从而通过逻辑推理来得到验证，使学生经历真实的数学活动，积累宝贵的数学经验，此可称之为"知其所以然"，唯如此，学生的数学素养才能得到真正的提升，解题能力才能得到提高.

【类似题】（2021·牡丹江）如图 3-1-127 所示，四边形 $ABCD$ 是正方形，点 E 是边 BC 的中点，$\angle AEF = 90°$，且 EF 交正方形外角的平分线 CF 于点 F，过点 F 作 $FG \perp BC$ 于点 G，连接 AC. 易证：$AC = \sqrt{2}(EC+FG)$.（提示：取 AB 的中点 M，连接 EM）

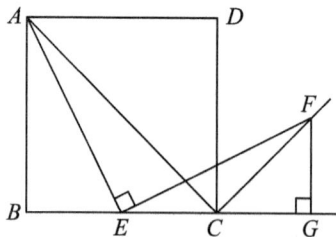

图 3-1-127

（1）当点 E 是 BC 边上任意一点时，如图 3-1-128 所示；当点 E 在 BC 延长线上时，如图 3-1-129 所示．请直接写出 AC，EC，FG 的数量关系，并对图 3-1-128 进行证明；

（2）已知正方形 $ABCD$ 的面积是 27，连接 AF，当 $\triangle ABE$ 中有一个内角为 30° 时，则 AF 的长为 _____．

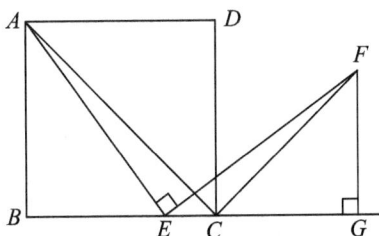

图 3-1-128

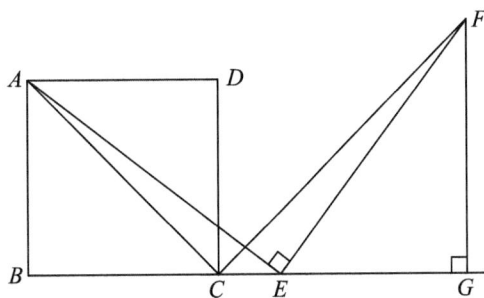

图 3-1-129

【案例分析】如图 3-1-127 所示，四边形 $ABCD$ 是正方形，点 E 是边 BC 的中点，由人教版八年级下册 第十八章 平行四边形 第 69 页，复习题 18 拓广探索 第 14 题的求解，易证 $AC=\sqrt{2}\,(EC+FG)$．

（1）如图 3-1-128 所示，$AC=\sqrt{2}\,(EC+FG)$．

理由如下：在 AB 上截取 $BM=BE$，连接 ME，如图 3-1-130 所示

证法一：易证 $\triangle AEM\cong\triangle EFC$，$\therefore EM=CF$．又 $\because EM=\sqrt{2}\,BE$，$CF=\sqrt{2}\,FG$，$\therefore BE=FG$，

$\therefore AC=\sqrt{2}\,BC=\sqrt{2}\,(BE+EC)=\sqrt{2}\,(FG+EC)$．

证法二：由 $\triangle AEM\cong\triangle EFC$，得 $EA=EF$，由一线三垂直模型可知 $\triangle ABE\cong\triangle EGF$，$\therefore FG=BE$，$\therefore FG+CE=BE+CE=BC$．

$\therefore AC=\sqrt{2}\,BC=\sqrt{2}\,(FG+EC)$．

如图 3-1-129 所示，$AC=\sqrt{2}\,(FG-EC)$．

理由如下：在 BA 延长线上截取 $BH=BE$，连接 HE，如图 3-1-131 所示．

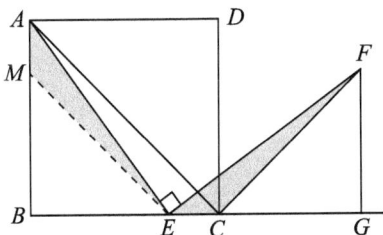

图 3-1-130

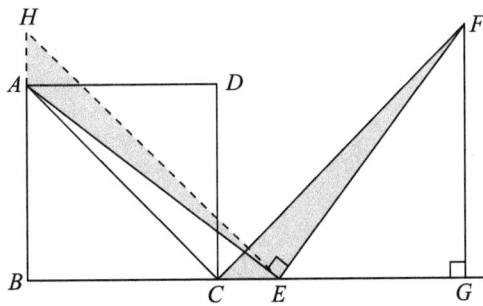

图 3-1-131

∵ $BA=BC$，∴ $AH=EC$.

∵ $BH=BE$，∴ $\angle H=45°$. 又∵ CF 是正方形 $ABCD$ 外角的平分线，∴ $\angle ECF=45°$，∴ $\angle H=\angle ECF$. 又∵ $AD//BC$，∴ $\angle DAE=\angle AEC$. 又∵ $\angle HAD=\angle AEF=90°$，∴ $\angle HAE=\angle CEF$，

∴ $\triangle AEM\cong\triangle EFC$，∴ $EA=EF$，由一线三垂直模型可知 $\triangle ABE\cong\triangle EGF$，∴ $FG=BE$，∴ $FG-CE=BE-CE=BC$，∴ $AC=\sqrt{2}BC=\sqrt{2}(FG-EC)$.

(2)∵ 正方形 $ABCD$ 的面积是 27，∴ $AB=\sqrt{27}=3\sqrt{3}$.

①若 $\angle BAE=30°$，如图 3-1-132 所示，则 $AE=6$，∴ $AF=6\sqrt{2}$.

②若 $\angle AEB=30°$，如图 3-1-133 所示，则 $AE=6\sqrt{3}$，∴ $AF=\sqrt{2}AE=6\sqrt{6}$.

综上所述，$AF=6\sqrt{2}$ 或 $6\sqrt{6}$.

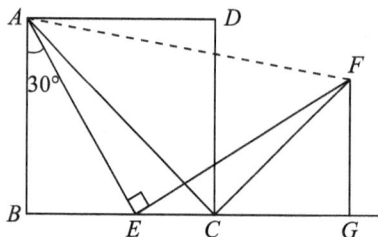

图 3-1-132

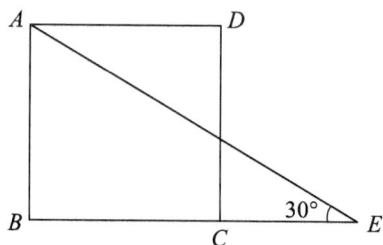

图 3-1-133

【案例十四】(2021·营口中考真题)如图 3-1-134 所示，$\triangle ABC$ 和 $\triangle DEF$ 都是等腰直角三角形，$AB=AC$，$\angle BAC=90°$，$DE=DF$，$\angle EDF=90°$，D 为 BC 边中点，连接 AF，且 A、F、E 三点恰好在一条直线上，EF 交 BC 于点 H，连接 BF，CE.

(1)求证：$AF=CE$；

(2)猜想 CE，BF，BC 之间的数量关系，并证明；

(3)若 $CH=2$，$AH=4$，请直接写出线段 AC，AE 的长.

【分析】(1)如图 3-1-135 所示，连接 AD，∵ $\triangle ABC$ 是等腰直角三角形，$AB=AC$，D 为 BC 边中点，$\angle BAC=90°$，∴ $AD\perp CD$，且 $AD=CD$.

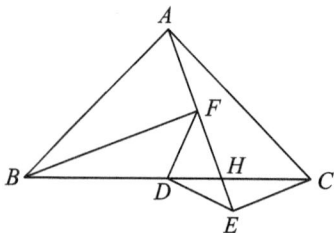

图 3-1-134

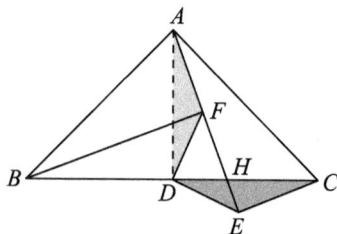

图 3-1-135

又 $\because$ $\triangle DEF$ 是等腰直角三角形, $DE=DF$, $\angle EDF=90^\circ$, $\therefore$ 易证 $\triangle ADF\cong$ $\triangle CDE$,

$\therefore AF=CE.$

(2) $\because$ $\triangle ADF\cong\triangle CDE$, $\therefore$ $\angle DAF=\angle DCE$. 又 $\because$ $\angle AHD=\angle CHE$, $\therefore$ $\angle AEC=$ $\angle ADC=90^\circ$, 由于 $BF=AE$, $\therefore$ 在 Rt$\triangle AEC$ 中, 由勾股定理, 得 $AC^2=AE^2+CE^2$, 即 $AC^2=BF^2+CE^2$, 而 $BC^2=2AC^2$, $\therefore$ $BC^2=2(BF^2+CE^2)$.

(3) $\because$ $BF/\!/CE$, $\therefore$ $\triangle BHF\backsim\triangle CHE$, 易得: $AE=\dfrac{7+\sqrt{7}}{2}$, $AC=\sqrt{14}+\sqrt{2}$.

或者: $\because$ $\angle DAH=\angle ECH$, $\angle ADH=\angle CEH$, $\therefore$ $\triangle ADH\backsim\triangle CEH$,

$\therefore$ $\dfrac{HE}{HD}=\dfrac{CE}{AD}=\dfrac{CH}{AH}=\dfrac{2}{4}=\dfrac{1}{2}$.

设 $HE=x$, 则 $DH=2x$, $\therefore$ $AD=2x+2$, 在 Rt$\triangle ADH$ 中, 由勾股定理, 得 $AH^2=$ AD^2+DH^2, 即 $(2x+2)^2+(2x)^2=4^2$, 解得 $x=\dfrac{\sqrt{7}-1}{2}$,

$\therefore$ $AE=\dfrac{7+\sqrt{7}}{2}$, $AC=\sqrt{2}AD=2\sqrt{2}(x+1)=\sqrt{14}+\sqrt{2}$.

【小结】本题考查等腰直角三角形的性质, 勾股定理, 三角形全等的判定与性质, 三角形相似的判定与性质, 包含有手拉手模型, 反 8 字相似模型, 是一道典型题. 本题与人教版八年级上册第十二章 全等三角形第 56 页第 9 题如出一辙.

9. 如图 3-1-136 所示, $\angle ACB=90^\circ$, $AC=BC$, $AD\perp CE$, $BE\perp CE$, 垂足分别为 D, E, $AD=2.5$ cm, $DE=1.7$ cm. 求 BE 的长.

【分析】通过直角导角, 先证 $\angle ACD=\angle CBE$, 再证 $\triangle ACD\cong\triangle CBE$, 然后, 根据三角形全等的性质, 得 $CE=AD=2.5$ cm, $BE=CD=CE-DE=2.5-1.7=0.8$ (cm)

【问题再探索】如图 3-1-137 所示, $\triangle ABC$ 是等腰直角三角形, $AC=BC$, $AD\perp CE$, $BE\perp CE$, 垂足分别为 D, E, 点 O 是 AB 的中点, 连接 OD, OE, 求证: $\triangle ODE$ 是等腰直角三角形.

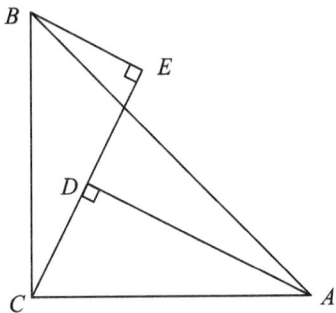

图 3-1-136

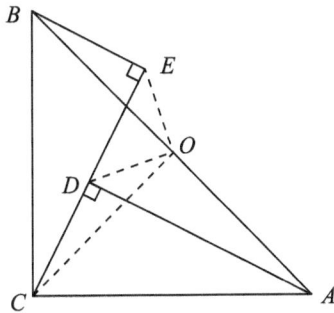

图 3-1-137

证明：易证△ADC≌△CEB，∴BE=CD.

连接 CO，∵△ABC 是等腰直角三角形，AC=BC，∴CO⊥AB，即∠BEC=∠COB=90°，

∴∠EBO=∠DCO. 又∵点 O 是 AB 的中点，∴CO=BO，∴△OBE≌△OCD，∴OE=OD，∠BOE=∠COD，∴∠EOD=∠BOC=90°，因此，△ODE 是等腰直角三角形.

【点评】2021·营口中考真题与人教版八年级上册第十二章 全等三角形第 56 页第 9 题对比，其本质是一样的，教材第 9 题通过"一线三直角"模型构造三角形全等，2021·营口中考真题则是以教材题为框架，从等腰直角三角形斜边中线出发，构造手拉手模型，并以此为切入点展开分析论证.

第 2 节　圆

圆是初中几何的重要内容，是义务教育阶段几何部分的最后篇章，结合圆的特有性质及多边形的定义、判定及性质，能综合提升学生的几何直观、空间观念、抽象能力、推理能力，落实几何核心素养. 圆的知识分以下几大板块：弧、弦、圆心角、圆周角定理；切线的判定与性质定理、切线长定理、相交弦定理、切割线定理；圆内接多边形的性质等.

教材是知识的重要载体，其例题、习题的选编不仅具有典型性，而且还具有前瞻性、综合性. 认真研读教材，提炼总结其中的重要思想方法、典型的解题方法与技巧，解题教学中，引导学生类比联想，往往能收到很好的效果.

【案例一】人教版九年级上第二十四章 圆 P88 练习第 5 题：

5. 如图 3-2-1 所示，四边形 ABCD 内接于⊙O，E 为 CD 延长线上一点，若∠B=110°，求∠ADE 的度数.

分析：此练习题考查圆内接四边形的性质——圆内接四边形对角互补.

据此可以得出重要结论：

(1)圆内接四边形的一个外角等于其内对角.

(2)四边形的一个外角等于其内对角，则此四边形是圆内接四边形.

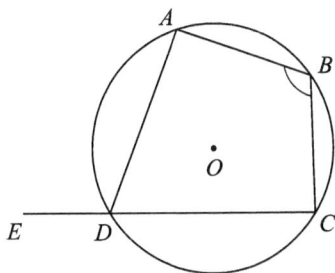

图 3-2-1

这些结论在解决圆中有关问题时被广泛应用.

【示例一】(2013 年·广东省中考数学真题)24. 如图 3-2-2 所示，⊙O 是 Rt△ABC 的外接圆，∠ABC=90°，弦 BD=BA，AB=12，BC=5，BE⊥DC 交 DC 的延长线于点 E.

(1)求证：∠BCA=∠BAD；

(2)求 DE 的长；

(3)求证：BE 是 $\odot O$ 的切线.

分析：(1)因为 $BD=BA$，所以 $\angle BDA = \angle BAD$，根据 $\overset{\frown}{AB}=\overset{\frown}{AB}$，可知 $\angle BCA = \angle BDA$，所以 $\angle BCA = \angle BAD$.

(2)关键问题是证明 $\triangle DEB \backsim \triangle ABC$，事实上不难证明 $\angle DEB = \angle ABC$，$\angle BAC = \angle BDC$，故 $\triangle DEB \backsim \triangle ABC$，$\dfrac{DE}{AB}=\dfrac{BD}{AC}$，即 $\dfrac{DE}{12}=\dfrac{12}{13}$，$DE=\dfrac{144}{13}$，从而问题得到解决.

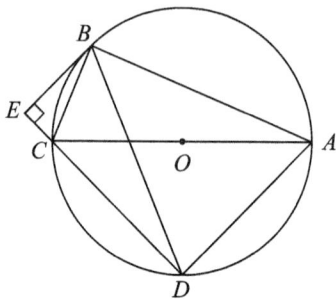

图 3-2-2

(3)如图 3-2-3 所示，连接 BO.

思路一：因为四边形 $ABCD$ 是 $\odot O$ 的内接四边形，所以 $\angle BAD + \angle BCD = 180°$，

又因为 $\angle BCE + \angle BCD = 180°$，所以 $\angle BCE = \angle BAD$，又因为 $OB = OC$，所以 $\angle BCO = \angle CBO$，

故 $\angle BCE = \angle CBO$，所以 $OB /\!/ DE$，进而可得 $EB \perp OB$，BE 是 $\odot O$ 的切线.

思路二：因为四边形 $ABCD$ 是 $\odot O$ 的内接四边形，所以 $\angle BCE = \angle BAD$.

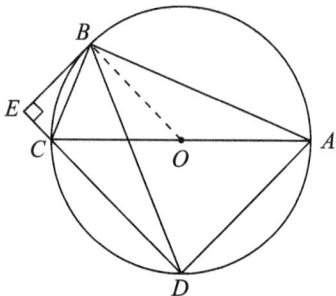

图 3-2-3

由(1)知 $\angle BCA = \angle BAD$，所以 $\angle BCE = \angle BCA$，易证 $\angle EBC = \angle BAC = \angle OBA$，所以 $\angle EBC + \angle CBO = \angle OBA + \angle CBO$，即 $\angle EBO = \angle ABC = 90°$，所以 $EB \perp OB$，BE 是 $\odot O$ 的切线.

【延伸探索】如图 3-2-4 所示，设 BD 与 AC 相交于点 M，求 CM 的长.

过点 C 作 $CF \perp BD$，垂足为 F，如图 3-2-5 所示.

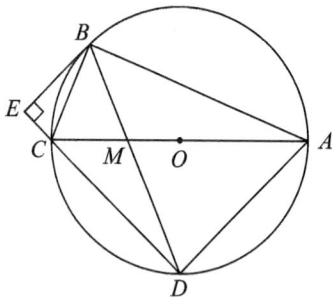

图 3-2-4

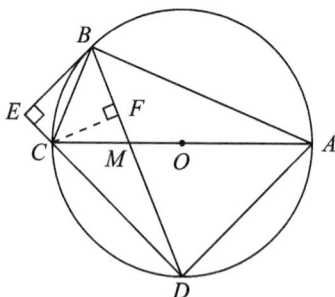

图 3-2-5

易证 $\triangle CFD \backsim \triangle BED \backsim \triangle CBA$.

设 $CF=5x$，$DF=12x$，$CD=13x$，则有 $BF=12-12x$.

法一：在 $\mathrm{Rt}\triangle BCF$ 中，由勾股定理，得 $CF^2+BF^2=BC^2$，

即 $(5x)^2+(12-12x)^2=5^2$，解得 $x=\dfrac{119}{169}$.

法二：因为 $DE=CE+CD$，所以 $\dfrac{144}{13}=\dfrac{25}{13}+13x$，

解得 $x=\dfrac{119}{169}$，所以 $CD=13x=\dfrac{119}{13}$.

易证 $\triangle CMD \backsim \triangle BMA$，所以 $\dfrac{CD}{AB}=\dfrac{CM}{BM}=\dfrac{MD}{MA}$，

即 $\dfrac{\frac{119}{13}}{12}=\dfrac{CM}{BM}=\dfrac{12-BM}{13-CM}$，解得 $CM=\dfrac{1547}{407}$.

法三：因为 $DE=\dfrac{144}{13}$，$CE=\dfrac{25}{13}$，所以 $CD=\dfrac{119}{13}$.

同法二，得 $CM=\dfrac{1547}{407}$.

进一步，由 $\triangle BCM \backsim \triangle ADM$，可求得 $AD=\dfrac{20280}{1547}$.

【小结】本题中蕴藏着丰富的边角等量关系，如 $\angle BCE = \angle BAD = \angle BDA = \angle BCO = \angle CBO$；$\angle 1 = \angle 3 = \angle 4 = \angle 5$；$\triangle DEB \backsim \triangle ABC \backsim \triangle BEC$，据此可得 $\dfrac{CE}{BE}=\dfrac{BE}{DE}=\dfrac{BC}{AB}=\dfrac{5}{12}$、$\dfrac{CE}{BC}=\dfrac{BE}{BD}=\dfrac{BC}{AC}=\dfrac{5}{13}$、$\dfrac{BE}{BC}=\dfrac{DE}{BD}=\dfrac{AC}{AB}=\dfrac{12}{13}$，求得 $DE=\dfrac{144}{13}$，$CE=\dfrac{25}{13}$，$BE=\dfrac{60}{13}$.

【问题再思考】

【思考一】将圆内接四边形一组对边延长，使它们相交，如图 3-2-1 的变形图（图 3-2-6），有重要结论 $\triangle AED \backsim \triangle CEB$.

证明如下：在 $\triangle EBC$ 和 $\triangle EDA$ 中，$\angle E = \angle E$，$\angle EDA = \angle B$，所以 $\triangle AED \backsim \triangle CEB$.

所以 $\dfrac{AD}{BC}=\dfrac{EA}{EC}=\dfrac{ED}{EB}$，变形，得 $EA \cdot EB = ED \cdot EC$，

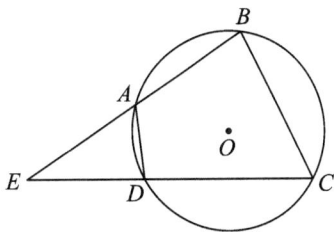

图 3-2-6

这就是著名的**割线定理：从圆外一点引圆的两条割线，这一点到每条割线与圆交点的距离的积相等.** 割线定理与相交弦定理、切割线定理以及它们的推论统称为圆幂定理.

【思考二】如图 3-2-7 所示，EF 是 $\odot O$ 的切线，探究 $\angle EFA$ 与 $\angle B$ 的数量关系.

连接 FO 并延长交 $\odot O$ 于点 C，连接 AC，如图 3-2-8 所示.

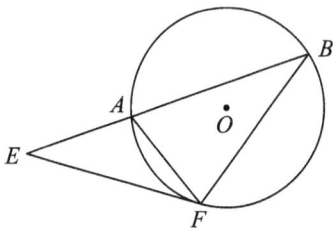

图 3-2-7

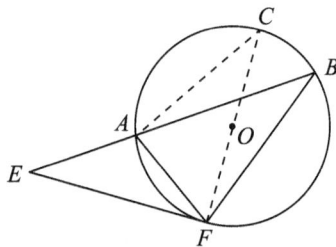

图 3-2-8

因为 EF 是 $\odot O$ 的切线，所以 $CF \perp EF$，所以 $\angle EFA + \angle AFC = \angle EFC = 90°$.

因为 CF 是 $\odot O$ 的直径，所以 $\angle FAC = 90°$，所以 $\angle C + \angle AFC = 90°$，因此 $\angle EFA = \angle C$.

又因为 $\overset{\frown}{AF} = \overset{\frown}{AF}$，所以 $\angle B = \angle C$.

所以 $\angle EFA = \angle B$.

弦切角定理：弦切角等于其所夹弧上的圆周角.

如图 3-2-9 所示，已知，EF 是 $\odot O$ 的切线，求证 $\angle EFA = \angle B$.

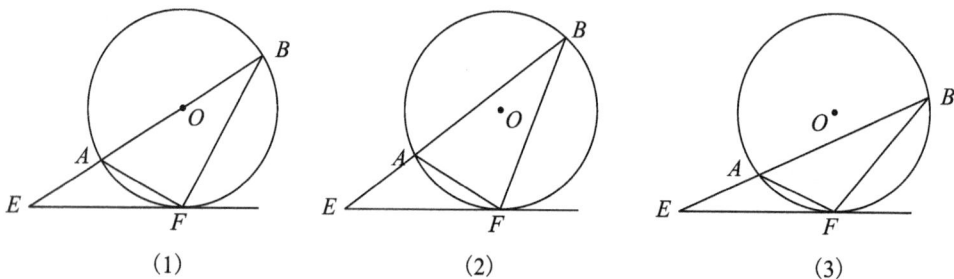

(1)   (2)   (3)

图 3-2-9

证明：在图 3-2-9(1) 中，连接 OF，如图 3-2-10(1) 所示.

因为 EF 是 $\odot O$ 的切线，所以 $OF \perp EF$，所以 $\angle EFA + \angle AFO = \angle EFO = 90°$.

因为 AB 是 $\odot O$ 的直径，所以 $\angle AFB = 90°$，所以 $\angle AFO + \angle OFB = 90°$. 又因为 $\angle B = \angle OFB$，所以 $\angle AFO + \angle B = 90°$，因此 $\angle EFA = \angle B$.

在图 3-2-9(2)、(3)中，连接 FO 并延长交 $\odot O$ 于点 C，连接 AC，如图 3-2-10(2)、(3)所示. 由上知 $\angle EFA = \angle C$. 因为 $\overgroup{AF} = \overgroup{AF}$，所以 $\angle B = \angle C$. 所以 $\angle EFA = \angle B$.

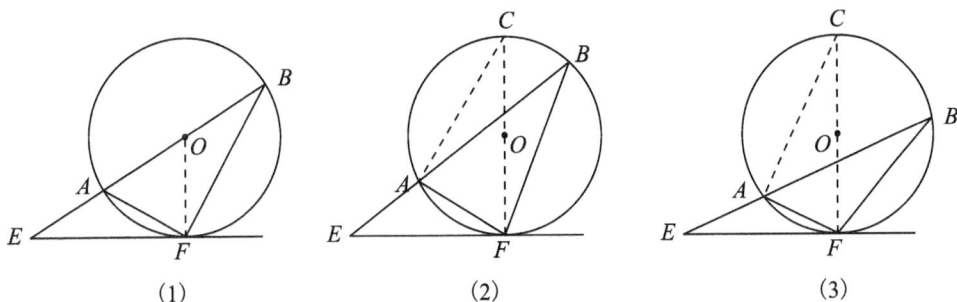

图 3-2-10

据此定理，易得 $\triangle EAF \backsim \triangle EFB$.

所以 $EF^2 = EA \cdot EB$.

著名的**切割线定理**：如图 3-2-11 所示，$EF^2 = EA \cdot EB = ED \cdot EC$.

【问题再思考】三角形内角和定理：三角形的内角和等于 180°.

已知：如图 3-2-12 所示，$\triangle ABC$ 中，求证：$\angle A + \angle B + \angle C = 180°$.

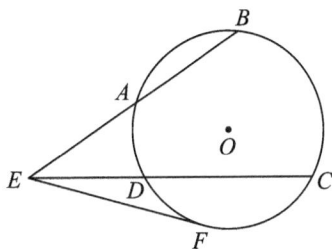

图 3-2-11

证明：作 $\triangle ABC$ 的外接圆 $\odot O$，过点 C 作 $\odot O$ 的切线 MN，如图 3-2-13 所示.

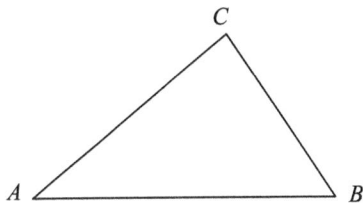

图 3-2-12

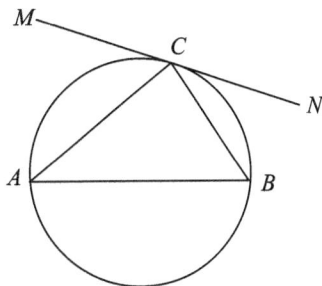

图 3-2-13

由弦切角定理，知 $\angle MCA = \angle B$，$\angle NCB = \angle A$.

因为 $\angle MCA + \angle NCB + \angle ACB = 180°$，

所以 $\angle A + \angle B + \angle C = 180°$.

这里给出了一种证明三角形内角和等于180°的新颖方法，也是弦切角定理的一个实际应用. 事实上，证明三角形内角和定理，不同学段给出了不同的方法：

如在小学阶段，我们是通过度量或剪拼得出这一结论的.

通过度量或剪拼的方法，可以验证三角形内角和等于180°. 但是，由于测量常常有误差，这种"验证"不是"数学证明"，不能完全让人信服；又由于形状不同的三角形有无数个，我们不可能用上述方法一一验证所有三角形的内角和等于180°. 所以，需要通过推理的方法去证明：任意一个三角形的内角和一定等于180°.

初中阶段，我们学习了平行线的性质与判定后，我们有了严格的证明方法：常见的有以下三种方法：(1)过三角形的顶点引对边的平行线，如图3-2-14(1)所示；(2)过三角形的边上任意一点，引另两边的平行线，如图3-2-14(2)所示；(3)过三角形内任一点引任意两边的平行线，如图3-2-14(3)所示.

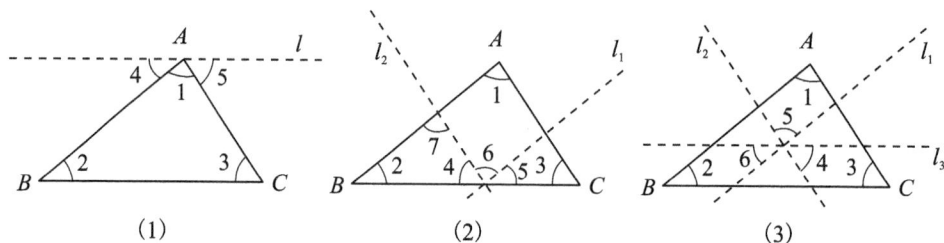

图 3-2-14

【思考三】如图3-2-15(1)所示，⊙O 的两条弦 AD、CB 相交于点 E，探索被点 E 分成的四条线段 EA、EB、ED、EC 间的数量关系.

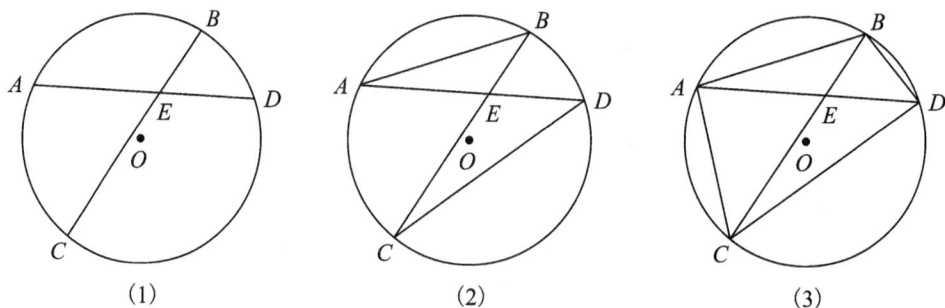

图 3-2-15

连接 AB、CD，如图3-2-15(2)所示，易证△EAB∽△ECD；

连接 AC、BD，如图 3-2-15(3) 所示，易证 △EAC ∽ △EBD；

所以 $\dfrac{CD}{AB}=\dfrac{ED}{EB}=\dfrac{EC}{EA}$，变形，得 $EA \cdot ED=EB \cdot EC$.

这就是著名的**相交弦定理**：圆的两条相交弦被交点分成的两段之积相等.

　　相交弦定理、弦切角定理、切割线定理，统称为圆幂定理，在解决与圆相关的线段长度问题及角度计算问题时十分重要，通过三角形相似知识就能很好地获得证明，具有教学可行性，可作为其他定理的实际应用问题来解决，从而使圆的知识更加丰富和完备. 相交弦定理、弦切角定理、切割线定理，是解决与圆相关的计算问题的"灵感"源泉.

【案例二】圆内接四边形

(1) 圆内接四边形的判定：对角互补的四边形，定弦定角，四边形一个外角等于其内对角.

(2) 圆内接四边形的性质：对角互补，外角等于其内对角.

　　圆内接四边形中有一条对角线平分四边形的一个内角，这样的四边形有很多的性质值得深度学习，用心探究！下面探究有一条对角线平分四边形的一个内角的圆内接四边形"基因图谱"及应用.

图谱探微

　　"对角互补"的四边形四点共圆，圆内接四边形的对角互补，"对角互补"是"共圆"四边形的最大基因，具备此基因的四边形特殊成员："边"——有一组邻边相等或者有一条对角线平分四边形的一个内角的圆内接四边形.

　　预备定理：如图 3-2-16 所示，如果四边形 $ADBC$ 中，CD 平分 ∠ACB，且 $AD=BD$.

　　那么 ∠ACB+∠ADB=180°. 即 A、D、B、C 四点共圆.

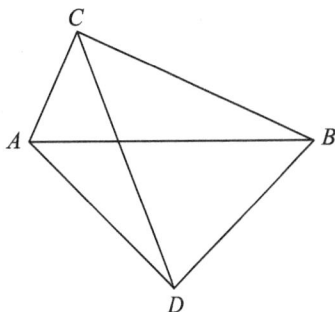

图 3-2-16

　　证明一：（垂线段法）如图 3-2-17(1) 所示，过点 D 作 $DF \perp CB$ 于点 F，过点 D 作 $DE \perp AC$ 于点 E.

∵ $DF \perp CB$，$DE \perp AC$，

∴ ∠AED=∠BFD=90°.

∵ CD 平分 ∠ACB，∴ $DE=DF$.

∵ $AD=BD$，∴ △AED≌△BFD，∴ ∠EAD=∠DBF.

∵ ∠EAD+∠CAD=180°，∴ ∠CAD+∠FBD=180°，

∴ ∠ACB+∠ADB=360°-（∠CAD+∠FBD）=360°-180°=180°.

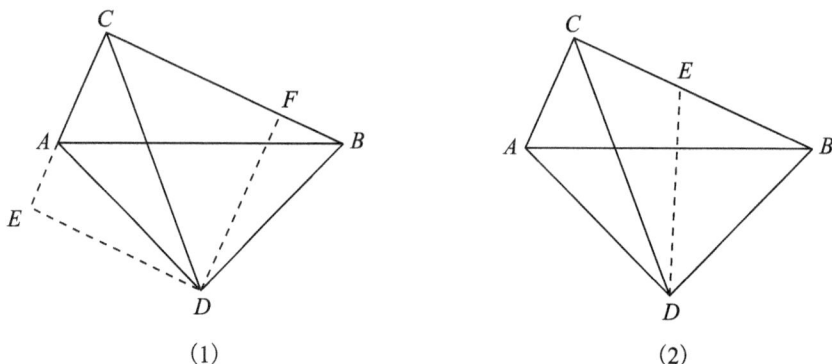

（1）　　　　　　　　　　　（2）

图 3-2-17

证法二：（截取法）如图 3-2-17（2）所示，在 CB 上截取 $CE=CA$.

∵ CD 平分 $\angle ACB$，∴ $\angle ACD=\angle ECD$.

∵ $CD=CD$，∴ $\triangle ACD \cong \triangle ECD$，

∴ $\angle CAD=\angle CED$，$DE=DA$.

∵ $AD=BD$，∴ $ED=BD$，∴ $\angle DBE=\angle DEB$.

∵ $\angle CED+\angle BED=180°$，∴ $\angle CAD+\angle DBE=180°$，

∴ $\angle ACB+\angle ADB=360°-(\angle CAD+\angle CBD)=360°-180°=180°$.

【小结】 角平分线的定义、性质及判定是几何中比较基础、常用的知识，可与线段的垂直平分线相互关联，使几何图形变得生动有趣.

角平分线是过角的顶点，并将一个角分成相等的两部分的一条射线；角平分线上的点到角的两边的距离相等；角的内部，到角的两边距离相等的点在角的平分线上.

事实上，角平分线的所有属性都源于"角是轴对称图形"，其对称轴是角平分线所在直线.

据此，我们还可以总结出角平分线的"四大模型"

	单垂型	双垂型	截取相等型	平行角分出等腰型
图形				
条件	$PD \perp OB$，$PE \perp OA$	$PM \perp OC$	$OG=OH$	$PF /\!/ OA$
结论	$PD=PE$ $\triangle OPD \cong \triangle OPE$	$PN=PM$ $\triangle OPN \cong \triangle OPM$	$PH=PG$ $\triangle OPH \cong \triangle OPG$	$\triangle OPF$ 是等腰三角形， $FP=FO$

【示例二】（2021·海珠区一模试题改编）如图 3-2-18 所示，在 $\triangle ABC$ 中，CD 平分 $\angle ACB$，且 $AD = BD$.

（1）若 $AC = 6$，$BC = 8$，$AB = 10$，求 $\angle ACD$ 的度数；

（2）求证：A、D、B、C 四点共圆；

（3）设 $\dfrac{AB}{AD} = K$，试判断 CA，CD，CB 之间的数量关系（用含 K 的式子表示），并说明理由.

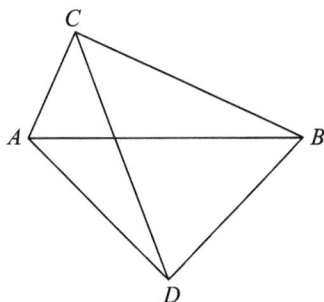

图 3-2-18

分析：（1）略.

（2）由前述预备定理，得 $\angle ACB + \angle ADB = 180°$，所以四边形 $ACBD$ 是圆内接四边形，所以 A、D、B、C 四点共圆.

（3）如图 3-2-19 所示，延长 CB 到 F，使 $BF = AC$，连接 DF.

因为 A、D、B、C 四点共圆，所以 $\angle CAD + \angle CBD = 180°$，所以 $\angle CAD = \angle FBD$.

又因为 $AD = BD$，$BF = AC$，所以 $\triangle ACD \cong \triangle BFD$，所以 $DF = DC$，$\angle ADC = \angle BDF$.

$\triangle ADB$ 与 $\triangle CDF$ 是顶角相等的等腰三角形，易证 $\triangle CDF \backsim \triangle ADB$.

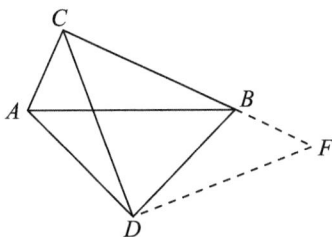

图 3-2-19

所以 $\dfrac{AB}{AD} = \dfrac{CF}{CD} = \dfrac{CA + CB}{CD} = K$，所以 CA，CD，CB 之间的数量关系为：$CA + CB = K \cdot CD$.

【小结】如图 3-2-18 所示，如果四边形 $ADBC$ 中，CD 平分 $\angle ACB$，且 $AD = BD$，那么 $\angle ACB + \angle ADB = 180°$，则四边形是圆内接四边形.

如图 3-2-19 所示，圆内接四边形对角互补性质，结合一组邻边相等，这样的四边形可通过旋转，研究另外一组邻边与一条对角线的关系. 即在 $\triangle ABC$ 中，CD 平分 $\angle ACB$，且 $AD = BD$，若 $\dfrac{AB}{AD} = K$，则 $CA + CB = K \cdot CD$.

事实上，这里的 K 值就是相似三角形 $\triangle CDF$ 与 $\triangle ADB$ 的相似比，也是等腰 $\triangle ADB$ 的底边与一条腰上的高之比，还是等腰 $\triangle ADB$ 顶角的正弦与一个底角的正弦之比. 这种关系的基因就是"四边形对角互补性质，一组邻边相等".

特别地，当 $\angle ADB = 60°$ 时，$\angle CDF = \angle ADB = 60°$，如图 3-2-20 所示.

此时 $\triangle CDF$ 与 $\triangle ADB$ 都是等边三角形，$\triangle CDF \backsim \triangle ADB$，$K = 1$，$CD = CF$.

CA，CD，CB 之间的数量关系是 $CB+CA=CD$.

当 $\angle ADB=90°$ 时，$\angle CDF=\angle ADB=90°$，如图 3-2-21 所示.

此时 $\triangle CDF$ 与 $\triangle ADB$ 都是等腰直角三角形，$\triangle CDF \backsim \triangle ADB$，$K=\sqrt{2}$，

CA，CD，CB 之间的数量关系是 $CB+CA=\sqrt{2}CD$.

当 $\angle ADB=120°$ 时，$\angle CDF=\angle ADB=120°$，如图 3-2-22 所示.

此时 $\triangle CDF$ 与 $\triangle ADB$ 都是等腰直角三角形，$\triangle CDF \backsim \triangle ADB$，$K=\sqrt{3}$，

CA，CD，CB 之间的数量关系是 $CB+CA=\sqrt{3}CD$.

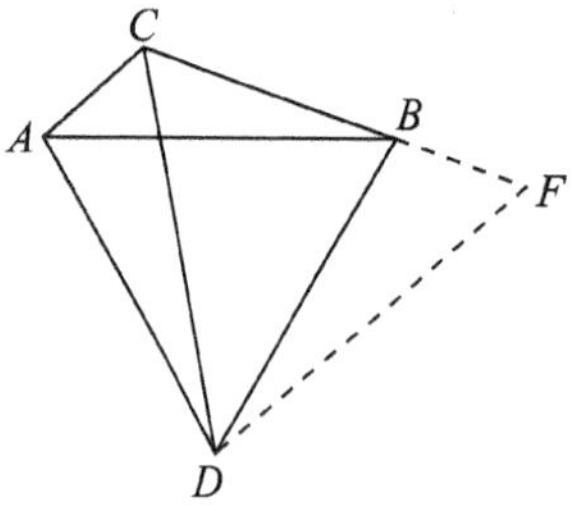

图 3-2-20 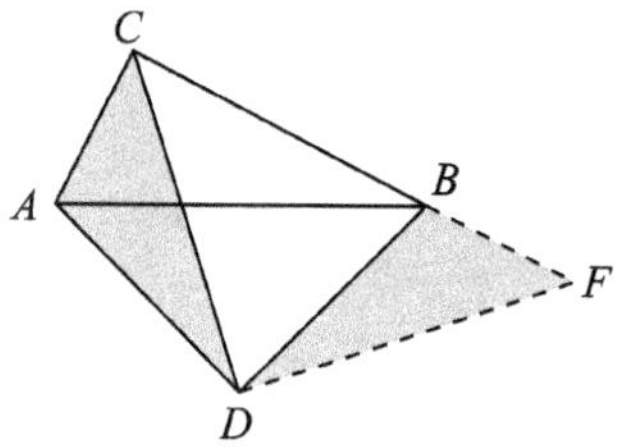　　　　　　图 3-2-21 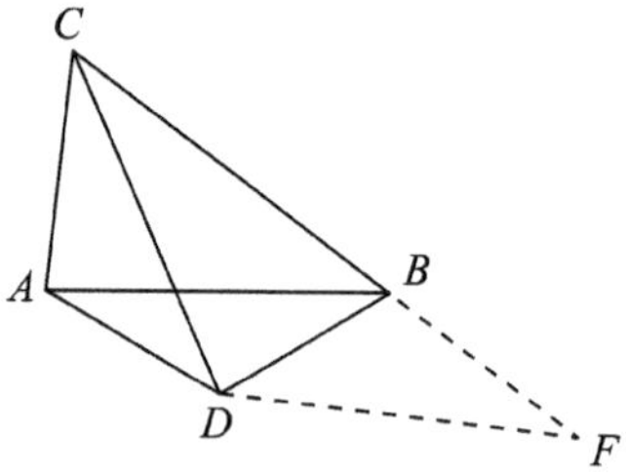　　　　　　图 3-2-22

一般地：如图 3-2-23（1）所示，$\triangle ABC$ 是等腰三角形，$AC=AB=b$，$\angle BAC=2\alpha$，作等腰三角形 ABC 的外接圆，D 为弧 BC 上一点，如图 3-2-23（2）所示，探究 DC、DB、DA 之间的数量关系及 DA 的最大值.

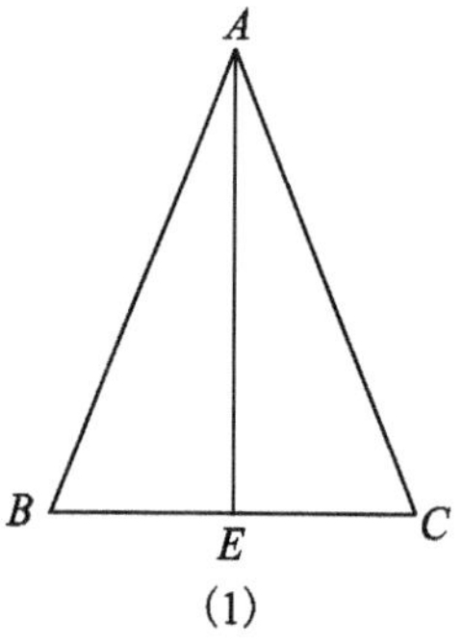

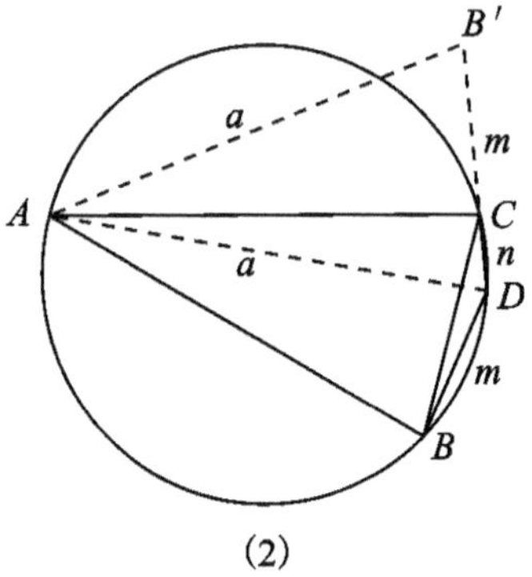

图 3-2-23

重要结论：（1）$DC+DB=\dfrac{BC}{AC}\times DA \implies AB \cdot DC+BD \cdot AC=AD \cdot BC$（托勒密定理）

即：圆内接四边形的两对角线的乘积等于四边形相对两边乘积的和.

（2）延长 DC 到 B'，使得 $CB'=DB$，易证：$\triangle ADB' \backsim \triangle ABC$，相似比 $=\dfrac{DB'}{BC}=$ $\dfrac{AD}{AC}$，即 $\dfrac{DC+DB}{BC}=\dfrac{AD}{AC}$，

所以 $DC+DB=\dfrac{BC}{AC}\times DA$.

（3）设 $K=\dfrac{BC}{AC}=2\sin\alpha$，特别地，当 $\angle BAC=2\alpha=60°$ 时，$K=1$，$DC+DB=DA$；

当 $\angle BAC=2\alpha=90°$ 时，$K=\sqrt{2}$，$DC+DB=\sqrt{2}DA$；

当 $\angle BAC=2\alpha=120°$ 时，$K=\sqrt{3}$，$DC+DB=\sqrt{3}DA$；

一般地：$DC+DB=2DA\sin\alpha$.

（4）等腰 $\triangle ABC$ 的外接圆半径 $r=\dfrac{b}{2\cos\alpha}$，DA 的最大值为 $2r=\dfrac{b}{\cos\alpha}$. 顶角为特殊角 $30°$、$45°$、$60°$、$75°$、$90°$、$120°$、$135°$、$150°$ 的等腰三角形，通过构造三角形的外接圆，再构造圆内接四边形，可关联圆内接四边形的边角数量关系.

（5）如图 3-2-24 所示，圆内接四边形 $ABDC$ 中，BC 是 $\odot O$ 的直径，AD 平分 $\angle BAC.$

如图 3-2-25 所示.

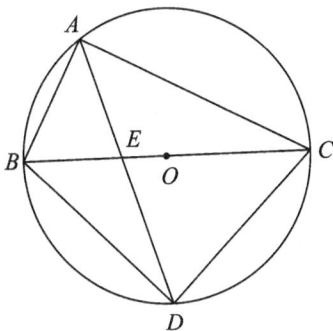

图 3-2-24

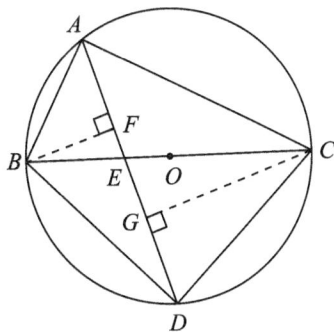

图 3-2-25

①角度关系：$\angle BAD=\angle CAD=\angle CBD=\angle BCD=45°$；

$\angle BAC=\angle BDC=90°$；$\angle BAC+\angle BDC=180°$；$\angle ABD+\angle ACD=180°$.

②相似关系：$\triangle ABD\backsim\triangle BED$；$\triangle ACD\backsim\triangle CED$；$\triangle ABE\backsim\triangle ADC$；$\triangle AEC\backsim\triangle ABD$；$\triangle ABE\backsim\triangle CDE$；$\triangle BED\backsim\triangle AEC$.

③线段长度关系：$AB^2+AC^2=BC^2$；$DB^2+DC^2=BC^2$；$BD^2=DE\cdot DA=CD^2$；

$AE\cdot ED=BE\cdot EC$（相交弦定理）；$AB\cdot CD+BD\cdot AC=AD\cdot BC$（托勒密定理）；

$AB+AC=\sqrt{2}AD$；$\dfrac{BE}{CE}=\dfrac{AB}{AC}$；$BF+CG=AD$，$S_{四边形ABDC}=\dfrac{1}{2}AD\cdot(BF+CG)=\dfrac{1}{2}AD^2$.

④添加辅助线后全等相似关系：过点 B 作 $BF\perp AD$ 于点 F，过点 C 作 $CG\perp AD$ 于点 G，则 $\triangle ABF\backsim\triangle ACG$；$\triangle BEF\backsim\triangle CEG$；$\triangle DBF\cong\triangle CDG$；$\dfrac{BE}{CE}=\dfrac{AB}{AC}=\dfrac{EF}{EG}=\dfrac{BF}{CG}$；$BF+FG=CG$.

⑤图形旋转关系：如图 3-2-26 所示，$\triangle ABD$ 顺时针旋转 $\angle BDC$，得 $\triangle PCD$；

如图 3-2-27 所示，$\triangle ADC$ 逆时针旋转 $\angle BDC$，得 $\triangle FDB$；$\triangle ABD$ 顺时针旋转 $\angle BDC$，$\triangle ADC$ 逆时针旋转 $\angle BDC$，得图 3-2-28.

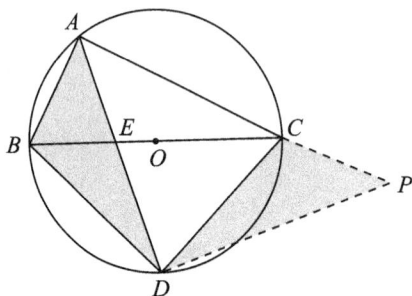

图 3-2-26

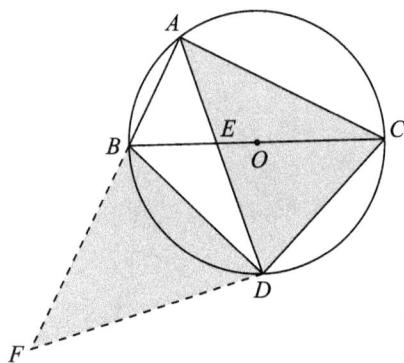

图 3-2-27

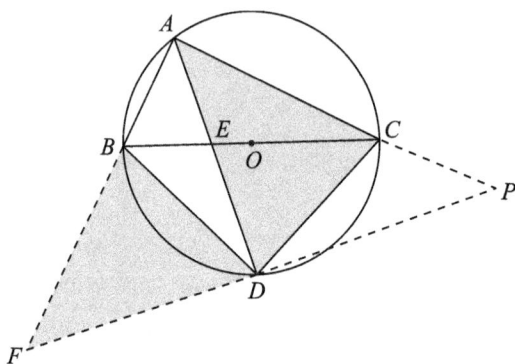

图 3-2-28

则有 A、C、P 三点共线，A、B、F 三点共线，P、D、F 三点共线.

$\triangle APF$ 是等腰直角三角形；$PF=\sqrt{2}AP=\sqrt{2}AF$；$AP=AF=AB+AC=\sqrt{2}AD$.

⑥过点 D 作 $DP/\!/BC$，与 AB 延长线交于点 P，如图 3-2-29 所示.

则有：$\triangle DPB \backsim \triangle ADC$；$\triangle DBP \backsim \triangle ADP$；$\triangle DBP \backsim \triangle ADP \backsim \triangle ACD \backsim \triangle ECD \backsim \triangle AEB$；

⑦三组"子母图"：如图 3-2-30 所示，$\triangle ADC \backsim \triangle CDE$；$\triangle ABD \backsim \triangle BED$；$\triangle ADC$ 逆时针旋转 $\angle BDC$，得 $\triangle FDB$，则 $\triangle BDF \backsim \triangle BPD$.

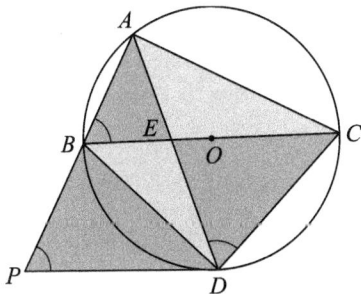

图 3-2-29

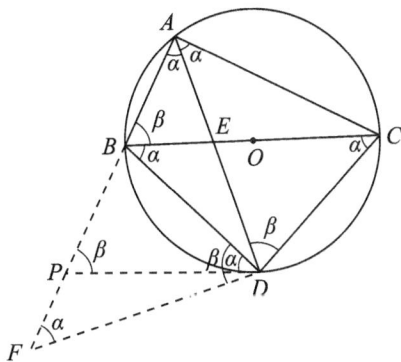

图 3-2-30

【案例三】隐圆与残图

对角互补的四边形是圆内接四边形，借助圆的知识，解决圆内接四边形的相关问题，往往能起到好的效果，除此以外，还有一些"隐圆"问题，也常通过构造辅助圆，以"圆"为主思维角度，通过对典型问题的分析与思考，提升学生数学思维品质.

圆的知识点一直是各省中考重点考查的内容，义务教育对圆的定义、性质、内接四边形、同弧所对圆心角与圆周角关系等知识内容提出了明确要求. 近年来，中考对圆的考查方式呈现出一些新变化，即出现了隐圆与残图的情形，看似无图，实则有图，借助圆的特征构造辅助圆，巧借圆的定义和性质化难为易.

1　定点定长构造圆

问题中出现定点、定长线段，以定点为圆心，定长为半径构造圆，借助圆的知识，分析问题、解决问题.

共端点的等长线段. 根据圆的定义——到定点距离等于定长的点的集合是圆，如图 3-2-31 所示. 当出现有相同公共端点的多条相等线段时，可根据圆的定义构造辅助圆，从而将一般几何图形的角度问题转化为圆形的角度问题，达到根据圆周角定理实现角度转化的目的.

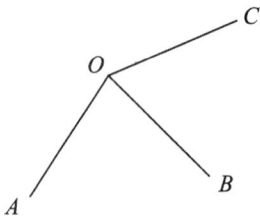 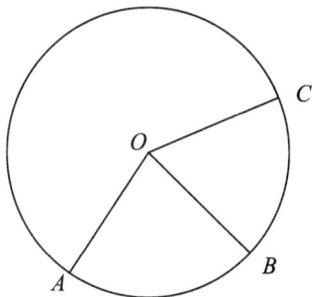

图 3-2-31

【示例一】（2008 年·广东中考真题）如图 3-2-32（1）所示，已知 $OA = OD$，分别以 OA 和 OD 为边在线段 AD 的同侧作等边三角形 $\triangle OAB$ 和等边三角形 $\triangle OCD$，将 $\triangle OCD$ 绕着点 O 旋转（$\triangle OAB$ 和 $\triangle OCD$ 不能重叠），连接 AC 和 BD，相交于点 E，连接 BC，求 $\angle AEB$ 的度数.

分析：方法一：如图 3-2-32（1）所示，易证 $\triangle OAC \cong \triangle OBD$（SAS），所以 $\angle EBO = \angle EAO$，所以 $\angle AEB = \angle AOB = 60°$.

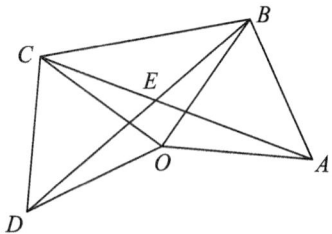
（1）

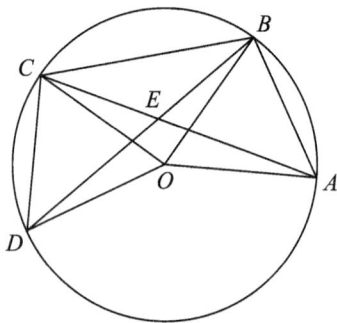
（2）

图 3-2-32

方法二：因为 $\triangle OAB$ 和 $\triangle OCD$ 是等边三角形，$OA = OD$，

所以 $OA = OB = OC = OD$，$\angle AOB = \angle COD = 60°$.

以 O 为圆心，OA 为半径作辅助圆 $\odot O$，如图 3-2-32（2）所示.

所以 $\angle CBD = \dfrac{1}{2}\angle COD = 30°$，$\angle ACB = \dfrac{1}{2}\angle AOB = 30°$，

所以 $\angle AEB = \angle ACB + \angle CBD = 60°$.

【小结】两种解法完全不一样，法一充分抓住"手拉手模型"得 $\triangle OAC \cong \triangle OBD$，

再由"8"字型角的关系,得到 $\angle AEB = \angle AOB = 60°$. 法二通过构造辅助圆,利用圆心角与圆周角的关系巧妙地解决了问题.

【示例二】(2021 年·广东省中考数学试题第 23 题)

23. 如图 3-2-33 所示,边长为 1 的正方形 $ABCD$ 中,点 E 为 AD 的中点. 连接 BE,将 $\triangle ABE$ 沿 BE 折叠得到 $\triangle FBE$,BF 交 AC 于点 G,求 CG 的长.

【分析】如图 3-2-34 所示,由已知,得 $EA = ED = EF = \dfrac{1}{2}$,以点 E 为圆心,以 EA 为半径作 $\odot E$,延长 BF 交 CD 于点 Q.

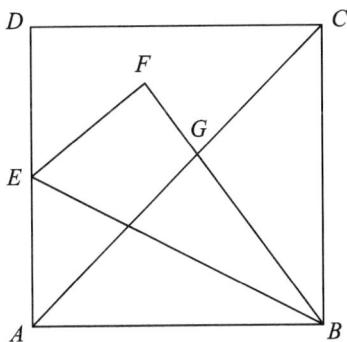

图 3-2-33

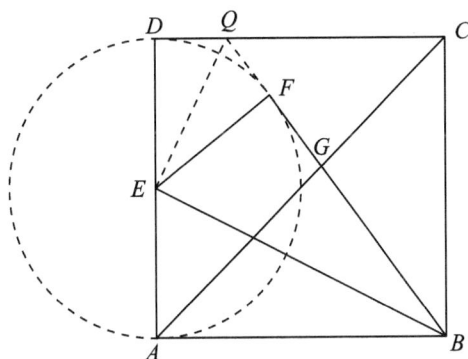

图 3-2-34

$\because$ 四边形 $ABCD$ 是正方形,$\therefore \angle EDQ = \angle EFQ = 90°$,$\therefore CD$、$BF$ 是 $\odot E$ 的切线,

$\therefore$ 可设 $QF = QD = x$,则 $BC = x+1$,$CQ = 1-x$.

在 Rt$\triangle BCQ$ 中,由勾股定理,得:$BQ^2 = CQ^2 + BC^2$,即:$(1+x)^2 = (1-x)^2 + 1^2$,解得 $x = \dfrac{1}{4}$,即:$QF = QD = \dfrac{1}{4}$,$QC = \dfrac{3}{4}$.

由 $CQ /\!/ AB$,得:$\triangle QGC \backsim \triangle BGA$,得:$CG = \dfrac{3\sqrt{2}}{7}$.

【小结】本题利用 $EA = ED = EF$ 这一条件,通过构造辅助圆,利用切线的性质定理,得到 $QF = QD$,然后再利用勾股定理,求得 CQ 长度,利用相似知识,使问题得到解决,解法自然、巧妙.

2　定弦定角构造圆

定角对面有定长线段. 定长线段为弦,定角为圆周角,构造圆心角,找到圆心画圆. 如图 3-2-35 所示,特别地,当定角为 90°时,定弦就是圆的直径.

【示例三】如图 3-2-36 所示，在边长为 2 的正方形 $ABCD$ 中，E，F 分别为 BC，AB 上的两个动点，且 $CE=BF$，连接 DE，CF 交于点 P，连接 BP，求 BP 的最小值.

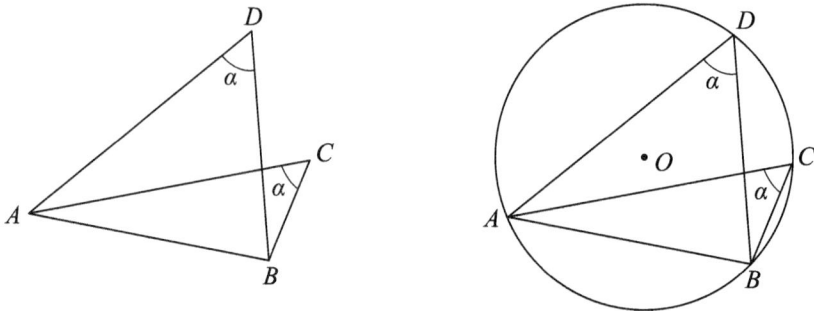

图 3-2-35

分析：E，F 分别为 BC，AB 上的两个动点，且 $CE=BF$，在正方形的大背景下，以下关系保持不变：$CF \perp DE$，取 CD 边的中点 O，$OP=\dfrac{1}{2}CD$ 不变，从而判断出点 P 的运动轨迹.

解：因为四边形 $ABCD$ 是正方形，所以 $\angle FBC=\angle ECD=90°$，$CB=CD$，又因为 $CE=BF$，所以 $\triangle FBC \cong \triangle ECD$，所以 $\angle BCF=\angle EDC$. 因为 $\angle BCF+\angle DCP=\angle BCD=90°$，

所以 $\angle CDE+\angle DCP=90°$，所以 $\angle CPD=90°$，即 $CF \perp DE$. 取 CD 边的中点 O，连接 OP，则 $OP=\dfrac{1}{2}CD$. 以 O 为圆心，OP 为半径作圆 O，如图 3-2-37 所示，所以 BP 的最小值 $=OB-OP=\sqrt{5}-1$.

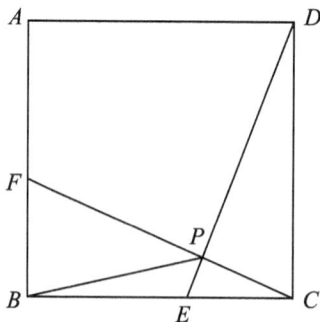

图 3-2-36

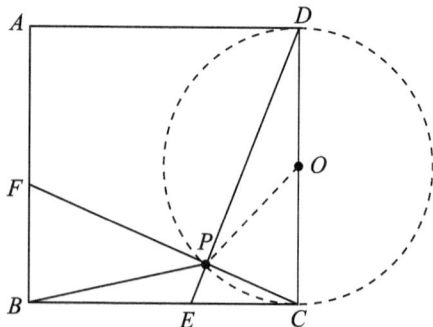

图 3-2-37

【**示例四**】如图 3-2-38 所示，在菱形 $ABCD$ 中，$\angle BAD = 120°$，$AB = 4$，点 M 是 BC 上任意一点，点 N 为 CD 上一点，$\angle AMN = 60°$，求 $\triangle AMN$ 周长的最小值.

　　分析：在菱形中，$\angle BAD = 120°$，所以 $\triangle ACD$ 是等边三角形，所以 $\angle AMN = \angle ACD = 60°$，且两个相等的角所对的边都是 AN，构造辅助圆 O，如图 3-2-39 所示. 易证 $\triangle AMN$ 是等边三角形，当 AM 取最小值时，$\triangle AMN$ 周长取得最小值. 易求得 AM 的最小值为 $2\sqrt{3}$，所以 $\triangle AMN$ 周长的最小值为 $6\sqrt{3}$.

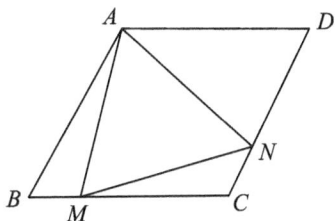

图 3-2-38

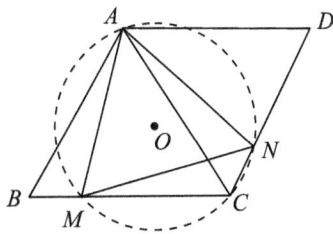

图 3-2-39

　　【**小结**】同弧或等弧所对的圆周角相等，问题中出现定长线段、定角，可构造圆，借助圆的知识，分析问题、解决问题，如图 3-2-40 所示. 比较常见的有下面三种情况：

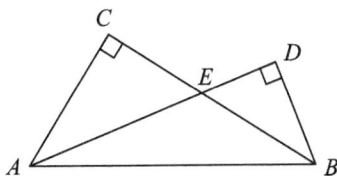

图 3-2-40

　　（1）如图 3-2-41 所示，定弦、定角 90°，以定弦为直径构造圆，如图 3-2-42 所示.

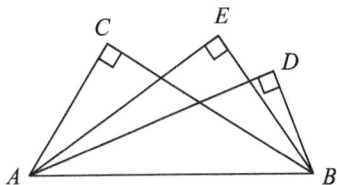

图 3-2-41

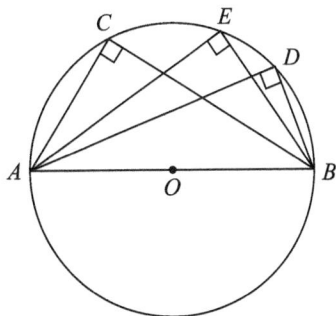

图 3-2-42

（2）如图 3-2-43 所示，定弦、定角 60°. 由定线段所对角 $\angle ACB = 60°$ 可知，有隐圆出现，画出 $\triangle ABC$ 的外接圆，然后确定这个外接圆的圆心——以 AB 为底边、顶角为 120° 的等腰三角形的顶点即为圆心，如图 3-2-44 所示.

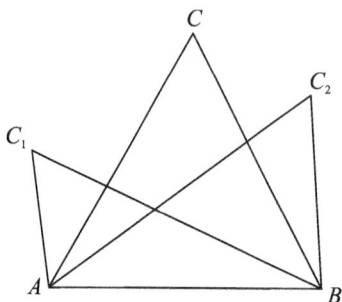

图 3-2-43

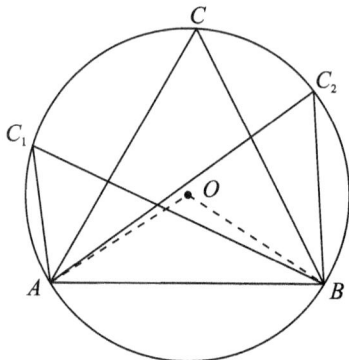

图 3-2-44

（3）如图 3-2-45 所示，定弦、定角 60°. 定线段所对角 $\angle ACB = 45°$ 可知有隐圆出现，画出 $\triangle ABC$ 的外接圆，然后确定这个外接圆的圆心——以 AB 为斜边的等腰直角三角形的顶点即为圆心，如图 3-2-46 所示.

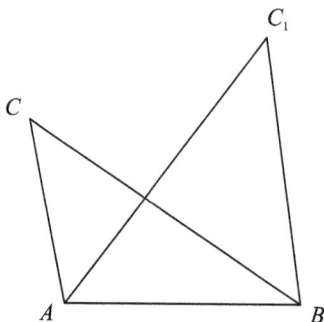

图 3-2-45

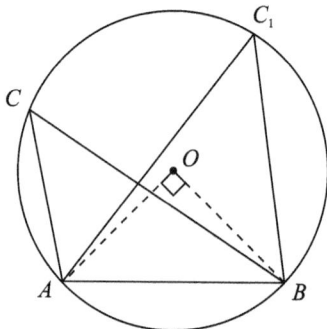

图 3-2-46

3 对角互补的四边形构造圆

圆内接四边形的对角互补，反之，对角互补的四边形是圆内接四边形. 当数学问题中出现对角互补的四边形时，通过构造辅助圆，就能充分利用圆的性质，灵活、巧妙地解决问题.

对角互补的四边形构造圆. 圆内接四边形的对角互补，外角等于其内对角. 反之，若四边形对角互补，那么四边形是圆内接四边形.

【示例五】如图 3-2-47 所示，⊙O 是 △ABC 的外接圆，AC 是直径，点 P 是⊙O 上的一点，过点 P 作 PE⊥AC 于点 E，作 PF⊥BF 于点 F，延长 PO 与 AB 相交于点 D，若 CE=CF，求证：PF 是⊙O 的切线.

证法一：连接 PC，如图 3-2-48 所示.

因为 PE⊥AC，PF⊥BF，且 CE=CF，所以△PEC≌△PFC，所以∠EPC=∠FPC.

又因为 OC=OP，所以∠OPC=∠OCP，

所以∠OPC+∠CPF=∠OCP+∠CPE=90°，

即∠OPF=90°，所以 OP⊥PF，因此 PF 是⊙O 的切线.

证法二：连接 PC，因为 PE⊥AC，PF⊥BF，所以四边形 CEPF 对角互补，作四边形 CEPF 的外接圆，如图 3-2-49 所示.

因为 AC 为圆的直径，所以∠B=90°，又因为∠PFC=90°，所以 PF∥AB.

因为 CE=CF，PC 是直径，PC⊥EF，∠ECP=∠FCP，又因为 OC=OP，所以∠OPC=∠OCP，所以∠OPC=∠PCF，所以 PD∥BF，所以∠OPF=∠PFC=90°，且点 P 是⊙O 上的一点，所以 PF 是⊙O 的切线.

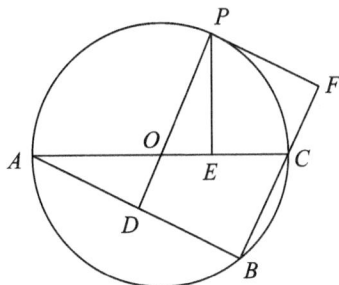

图 3-2-47

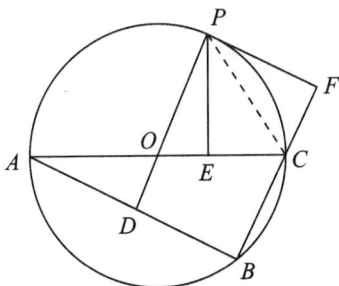

图 3-2-48

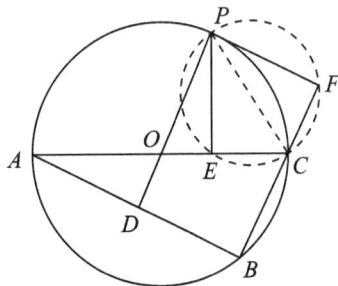

图 3-2-49

【小结】本题因"双直角"，隐含"四点共圆"，从而使问题得到解决. 对角互补的四边形，若能构造辅助圆，往往能使角的数量关系更明晰，从而能使问题的解决更加灵活、巧妙.

初中几何是学生学习中的难点，首先是文字语言、符号语言、图形语言的相互转化，其次是复杂几何图形的平移、翻折、旋转变换，再次就是将基础知识上升到基本解题能力. 教学实践显示，强化基础、善于总结规律、提炼方法，形成特殊图形特有的基因图谱，就能在解题中产生联想，让学生"没想到"等思维障碍有效减少，让学生的数学思想和数学方法得以呈现，从而提升中考数学备考的质量和效率，进而提高学生的数学思维品质和数学解题能力.

第 3 节　几何融合

简单图形通过组合再绕点旋转，在旋转过程中元素之间的数量关系和位置关系往往会发生变化，但有些关系却始终不变，通过这种"变"与"不变"关系的分析和研究就能提高几何问题的分析论证能力.

图形组合中的绕点旋转，蕴含着丰富的"变"与"不变"关系，透过这种关系，正是命题者命制高质量几何题的出发点，也是解题者思维火花碰撞的汇合地.

平移、对称（翻折）、旋转得到的图形都是全等形，这种变换叫作全等变换. 不少图形都是由一个简单的几何图形经过一种、两种或三种全等变换而获得，有时还伴随着伸缩变换（相似变换），利用全等变换的性质，我们可以有效分析复杂图形组合中元素之间的位置关系及其数量关系.

【案例一】在 $\triangle ABC$ 中，$\angle ACB = 90°$，$AC = BC$，直线 MN 经过点 C，且 $AD \perp MN$ 于 D，$BE \perp MN$ 于 E.

（1）当直线 MN 绕点 C 旋转到图 3-3-1 的位置时，求证：①$\triangle ADC \cong \triangle CEB$；②$DE = AD + BE$；

（2）当直线 MN 绕点 C 旋转到图 3-3-2 的位置时，求证：$DE = AD - BE$；

（3）当直线 MN 绕点 C 旋转到图 3-3-3 的位置时，试问 DE、AD、BE 具有怎样的等量关系？请写出这个等量关系，并加以证明.

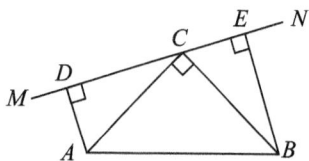

图 3-3-1

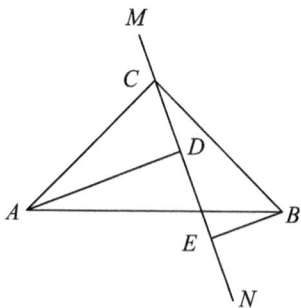

图 3-3-2

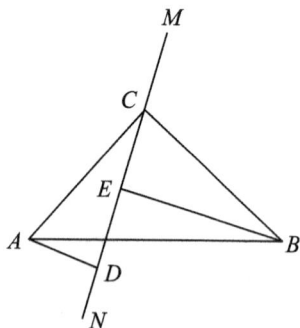

图 3-3-3

事实上，在旋转过程中，不变的是 $\triangle ACD \cong \triangle CBE$. 这是一线三直角全等模型.

(1)当 MN 旋转到图 3-3-1 的位置时，AD、DE、BE 所满足的等量关系是 $DE = BE+AD$；

(2)当 MN 旋转到图 3-3-2 的位置时，AD、DE、BE 所满足的等量关系是 $DE = AD-BE$；

(3)当 MN 旋转到图 3-3-3 的位置时，AD、DE、BE 所满足的等量关系是 $DE = BE-AD$.

【案例二】已知：如图 3-3-4 所示，$\triangle ABC$ 中，$\angle BAC = 90°$，$AB = AC$. D 为 AC 上任一点，连接 BD，过点 A 作 BD 的垂线交过点 C 与 AB 平行的直线 CE 于点 E. 亦即 $AF \perp BD$ 于 F，$CE // AB$，求证：$BD = AE$.

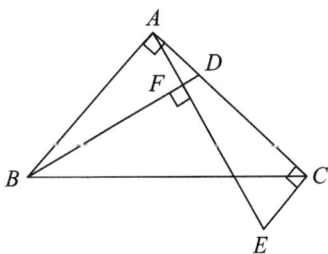

图 3-3-4

分析：通过直角倒角，易得 $\angle ABD = \angle CAE$，$\angle ADB = \angle CEA$，$\angle BAD = \angle ACE$. 又因为 $AB = AC$，从而得到 $\triangle ADB \cong \triangle CEA$（ASA，AAS），所以有结论：$BD = AE$.

人教版八年级上册第十二章全等三角形第 56 页 第 9 题

9. 如图 3-3-5 所示，$\angle ACB = 90°$，$AC = BC$，$AD \perp CE$，$BE \perp CE$，垂足分别为 D，E，$AD = 2.5$ cm，$DE = 1.7$ cm. 求 BE 的长.

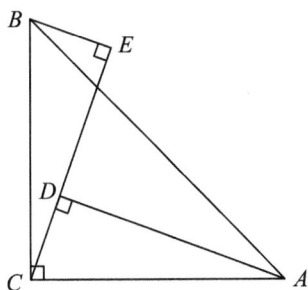

图 3-3-5

分析：抓住三个直角关系，易得 $\angle BCE = \angle CAD$，$\angle CBE = \angle ACE$.

从而得到 $\triangle ADC \cong \triangle CEB$（AAS），可得结论：$BE = CD$，$AD = CE$，

所以 $BE = CD = CE-DE = AD-DE = 0.8$（cm）.

【小结】以上三个问题都是以等腰直角三角形为背景，构造一线三直角全等模型，通过全等找到线段间的数量关系.“一线三直角模型”的一般情况是“一线三等角模型”，常常通过构造全等或相似解决问题.

【类题对比】人教版九年级下册第二十八章锐角三角函数第 85 页第 11 题

11. 如图 3-3-6 所示，折叠矩形 $ABCD$ 的一边 AD，使点 D 落在 BC 边的点 F 处. 已知折痕 $AE = 5\sqrt{5}$ cm，且 $\tan \angle EFC = \dfrac{3}{4}$.

(1)△AFB 与△FEC 有什么关系?

(2)求矩形 ABCD 的周长.

分析：问题的本质就是一线三直角相似模型.

(1)因为四边形 ABCD 是矩形，所以 ∠B=∠C=∠D=90°，所以 ∠BAF+∠AFB= 90°，由折叠的性质可得：∠AFE=∠D=

图 3-3-6

90°，所以 ∠AFB+∠CFE=90°，所以 ∠BAF=∠EFC，所以 △AFB∽△FEC.

(2)在 Rt△FEC 中，$\tan \angle EFC = \frac{3}{4}$，可得 $\frac{CE}{CF} = \frac{3}{4}$，可设 $CE=3k$，则 $CF=4k$，

由勾股定理，得 $EF=5k=DE$，所以 $AB=CD=CE+DE=8k$，又由 $\tan \angle BAF = \frac{3}{4}$，可

得 $BF=6k$，所以 $AF=AD=10k$.

在 Rt△AED 中，由勾股定理，得 $AE^2=AD^2+DE^2$，即 $(5\sqrt{5})^2=(10k)^2+(5k)^2$，

解得：$k=1$.

所以矩形 ABCD 的周长 $=36k=36$ cm.

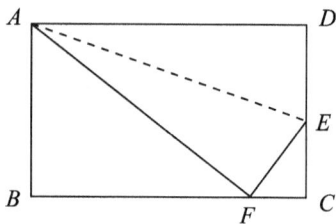

【案例三】 2011 年广东省初中毕业生学业考试数学试题第 21 题

21. 如图 3-3-7(1)所示，△ABC 与△EFD 为等腰直角三角形，AC 与 DE 重合，$AB=AC=EF=9$，$\angle BAC=\angle DEF=90°$，固定△ABC，将△DEF 绕点 A 顺时针旋转，当 DF 边与 AB 边重合时，旋转中止. 现不考虑旋转开始和结束时重合的情况，设 DE，DF (或它们的延长线)分别交 BC (或它的延长线)于 G，H 点，如图 3-3-7(2)所示.

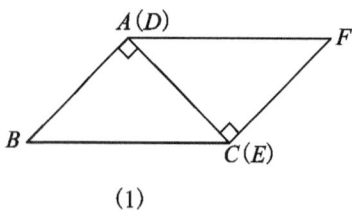

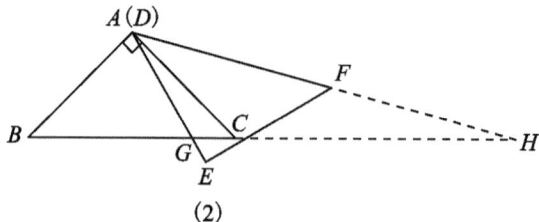

图 3-3-7

(1)问：始终与△AGC 相似的三角形有_____及_____；

(2)设 $CG=x$，$BH=y$，求 y 关于 x 的函数关系式[(只要求根据图 3-3-7(2)的情形说明理由]；

(3)问：当 x 为何值时，△AGH 是等腰三角形.

　　分析：将△DEF绕点A顺时针旋转，在旋转过程中，可以找到其中的不变量，变量中的相等量，通过寻找两个对应角相等，发现相似关系.

　　(1)首先观察△AGC，∠B=∠EAF=∠ACG=45°是不变的，其次，整个旋转过程中∠GAC等于旋转角，等于旋转角的角还有∠AHG.

　　因此，我们易得：始终与△AGC相似的三角形有△HAB(图3-3-8)和△HGA(图3-3-9)

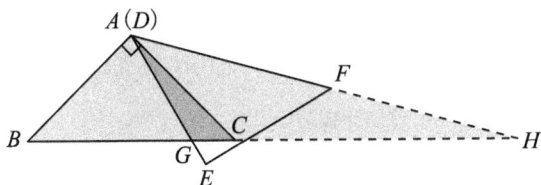

图3-3-8

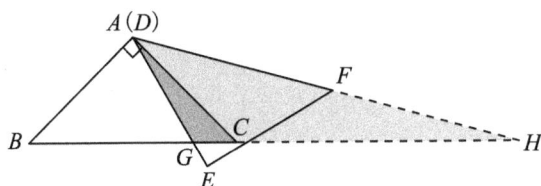

图3-3-9

　　说明：图3-3-10是整个旋转的过程图，看清两个交点G、H的位置很重要.

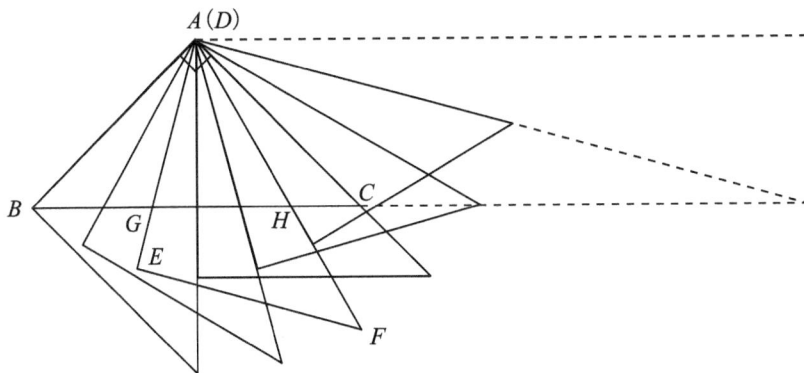

图3-3-10

　　(2)由(1)知，在图3-3-7(2)中，由△AGC∽△HAB，得$\dfrac{CG}{AB}=\dfrac{AC}{BH}$，即$\dfrac{x}{9}=\dfrac{9}{y}$，

所以 $y = \dfrac{81}{x}$.

（3）由（1）知，$\triangle AGC \backsim \triangle HGA$，所以，若 $\triangle AGH$ 是等腰三角形，则 $\triangle AGC$ 也是等腰三角形.

分三种情况 $GC = GA$，或 $CG = CA$，或 $AG = AC$.

解得：$x = \dfrac{9\sqrt{2}}{2}$ 或 9 或 $9\sqrt{2}$

综上所述：当 $x = \dfrac{9\sqrt{2}}{2}$ 或 9 或 $9\sqrt{2}$ 时，$\triangle AGH$ 是等腰三角形.

简单几何问题图形简单，证明容易，若只是就题论题，往往导致教学效率低下，若能透过现象看本质，对问题进行深层次思考，必能提高简单几何问题的教学价值，从而增强几何证明的乐趣.

【案例四】 如图 3-3-11 所示，$\triangle ABC$ 为等边三角形，点 D、E 分别在 BC 边和 AC 边上，$BD = 2DC$，$CE = 2EA$，AD 与 BE 相交于 G，求证：$\triangle ADC \cong \triangle BAE$.

分析：问题的证明很容易，绝大部分学生都不存在问题，至此，还远未达到本题的教学价值.

事实上，不同的思维方式、不同的数学思维方式和不同的数学能力，可能出现不同结果.

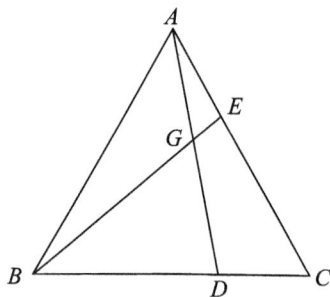

图 3-3-11

考虑三角形的全等关系，得出结论：

（1）$\triangle ADC \cong \triangle BAE$（SAS）；由此可推出：（2）$AD = BE$；（3）$\angle DAC = \angle EBA$；（4）$\angle ADC = \angle BEA$；

考虑特殊角，得出结论：（5）$\angle AGE = \angle BCA = \angle CAB = \angle ABC = 60°$；（6）$\angle DGE = 120°$.

如图 3-3-12 所示，进一步推出：

（7）$\angle DGE + \angle C = 180°$，四边形 $DCEG$ 对角互补；（8）D、G、E、C 四点共圆；（9）根据圆内接四边形的外角性质定理，得 $\angle GDB = \angle GEC$，$\angle AEG = \angle ADC$，易证 $\triangle BDG \backsim \triangle BEC$. 所以 $AE \cdot AC = AG \cdot AD$，$BG \cdot BE = BD \cdot BC$；（10）$2AG \cdot AD = BG \cdot BE$；（11）$\angle GDC + \angle GEC = 180°$.

如图 3-3-13 所示，连接 DE，在 $\triangle EDC$ 中，因为 $\angle ECD = 60°$，$CD = \dfrac{1}{2}CE$，易

证：$\angle CED = 30°$，所以 $\triangle EDC$ 是直角三角形，因此圆内接四边形 $DCEG$ 的圆心即为边 CE 的中点.

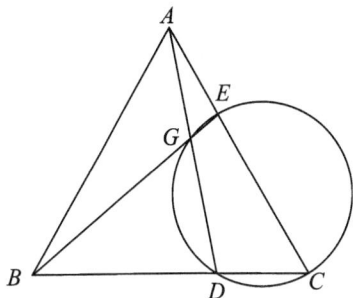

图 3-3-12

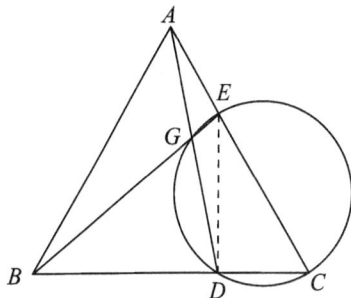

图 3-3-13

【小结】案例四的背景是正方形的弦图，迁移到正三角形中，得到正三角形的内弦图. 其中包含了许多的元素间位置关系和数量关系，我们只有深入分析，认真思考，才能真正发挥出一个典题的价值，只有提高解题质量，才能真正"减负"提质增效.

【案例五】如图 3-3-14 所示，B 为线段 AC 上一动点(不与点 A，C 重合)，在 AC 同侧分别作正三角形 ABD 和正三角形 BCE，AE 与 DC 交于点 F，AE 与 DB 交于点 M，DC 与 BE 交于点 N. 求证：$AE = DC$.

事实上，易证明 $\triangle ABE \cong \triangle DBC$（SAS），从而可得 $AE = DC$. 通过对几何问题的深层次思考，可以向学生呈现以下两种数学问题.

1. 如图 3-3-15 所示，B 为线段 AC 上一动点(不与点 A，C 重合)，在 AC 同侧分别作正三角形 ABD 和正三角形 BCE，AE 与 DC 交于点 F，AE 与 DB 交于点 M，DC 与 BE 交于点 N，连接 MN.

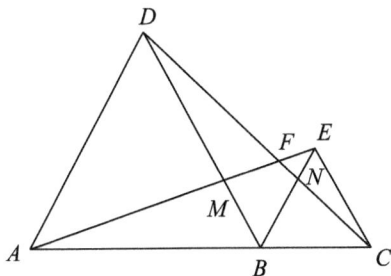

图 3-3-14

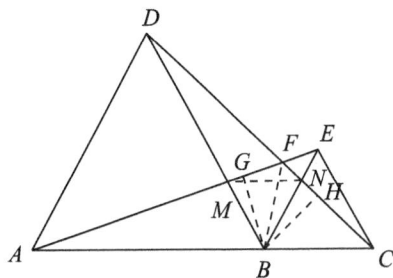

图 3-3-15

以下七个结论：①$AE = DC$；②$MN /\!/ AC$；③$AM = DN$；④$EC = EM$；⑤$\angle AFD =$ $60°$；⑥M、B、N、F 四点共圆；⑦FB 平分$\angle AFC$. 恒成立的结论有 ＿＿＿＿＿＿＿＿＿ ＿＿＿＿＿＿＿＿＿＿＿＿＿＿＿＿. （把你认为正确的序号都填上）. 并证明你认为恒成立的 结论.

分析：（1）$\triangle ABE \cong \triangle DBC$（SAS），从而可得：$AE = DC$；（2）$\triangle BAM \cong \triangle BDN$（SAS），从而可得：$AM = DN$，$BM = BN$，由$\angle MBN = 60°$，进一步可得$\triangle MN$ 是等 边三角形，$\angle BNM = \angle EBC = 60°$，所以 $MN /\!/ BC$.

（3）由（2）知：$\angle EMB \neq \angle EBM = 60°$，所以 $EM \neq EB$，即 $EM \neq EC$.

（4）由（1）知：$\angle BDC = \angle BAE$，又 $\angle ABD = \angle BDC + \angle BCD = 60°$，所以 $\angle AFD = \angle BAE + \angle BCD = \angle BDC + \angle BCD = 60°$，即 $\angle AFD = \angle ABD = 60°$.

进而可得 $\angle MFN = 120°$，$\angle MFN + \angle MBN = 180°$，$\angle FMB + \angle FNB = 180°$，故 M、B、N、F 四点共圆.

（5）由（4）进一步可得：$\triangle DMF \backsim \triangle AMB \backsim \triangle AEC \backsim \triangle CEF$；$\triangle DMN \backsim \triangle DBC \backsim$ $\triangle MFN \backsim \triangle MNE \backsim \triangle ABE \backsim \triangle ENC \backsim \triangle BND$.

如图 3-3-16 所示，由 $\angle MFN + \angle MBN = 180°$，$\angle FMB + \angle FNB = 180°$，故 M、B、N、F 四点共圆. 根据圆内接四边形的外角等于其内对角这一性质，我们易找 到两组对应角相等的两个三角形，即相似三角形. 如 $\triangle DMF \backsim \triangle DNB$，$\triangle EFN \backsim$ $\triangle EBM$，所以 $DM \cdot DB = DF \cdot DN$，$EF \cdot EM = EN \cdot EB$.

如图 3-3-17 所示，在 $\triangle DMF$ 和 $\triangle AMB$ 中，$\angle FDM = \angle MAB$，因为 $\angle DMF = \angle AMB$，所以 $\angle DFM = \angle ABM = 60°$，由定角定弦，知 A、B、F、D 四点共圆$\odot O$.

易得 $\triangle CAD \backsim \triangle CFB$，$\triangle AMD \backsim \triangle BMF$，$\triangle DMF \backsim \triangle AMB$.

所以 $CF \cdot CD = CB \cdot CA$，$MB \cdot MD = MA \cdot MF$.

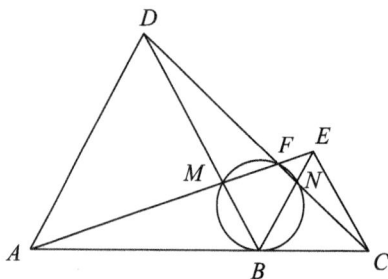

图 3-3-16

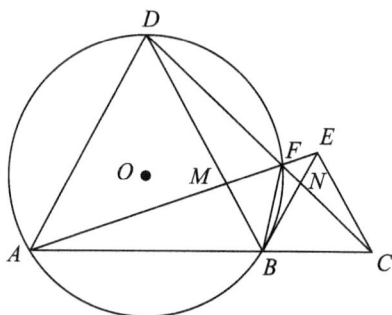

图 3-3-17

【问题再探索】 在图 3-3-18 中，将$\triangle EBC$ 绕点 B 旋转.

请回答下列问题：

（1）AE 与 CD 相等吗？$\angle MAB = \angle FDM$ 吗？

（2）∠AFD 的度数是多少？

（3）BM 与 BN 有什么关系？为什么？连接 MN，△BMN 是什么三角形？

（4）MN 与 BC 平行吗？为什么？

（5）若△BCE 绕 B 点旋转，在旋转过程中 AE 与 CD 相等吗？

画出图形证明.

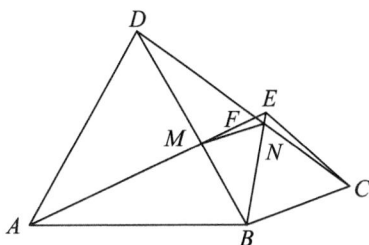

图 3-3-18

分析：（1）在旋转过程中，△ABE ≌ △DBC(SAS)始终保持不变，所以 AE = CD，∠MAB = ∠FDM.

又由∠AMB = ∠DMF，所以∠DFM = ∠ABM = 60°，由定角定弦，知 A、B、F、D 四点共圆，四边形 ABFD 是圆内接四边形，保持不变.

因为△ABC 是等边三角形，所以 AB = AD，

$\overset{\frown}{AB} = \overset{\frown}{AD}$，所以∠DFA = ∠AFB = 60°亦保持不变.

所以△ABF ∽ △AMB ∽ △DMF 保持不变，如图 3-3-19 所示.

保持不变的还有 C、B、E、F 四点共圆，四边形 CBEF 是圆内接四边形，如图 3-3-20 所示.

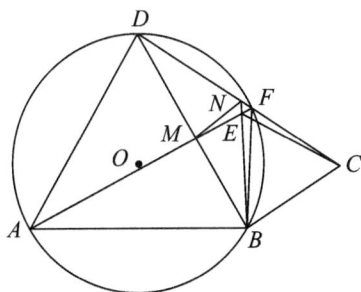

图 3-3-19

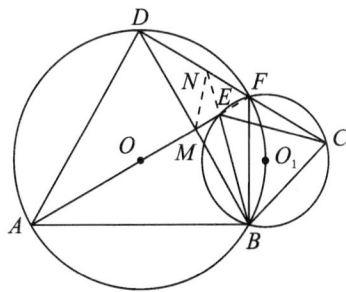

图 3-3-20

所以∠ECF = ∠EBF 保持不变.

（2）∠AFD = ∠ABM = 60°.

（3）BM ≠ BN，△BMN 形状发生改变，不再是原来的等边三角形.

（4）MN 与 BC 不平行.

（5）如图 3-3-20 所示，因为△ABD 和△BCE 都是等边三角形，所以 BA = BD，BE = BC，∠ABD = ∠EBC = 60°，所以∠ABD + ∠DBE = ∠EBC + ∠DBE，即∠ABE = ∠DBC.

在 $\triangle ABE$ 和 $\triangle DBC$ 中，$\begin{cases} BA = BD \\ \angle ABE = \angle DBC, \\ BE = BC \end{cases}$

所以 $\triangle ABE \cong \triangle DBC$，所以 $AE = CD$.

【小结】 案例五的背景是"手拉手模型"，共端点的两对分别等长的线段，分别所夹的角相等，是模型的条条. 模型的关键属性在于旋转过程中，$\triangle ABE \cong \triangle DBC$（SAS）保持不变. 除问题九中的共顶点和两等边三角形外，还有共顶点等顶角的等腰三角形，共直角顶点的等腰直角三角形等.

【案例六】 人教版八年级下册第十七章勾股定理第 29 页第 14 题

14. 如图 3-3-21 所示，$\triangle ACB$ 和 $\triangle ECD$ 都是等腰直角三角形，$CA = CB$，$CE = CD$，$\triangle ACB$ 的顶点 A 在 $\triangle ECD$ 的斜边 DE 上. 求证：$AE^2 + AD^2 = 2AC^2$.（提示：连接 BD.）

分析： 连接 BD，如图 3-3-22 所示，由手拉手模型，知（1）$\triangle ACE \cong \triangle BCD$（SAS）；（2）$AE$ 与 BD 的夹角等于 $90°$，即 $BD \perp AD$.

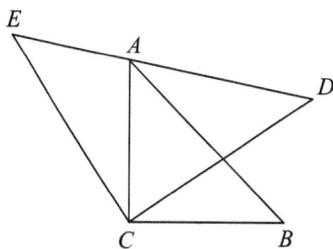

图 3-3-21

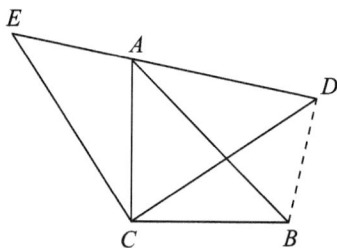

图 3-3-22

证明： 因为 $\triangle ACB$ 和 $\triangle ECD$ 都是等腰直角三角形，所以 $\angle ACB = \angle ECD = 90°$，所以 $\angle ACB - \angle ACD = \angle ECD - \angle ACD$，即 $\angle ACE = \angle BCD$.

在 $\triangle ACE$ 和 $\triangle BCD$ 中，$\begin{cases} CA = CB \\ \angle ACE = \angle BCD, \\ CE = CD \end{cases}$

所以 $\triangle ACE \cong \triangle BCD$（SAS），所以 $\angle AEC = \angle BDC$，$AE = BD$.

因为 $\angle AEC = \angle CDE$，所以 $\angle BDA = \angle BDC + \angle CDA = \angle BDC + \angle AEC = 90°$.

在 $Rt\triangle ADB$ 中，由勾股定理，得 $BD^2 + AD^2 = AE^2 + AD^2 = AB^2$.

又因为 $\triangle ACB$ 是等腰直角三角形，

所以 $AB^2 = 2AC^2$，

所以 $AE^2 + AD^2 = 2AC^2$.

【小结】 手拉手模型的条件：如图 3-3-23 所示，$OA = OB$，$OC = OD$，$\angle AOB = \angle COD = \alpha$.

重要结论：连接 AC，BD，如图 3-3-24 所示，则有 $\triangle AOC \cong \triangle BOD$，$AC = BD$，$\angle A = \angle B$，$\angle C = \angle D$.

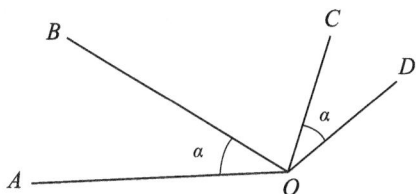

图 3-3-23

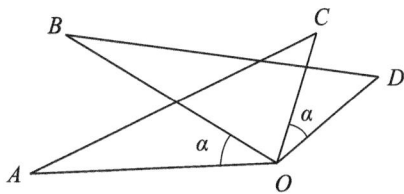

图 3-3-24

设 AC，BD 相交于点 E，连接 OE，如图 3-3-25 所示，利用图中的"8 字"模型图，易知 AC，BD 的夹角等于 α，即 $\angle AEB = \angle AOB = \angle COD = \alpha$，这一数量关系保持不变. EO 平分 $\angle AED$.

如图 3-3-26 所示，由定弦定角，四边形 $AOEB$，四边形 $OECD$ 都是圆内接四边形.

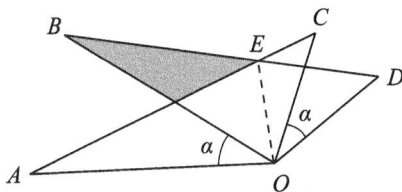

图 3-3-25

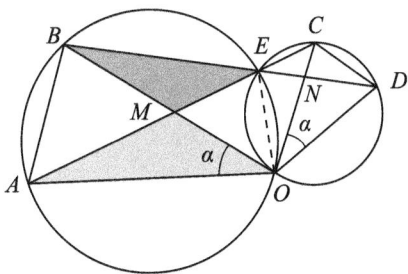

图 3-3-26

$\triangle BME \backsim \triangle AMO$，$\triangle AMB \backsim \triangle OME$，$\triangle ENO \backsim \triangle CND$，$\triangle ENC \backsim \triangle OND$.

【案例七】（2013—2014 学年度东莞质量自查第 25 题）

如图 3-3-27 所示，点 G 是正方形 $ABCD$ 对角线 CA 的延长线上任意一点，以线段 AG 为边作一个正方形 $AEFG$，线段 EB 和 GD 相交于点 H.

（1）求证：$\triangle EAB \cong \triangle GAD$；

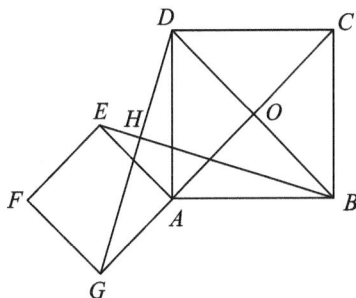

图 3-3-27

153

（2）若 $AB=3\sqrt{2}$，$AG=3$，求 EB 的长.

分析：本题全面考查正方形的性质，三角形全等的判定与性质，勾股定理等知识.

因为四边形 $ABCD$ 和 $AEFG$ 都是正方形，所以 $\angle EAG=\angle DAB=90°$，所以 $\angle EAG+\angle EAD=\angle DAB+\angle EAD$，即 $\angle DAG=\angle BAE$.

在 $\triangle EAB$ 和 $\triangle GAD$ 中，$\begin{cases} AG=AE \\ \angle DAG=\angle BAE，\\ AD=AB \end{cases}$ 所以 $\triangle EAB \cong \triangle GAD$（SAS）.

（2）由（1）知 $EB=GD$，在 Rt $\triangle DOG$ 中，由勾股定理得 $DG=\sqrt{DO^2+GO^2}=3\sqrt{5}$，因此 $EB=3\sqrt{5}$.

三角形相似在几何计算和几何证明中发挥的作用是巨大的，能熟练地从复杂图形中看到基本的相似图形是几何学习中应重点培养的能力，更是复杂几何问题解决过程中的"灵感"发散点.

认识基本相似图形，"练"就火眼金睛：如图 3-3-28 所示，各基本图形相似.

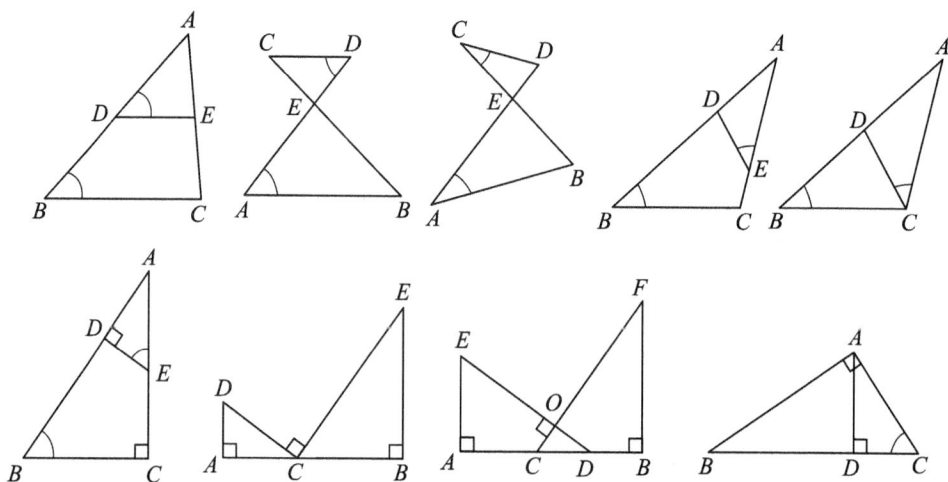

图 3-3-28

【案例八】人教版九年级上册第二十四章圆 第 102 页第 11 题

11. 如图 3-3-29 所示，AB，BC，CD 分别与 $\odot O$ 相切于 E，F，G 三点，且 $AB\,/\!/\,CD$，$BO=6$ cm，$CO=8$ cm. 求 BC 的长.

分析：因为 $AB\,/\!/\,CD$，所以 $\angle ABC+$

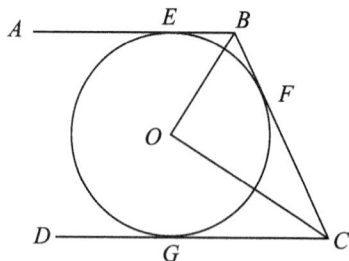

图 3-3-29

$\angle BCD = 180°$.

又因为 AB，BC，CD 分别与 $\odot O$ 相切于 E，F，G 三点，所以 $\angle ABO = \angle CBO$，$\angle OCD = \angle OCB$，所以 $\angle ABC + \angle BCD = 2\angle CBO + 2\angle OCB = 180°$，

所以 $\angle CBO + \angle OCB = 90°$，所以 $\angle BOC = 90°$.

在 Rt$\triangle BOC$ 中，由勾股定理得 $BC = \sqrt{BO^2 + CO^2} = 10$ cm.

【小结】本题可归结为圆的三切线模型，如图 3-3-30（1）所示.

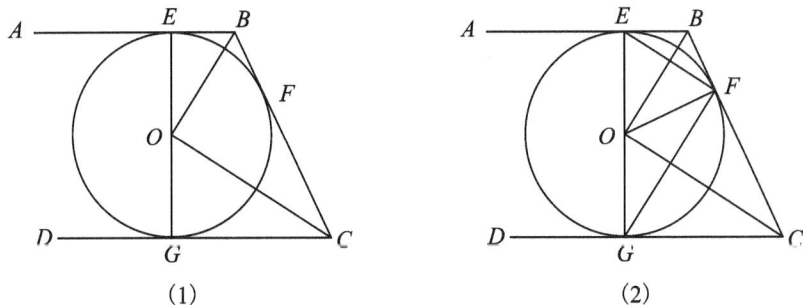

（1）　　　　　　　　　　　　　　（2）

图 3-3-30

重要结论：（1）四边形 $EGCB$ 是一个直角梯形，$\angle COB = 90°$，$BC^2 = OB^2 + OC^2$.

（2）设 $BE = x$，$CG = y$，则有 $BC = x + y$，$EG = \sqrt{(x+y)^2 - (x-y)^2} = 2\sqrt{xy}$.

$S_{梯形EGCB} = (x+y)\sqrt{xy}$.

切线长定理：从圆外一点可以引圆的两条切线，它们的切线长相等，这一点和圆心的连线平分两条切线的夹角.

（3）如图 3-3-30（2）所示，连接 EF，FG.

因为 $BE = BF$，$OE = OF$，所以点 O、点 B 都在线段 EF 的垂直平分线上，即 OB 垂直平分线段 EF，同理可证，OC 垂直平分线段 GF.

所以 $\triangle EFG$ 是直角三角形，进而得到 $OB /\!/ FG$，$OC /\!/ EF$.

【直接应用】人教版九年级上册第二十四章 圆 第 125 页第 15 题

15. 如图 3-3-31 所示，$\odot O$ 的直径 $AB = 12$ cm，AM 和 BN 是它的两条切线，DE 与 $\odot O$ 相切于点 E，并与 AM，BN 分别相交于 D，C 两点. 设 $AD = x$，$BC = y$，求 y 关于 x 的函数解析式，并试着画出它的图象.

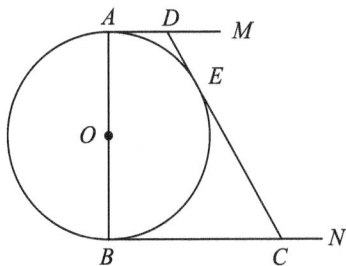

图 3-3-31

分析：作 $DF \perp BN$，如图 3-3-32 所示.

因为 AM 和 BN 是它的两条切线，DE 与 $\odot O$ 相切于点 E，$AD = x$，$BC = y$，

所以 $CD = x+y$，$FC = y-x$，易得 $DF = AB = 12$ cm，

在 Rt $\triangle DFC$ 中，由勾股定理得 $12 = \sqrt{(x+y)^2 - (x-y)^2} = 2\sqrt{xy}$，所以 $y = \dfrac{36}{x}$.

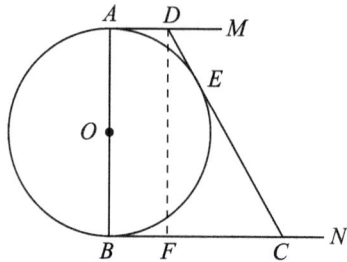

图 3-3-32

其图象是双曲线位于第一象限的一支（图象略）.

当三条切线首尾相邻时，变为三角形的内切圆，如图 3-3-33 所示，AB，BC，CA 分别与 $\odot O$ 相切于 E，F，D 三点，设 $CD = x$，$AE = y$，$BF = z$.

则有 $\triangle ABC$ 的周长为 $l = 2(x+y+z)$，

内切圆半径 $r = \dfrac{2S_{\triangle ABC}}{l}$.

特别地，当 $\triangle ABC$ 是直角三角形时，人教版九年级上册第二十四章 圆 第 103 页第 14 题

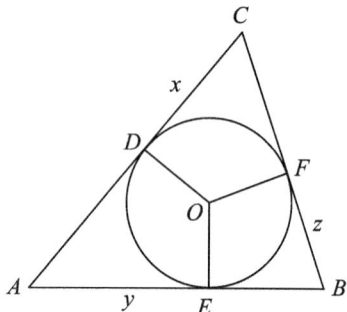

图 3-3-33

如图 3-3-34 所示. 设 AB，BC，CA 的长分别为 c，a，b. 则内切圆半径 $r = \dfrac{a+b-c}{2}$ ……①.

通过两次面积计算，我们得到 $\dfrac{1}{2}(a+b+c)r = \dfrac{1}{2}ab$，所以 $r = \dfrac{ab}{a+b+c}$ ……②

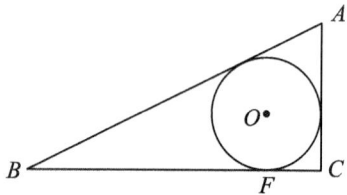

图 3-3-34

由①②得 $\dfrac{a+b-c}{2} = \dfrac{ab}{a+b+c}$，变形得 $(a+b+c)(a+b-c) = 2ab$，化简得：$a^2 + b^2 = c^2$.

从而，另法证明了勾股定理.

【类题】如图 3-3-35 所示，CD 为 $\odot O$ 的直径，AD、AB、BC 分别与 $\odot O$ 相切于点 D、E、C（$AD < BC$）. 连接 DE 并延长与直线 BC 相交于点 P，连接 OA、OB.

(1) 求证：$OA \perp OB$；

(2) 求证：$BC = BP$；

（3）若 $OA=3$，$OB=4$，求 $AD\cdot BC$ 的值.

分析：（1）证明：

因为 AD 和 BC 是它的两条切线，

所以 $AD\perp CD$，$BC\perp CD$，

所以 $AD/\!/BC$，所以 $\angle DAB+\angle ABC=180°$.

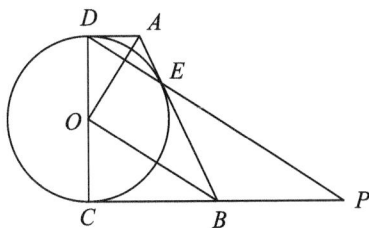

图 3-3-35

因为 AD、AB、BC 分别与 $\odot O$ 相切，

所以 $\angle OAB=\dfrac{1}{2}\angle DAB$，$\angle OBA=\dfrac{1}{2}\angle ABC$，所以 $\angle OAB+\angle OBA=90°$，

所以 $\angle AOB=90°$，即 $OA\perp OB$；

（2）证明：如图 3-3-36 所示，连接 EC，OE.

证法一：因为 BC、BE 是 $\odot O$ 的切线，

所以 $BC=BE$，所以 $\angle BCE=\angle BEC$.

因为 CD 是直径，所以 $\angle CED=\angle CEP=90°$，

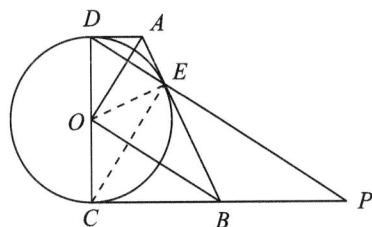

图 3-3-36

所以 $\angle ECB+\angle P=90°$，$\angle CEB+\angle PEB=90°$，所以 $\angle P=\angle PEB$，

所以 $BE=PB$，所以 $BC=BP$；

证法二：因为 CD 为 $\odot O$ 的直径，AD、BC 分别与 $\odot O$ 相切于点 D、$C(AD<BC)$，所以 $AD\perp CD$，$BC\perp CD$，所以 $AD/\!/BC$，所以 $\angle P=\angle ADE$.

又因为 $\angle AED=\angle ADE$，$\angle AED=\angle BEP$，所以 $\angle P=\angle PEB$，所以 $BE=PB$. 又因为 $BE=BC$，所以 $BC=BP$；

证法三：因为 $AD=AE$，$OD=OE$，所以点 O、点 A 都在线段 DE 的垂直平分线上，即 OA 垂直平分线段 DE. 由（1）知 $OA\perp OB$，所以 $OB/\!/DP$. 因为 O 为 CD 中点，所以 B 为 CP 中点，即 $BC=BP$；

（3）如图 3-3-37 所示，连接 OE，

由（1）知 $\angle AOB=90°$，

在 $\text{Rt}\triangle AOB$ 中，$AB=\sqrt{OA^2+OB^2}=\sqrt{3^2+4^2}=5$.

因为 AB 与 $\odot O$ 相切，所以 $OE\perp AB$，

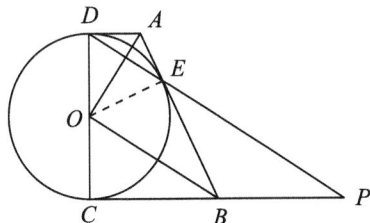

图 3-3-37

所以 $S_{\triangle OAB} = \dfrac{1}{2}OA \cdot OB = \dfrac{1}{2}AB \cdot OE$,

所以 $OE = \dfrac{OA \cdot OB}{AB} = \dfrac{3 \times 4}{5} = \dfrac{12}{5}$;

因为 $\angle AOB = 90°$, 所以 $\angle AOD + \angle BOC = 90°$.

因为 $\angle AOD + \angle DAO = 90°$, 所以 $\angle DAO = \angle BOC$.

因为 $\angle ADO = \angle BCO = 90°$, 所以 $\triangle AOD \backsim \triangle OBC$,

所以 $\dfrac{AD}{OC} = \dfrac{OD}{BC}$, 所以 $AD \cdot BC = OC \cdot OD = OE^2 = \left(\dfrac{12}{5}\right)^2 = \dfrac{144}{25}$.

【案例九】从同一顶点出发的三条线段长度关系探究，经常出现在各级考试试题中，其中有什么规律，问题的本质是什么，都是很有意义的话题，值得深度学习.

【示例一】如图 3-3-38 所示，$\angle BAC = 30°$，$AB = 3$，$AC = 4$，$\triangle BCD$ 是等边三角形，求 AD 的长.

分析：本题的特殊点在于 $\angle BAC = 30°$，$\triangle BCD$ 是等边三角形. 这是一个残图，通过构造手拉手全等模型，能轻松解决问题.

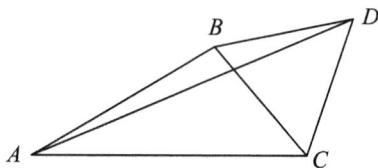

图 3-3-38

解法一：以 AB 为边构造等边三角形 ABE，如图 3-3-39 所示，连接 EC.

因为 $\triangle BCD$，$\triangle ABE$ 都是等边三角形，所以 $\angle EBA = \angle CBD = 60°$，$BC = BD$，$BE = BA = 3$，所以 $\angle EBA + \angle ABC = \angle CBD + \angle ABC$，即 $\angle EBC = \angle ABD$.

在 $\triangle BAD$ 和 $\triangle BEC$ 中，

$$\begin{cases} BC = BD \\ \angle EBC = \angle ABD, \\ BA = BE \end{cases}$$ 所以 $\triangle BAD \cong$

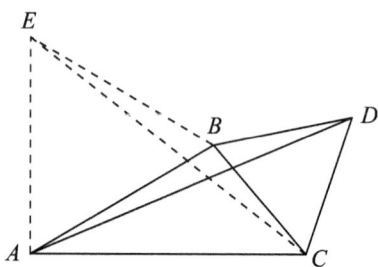

图 3-3-39

$\triangle BEC$(SAS)，所以 $AD = CE$.

因为 $\angle BAC = 30°$，$\angle EAB = 60°$，所以 $\angle EAC = 90°$.

在 Rt$\triangle EAC$ 中，由勾股定理，得 $EC = \sqrt{AE^2 + AC^2} = 5$，所以 $AD = 5$.

解法二：以 AC 为边构造等边三角形 ACE，如图 3-3-40 所示，连接 BE.

因为 $\triangle BCD$，$\triangle ACE$ 都是等边三角形，所以 $\angle ECA = \angle BCD = 60°$，$CB = CD$，

$CE = CA = 4$，所以 $\angle ACE + \angle ACB = \angle BCD +$
$\angle ACB$，即 $\angle ACD = \angle ECB$.

在 $\triangle ACD$ 和 $\triangle ECB$ 中，

$$\begin{cases} CB = CD \\ \angle ACD = \angle ECB, \\ CE = CA \end{cases}$$ 所以 $\triangle ACD \cong$

$\triangle ECB(\text{SAS})$，所以 $AD = BE$.

因为 $\angle BAC = 30°$，$\angle CAE = 60°$，所
以 $\angle BAE = 90°$.

在 Rt$\triangle BAE$ 中，由勾股定理，得 $BE =$
$\sqrt{AE^2 + AB^2} = 5$，所以 $AD = 5$.

【小结】问题的本质就是 $\angle BAC =$
$30°$，$\triangle BCD$ 是等边三角形，四边形 $ACDB$ 的一组对角 $\angle BAC$ 与 $\angle BDC$ 互余，即
$\angle BAC + \angle BDC = 90°$. 具备上述条件的都可通过构造手拉手全等模型，求解四边
形的边长问题. 据此，我们可以探究下面的问题.

【问题探究】如图 3-3-41 所示，已知 $\triangle BCD$ 是等腰直角三角形，$\angle CBD =$
$90°$，$\angle BAC = 45°$，$S_{\triangle ACD} = \dfrac{9}{2}$，求 AC 的长.

解：以 AB 为边构造等腰直角三角形 ABE，如图 3-3-42 所示，连接
EC，DE.

因为 $\triangle BCD$，$\triangle ABE$ 都是等腰直角三角形，所以 $\angle EBA = \angle CBD = 90°$，$BC =$
BD，$BA = BE$，所以 $\angle EBA - \angle CBE = \angle CBD - \angle CBE$，即 $\angle ABC = \angle EBD$.

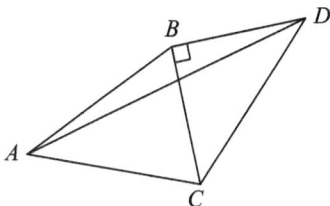

图 3-3-41

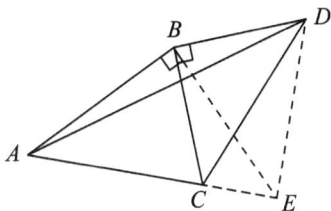

图 3-3-42

在 $\triangle ABC$ 和 $\triangle EBD$ 中，

$$\begin{cases} BC = BD \\ \angle ABC = \angle EBD, \\ BA = BE \end{cases}$$

所以 $\triangle ABC \cong \triangle EBD(\text{SAS})$，

所以 $DE=AC$，$\angle BED=\angle BAC=45°$，

所以 $\angle AED=90°$.

因为 $S_{\triangle ACD}=\dfrac{1}{2}AC\cdot DE=\dfrac{1}{2}AC^2=\dfrac{9}{2}$，所以 $AC^2=9$，所以 $AC=3$.

【小结】 问题的本质就是 $\angle BAC=45°$，$\angle CBD=90°$，四边形 $ACDB$ 的一组对角 $\angle BAC$ 与 $\angle BDC$ 互余，即 $\angle BAC+\angle BDC=90°$. 具备上述条件的都可通过构造手拉手全等模型，求解四边形的边长问题，其实质就是旋转造全等.

如图 3-3-43 所示，在图 3-3-43（1）中，$\triangle ABC$、$\triangle ADE$ 是等腰三角形，$AB=AC$，$AD=AE$，将图（1）中 $\triangle ADE$ 绕点 A 旋转，得图 3-3-43（2），$\angle BAC=\angle DAE$，则 $\triangle ABD\cong\triangle ACE$.

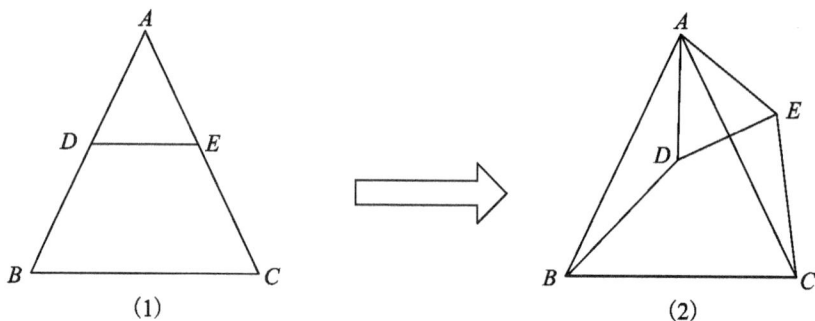

图 3-3-43

结论：$\triangle ADE\backsim\triangle ABC$，$\triangle ABD\cong\triangle ACE$.

如图 3-3-44 所示，在图 3-3-44（1）中，$\triangle ABC$ 不是等腰三角形，$DE/\!/BC$，将图 3-3-44（1）中 $\triangle ADE$ 绕点 A 旋转，得图 3-3-44（2），$\angle BAC=\angle DAE$，则 $\triangle ABD\backsim\triangle ACE$.

结论：$\triangle ADE\backsim\triangle ABC$，$\triangle ABD\backsim\triangle ACE$.

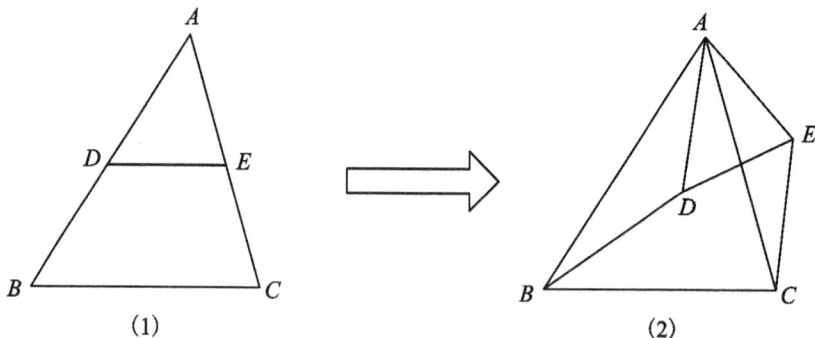

图 3-3-44

【问题再探究】（2020 年·湖北武汉中考真题）

问题背景：如图 3-3-45 所示，已知 $\triangle ABC \backsim \triangle ADE$，求证：$\triangle ABD \backsim \triangle ACE$；

尝试应用：如图 3-3-46 所示，在 $\triangle ABC$ 和 $\triangle ADE$ 中，$\angle BAC = \angle DAE = 90°$，$\angle ABC = \angle ADE = 30°$，$AC$ 与 DE 相交于点 F，点 D 在 BC 边上，$AD = \sqrt{3} BD$，求 $\dfrac{DF}{CF}$ 的值；

拓展创新：如图 3-3-47 所示，D 是 $\triangle ABC$ 内一点，$\angle BAD = \angle CBD = 30°$，$\angle BDC = 90°$，$AB = 4$，$AC = 2\sqrt{3}$，直接写出 AD 的长.

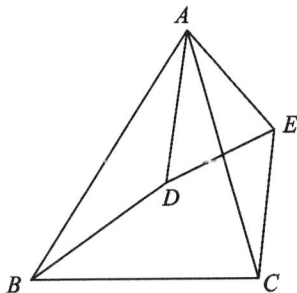

图 3-3-45

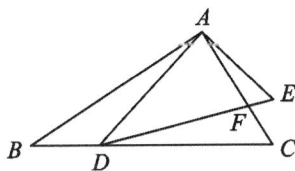

图 3-3-46

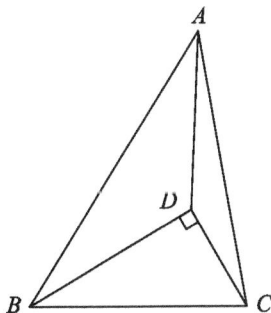

图 3-3-47

解：（1）问题背景：因为 $\triangle ABC \backsim \triangle ADE$，所以 $\dfrac{AB}{AD} = \dfrac{AC}{AE}$，$\angle BAC = \angle DAE$，所以 $\dfrac{AB}{AC} = \dfrac{AD}{AE}$，$\angle BAC - \angle CAD = \angle DAE - \angle CAD$，即 $\dfrac{AB}{AC} = \dfrac{AD}{AE}$，$\angle BAD = \angle CAE$，所以 $\triangle ABD \backsim \triangle ACE$；

（2）尝试应用：解法一：连接 CE，如图 3-3-48 所示.

设 $BD = t$，则 $AD = \sqrt{3} BD = \sqrt{3} t$，由（1）得 $\triangle ABD \backsim \triangle ACE$，$\angle ACE = \angle B = 30°$，所以 $\dfrac{CE}{BD} = \dfrac{AC}{AB} = \dfrac{\sqrt{3}}{3}$，所以 $CE = \dfrac{\sqrt{3}}{3} BD = \dfrac{\sqrt{3}}{3} t$，所以 $\dfrac{AD}{CE} = 3$.

因为 $\angle ACE = \angle ADE = 30°$，$\angle AFD = \angle EFC$，所以 $\triangle ADF \backsim \triangle ECF$，所以 $\dfrac{DF}{CF} = \dfrac{AD}{CE} = 3$；

解法二：连接 CE，得 $\triangle ABD \backsim \triangle ACE$，$\angle ACE = \angle B = 30°$，如图 3-3-49 所示.

所以 $\angle DCE = \angle DCA + \angle ACE = 90°$. 又因为 $\angle DAE = 90°$，所以四边形 $ADCE$ 是圆内接四边形，易证 $\triangle ADF \backsim \triangle ECF$，所以 $\dfrac{DF}{CF} = \dfrac{AD}{CE}$.

设 $BD=t$，则 $AD=\sqrt{3}BD=\sqrt{3}t$，所以 $\dfrac{CE}{BD}=\dfrac{AC}{AB}=\dfrac{\sqrt{3}}{3}$，所以 $CE=\dfrac{\sqrt{3}}{3}BD=\dfrac{\sqrt{3}}{3}t$，所以 $\dfrac{AD}{CE}=3$，所以 $\dfrac{DF}{CF}=\dfrac{AD}{CE}=3$；

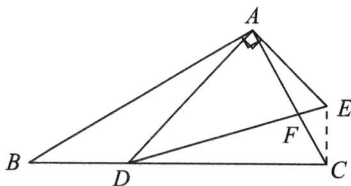

图 3-3-48

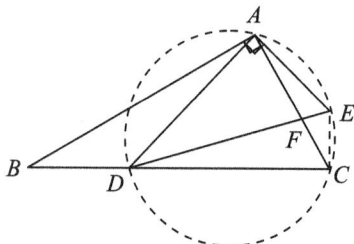

图 3-3-49

（3）尝试应用：解法一：在 AD 边右侧作 $\angle DAE=\angle BAC$，AE 与 BD 的延长线交于点 E，连接 CE，如图 3-3-50 所示.

因为 $\angle ADE=\angle BAD+\angle ABD$，$\angle BAD=\angle CBD$，所以 $\angle ADE=\angle BAD+\angle ABD=\angle CBD+\angle ABD=\angle ABC$. 又因为 $\angle DAE=\angle BAC$，所以 $\triangle ABC \backsim \triangle ADE$，所以 $\dfrac{AB}{AD}=\dfrac{AC}{AE}$，即 $\dfrac{AB}{AC}=\dfrac{AD}{AE}$. 又 $\angle DAE=\angle BAC$，所以 $\angle DAE-\angle DAC=$

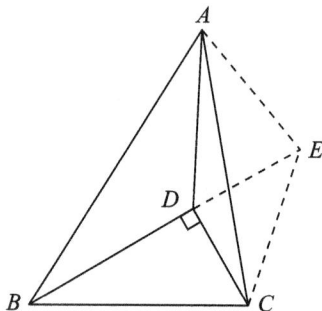

图 3-3-50

$\angle BAC-\angle DAC$，即 $\angle BAD=\angle CAE$，所以 $\triangle ABD \backsim \triangle ACE$，所以 $\dfrac{BD}{CE}=\dfrac{AB}{AC}=\dfrac{AD}{AE}=\dfrac{4}{2\sqrt{3}}=\dfrac{2\sqrt{3}}{3}$.

设 $CD=x$，在 Rt$\triangle BCD$ 中，由于 $\angle CBD=30°$，所以 $BD=\sqrt{3}x$，$BC=2x$，所以 $CE=\dfrac{3}{2}x$，

所以 $DE=\sqrt{\left(\dfrac{3}{2}x\right)^2-x^2}=\dfrac{\sqrt{5}}{2}x$. 因为 $\dfrac{AB}{AD}=\dfrac{BC}{DE}$，所以 $\dfrac{4}{AD}=\dfrac{2x}{\frac{\sqrt{5}}{2}x}$，所以 $AD=\sqrt{5}$.

解法二：在 AD 边右侧作 Rt$\triangle ADE$，连接 BE，如图 3-3-51 所示，$\angle AED=$

$\angle DBC = 30°$，又因为 $\angle BDC = \angle ADE = 90°$，所以 $\triangle BDC \backsim \triangle EDA$，所以 $\dfrac{AD}{CD} = \dfrac{DE}{BD} = \dfrac{AE}{BC}$，所以 $\dfrac{AD}{DE} = \dfrac{CD}{BD}$．又因为 $\angle BDC + \angle CDE = \angle ADE + \angle EDC$，即 $\angle BDE = \angle CDA$，连接 BE，所以 $\triangle ADC \backsim \triangle EDB$，

所以 $\dfrac{DE}{DA} = \dfrac{DB}{DC} = \sqrt{3}$，所以 $\dfrac{BE}{AC} = \sqrt{3}$，所以 $BE = \sqrt{3}AC = 6$．

在 Rt$\triangle ABE$ 中，$AE = \sqrt{BE^2 - AB^2} = \sqrt{6^2 - 4^2} = 2\sqrt{5}$，

在 Rt$\triangle ADE$ 中，$AD = \dfrac{1}{2}AE = \sqrt{5}$．

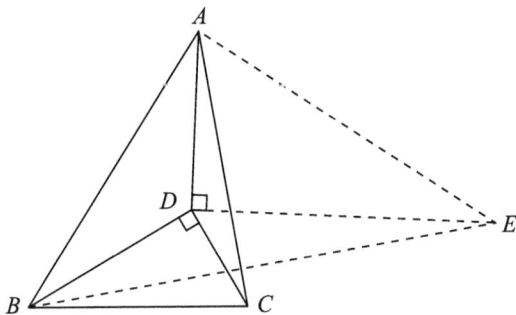

图 3-3-51

【小结】本题是一道中考数学压轴题，综合考查学生三角形相似的判定与性质，锐角三角函数，几何直观、逻辑推理能力，考查学生的知识迁移能力和创新能力．问题的关键是构造手拉手相似模型．

【案例十】人教版八年级下册第十八章 平行四边形第 69 页第 15 题

15. 求证：平行四边形两条对角线的平方和等于四条边的平方和．

如图 3-3-52 所示，已知四边形 $ABCD$ 是平行四边形，求证：$AC^2 + BD^2 = 2(AB^2 + AD^2)$．

证明：证法一：过点 A 作 $AE \perp BC$ 交 BC 于点 E，过点 D 作 $DF \perp BC$ 交 BC 延长线于点 F，如图 3-3-53 所示．

设 $AB = m$，$AD = n$，

因为四边形 $ABCD$ 是平行四边形，所以 $CD = AB = m$，$BC = AD = n$．

设 $BE = x$，$AE = h$，易证：$\triangle ABE \cong \triangle DCF$，所以 $CF = BE = x$，$DF = AE = h$，

所以 $EC = n - x$，$BF = n + x$．

在 Rt△AEC 和 Rt△BDF 中，由勾股定理，得

$AC^2 = h^2 + (n-x)^2$；$BD^2 = h^2 + (n+x)^2$，

所以 $AC^2 + BD^2 = h^2 + (n-x)^2 + h^2 + (n+x)^2 = 2(h^2 + x^2 + n^2)$。

又因为 $h^2 + x^2 = m^2$，所以 $AC^2 + BD^2 = 2(m^2 + n^2)$，即 $AC^2 + BD^2 = 2(AB^2 + AD^2)$。

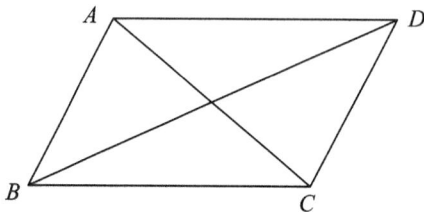

图 3-3-52

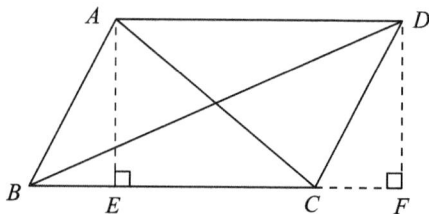

图 3-3-53

证法二：以点 B 为原点，BC 边所在直线为 x 轴，建立平面直角坐标系，如图 3-3-54 所示。

设 $A(m, n)$，$C(t, 0)$。

因为四边形 $ABCD$ 是平行四边形，

所以 $D(m+t, n)$，

所以 $AC^2 = (m-t)^2 + n^2 = m^2 + t^2 + n^2 - 2mt$，

$BD^2 = (m+t)^2 + n^2 = m^2 + t^2 + n^2 + 2mt$，

所以 $AC^2 + BD^2 = 2(m^2 + t^2 + n^2)$。

又因为 $m^2 + n^2 = AB^2$，$t^2 = BC^2$，

所以 $AC^2 + BD^2 = 2(AB^2 + AD^2)$。

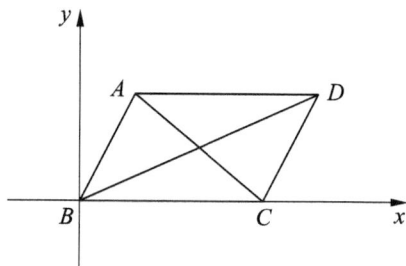

图 3-3-54

几何教学实践与探索，要研究构成几何图形的元素——点、线、面的运动变化规律，在运动中寻找其中的变与不变，不变的原因何在，变化的规律如何，都是我们要去探讨的问题。多边形的基础是三角形，多边形研究的主要内容是特殊四边形的概念、性质与判定方法。圆是中学义务教育阶段研究的另一个重要几何图形，圆中的弧、弦、圆心角圆周角定理，垂径定理，切线的性质与判定定理，以及弦切角定理，切割线定理，相交弦定理等，都为我们更加方便快捷研究几何图形创造新的环境与情境。通过几何整合，能进一步完善几何知识体系，提升几何直观、数形结合、推理能力。

第4篇

代几融合实践与探索

代几综合题,因其跨不同数学分支,因此,题目灵活多变,考查的知识无论是深度还是广度,都能达到设计要求,常常是命制中考数学压轴题的载体.代几综合问题在中考备考中也是重点和难点,笔者在教学实践中发现,代几综合题主要是综合性强,反映在不同数学分支,知识有广度,需要各部分知识掌握牢固.

第1节　代数与解析几何融合

藏在直线解析式中的信息：函数的表现形式通常有解析式法、图象法、列表法等，函数解析式是函数的重要表现形式，解析式中的系数往往蕴藏着有用的解题信息，需要学习者多总结，多归纳，比如：直线解析式 $y=kx+b$ 中的 k，刻画了直线的倾斜程度，常数 b 的值描绘了图象与 y 轴的交点的纵坐标.

直线解析式	角度
	$\alpha = 135°$
	$\beta = 60°$
	$\gamma = 120°$
	$\theta = 45°$
【小结】直线 $y=kx+b$ 中，$k=\pm1$；$k=\pm\sqrt{3}$.	直线倾斜角已知

几个重要工具：

1. 直线 l_1：$y=k_1x+b_1$，l_2：$y=k_2x+b_2$.

① $l_1 /\!/ l_2$ 等价于 $k_1=k_2$，$b_1 \neq b_2$；

② $l_1 \perp l_2$ 等价于 $k_1 \cdot k_2 = -1$.

2. 点到直线的距离问题

如图 4-1-1 所示，点 $P(x_0, y_0)$ 与直线 l：$Ax+By+C=0$，求点 P 到直线 l 的距离 PD.

分析：如图 4-1-2 所示，过点 P 分别作 x 轴、y 轴的平行线 PF、PE，交直线 l 于点 F，E. 则有 $F\left(-\dfrac{By_0+C}{A}, y_0\right)$，$E\left(x_0, -\dfrac{Ax_0+C}{B}\right)$.

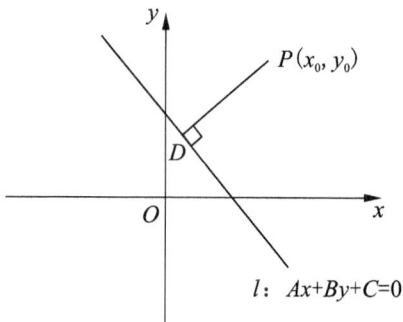

图 4-1-1

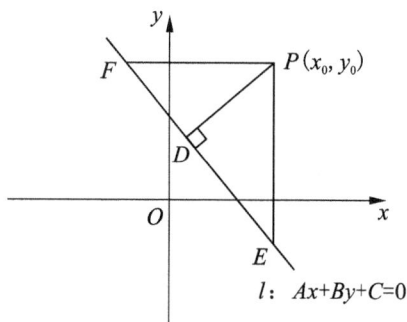

图 4-1-2

$$PE = |y_0 - y_E| = \left|y_0 + \frac{Ax_0+C}{B}\right| = \left|\frac{Ax_0+By_0+C}{B}\right|,$$

$$PF = |x_0 - x_F| = \left|x_0 + \frac{By_0+C}{A}\right| = \left|\frac{Ax_0+By_0+C}{A}\right|,$$

$$EF = \sqrt{PE^2 + PF^2} = \sqrt{\left(\frac{Ax_0+By_0+C}{B}\right)^2 + \left(\frac{Ax_0+By_0+C}{A}\right)^2} = |Ax_0+By_0+C|\sqrt{\frac{1}{B^2}+\frac{1}{A^2}}$$

$$= \frac{|Ax_0+By_0+C|\sqrt{A^2+B^2}}{|AB|}.$$

在 Rt$\triangle PEF$ 中，由等面积法得：

$$PD = \frac{PE \times PF}{EF} = \frac{|Ax_0+By_0+C|}{\sqrt{A^2+B^2}}.$$

3. 如图 4-1-3 所示，平面上两点 $A(x_1, y_1)$，$B(x_2, y_2)$ 之间的距离计算公式：

$$AB = \sqrt{(x_1-x_2)^2 + (y_1-y_2)^2}$$

4. 如图 4-1-4 所示，线段 AB 两端点坐标分别为 $A(x_1, y_1)$，$B(x_2, y_2)$，则

线段 AB 中点 $P(x, y)$ 的坐标计算公式为 $\begin{cases} x = \dfrac{x_1+x_2}{2} \\ y = \dfrac{y_1+y_2}{2} \end{cases}$.

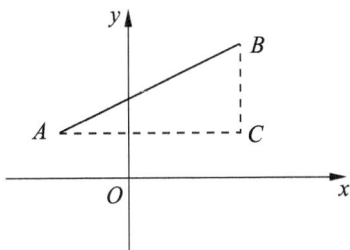

图 4-1-3

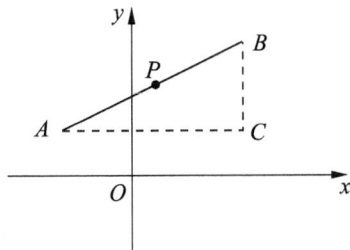

图 4-1-4

5. 如图 4-1-5 所示，点 $P(m, n)$ 关于直线 $y=x$ 的对称点的坐标 $P_1(n, m)$，关于直线 $y=-x$ 的对称点的坐标 $P_2(-n, -m)$.

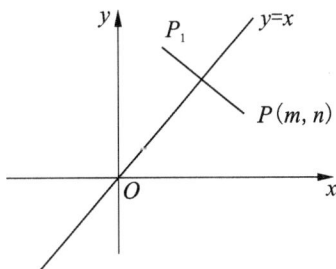

图 4-1-5

【问题一】利用一线三直角模型，处理"边邻角"问题：

边邻角，顾名思义就是一条边邻着一个角，知道这个角的大小或者该角的某一三角函数值，我们往往通过过边的另一端点向边作垂线，构造直角三角形，然后构造"一线三直角"全等或相似解决问题.

【案例一】（2022 年·东莞市初三期末联考试题）

如图 4-1-6 所示，抛物线 $y=ax^2+bx+c$ 与 x 轴交于 $A(-2, 0)$、$B(6, 0)$ 两点，与 y 轴交于点 C. 直线 l 与抛物线交于 A、D 两点，与 y 轴交于点 E，点 D 的坐标为 $(4, 3)$.

（1）求抛物线的解析式与直线 l 的解析式；

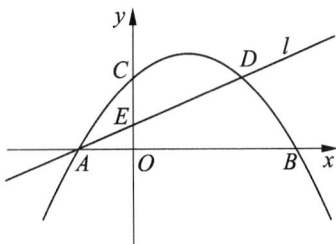

图 4-1-6

（2）若点 P 是抛物线上的点且在直线 l 上方，连接 PA、PD，求当 $\triangle PAD$ 面积最大时点 P 的坐标及该面积的最大值；

（3）若点 Q 是 y 轴上的点，且 $\angle ADQ=45°$，求点 Q 的坐标.

分析：（1）抛物线的解析式为：$y=-\dfrac{1}{4}x^2+x+3$，直线 l 的解析式为：$y=\dfrac{1}{2}x+1$.

（2）过点 P 作 $PF /\!/ y$ 轴，交直线 l 于点 F，如图 4-1-7（1）所示.

设 $P\left(t, -\dfrac{1}{4}t^2+t+3\right)$，则 $F\left(t, \dfrac{1}{2}t+1\right)$. 因此，$PF = y_P - y_F = -\dfrac{1}{4}t^2+t+3-$

$\left(\dfrac{1}{2}t+1\right) = -\dfrac{1}{4}t^2+\dfrac{1}{2}t+2 = -\dfrac{1}{4}(t-1)^2+\dfrac{9}{4}$.

故当 $t=1$ 时，PF 取得最大值 $\dfrac{9}{4}$.

$S_{\triangle PAD} = \dfrac{1}{2}PF\times(x_D-x_A) = 3PF$，故当 $t=1$ 时，$S_{\triangle PAD}$ 取得最大值 $\dfrac{27}{4}$.

故当 $\triangle PAD$ 面积最大时，$P\left(1, \dfrac{9}{4}\right)$，$\triangle PAD$ 面积的最大值为 $\dfrac{27}{4}$.

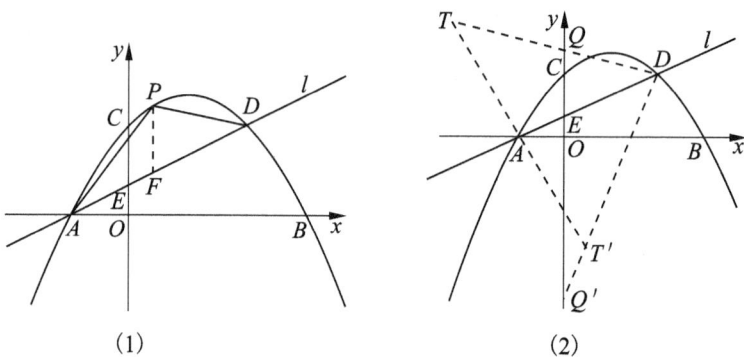

（1）　　　　　　　　（2）

图 4-1-7

（3）将线段 AD 绕点 A 逆时针旋转 $90°$ 得到 AT，如图 4-1-7（2）所示.

设 DT 交 y 轴于点 Q，则 $\angle ADQ = 45°$，过点 T 作 $TM \perp x$ 轴，过点 D 作 $DN \perp x$ 轴，垂足分别为 M、N，如图 4-1-8 所示，

易证：$\triangle MAT \cong \triangle NDA$.

$\therefore AM = DN = 3$，$MT = AN = 6$.

$\because D(4, 3)$，$\therefore T(-5, 6)$.

$\therefore$ 直线 DT 的解析式为 $y = -\dfrac{1}{3}x+\dfrac{13}{3}$，

$\therefore Q\left(0, \dfrac{13}{3}\right)$.

作点 T 关于点 A 的对称点 $T'(1, -6)$，

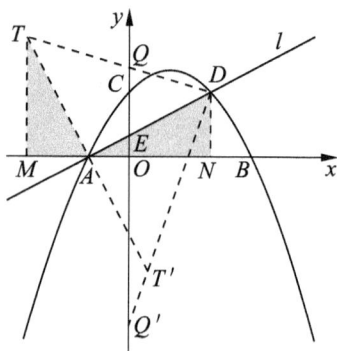

图 4-1-8

则直线 DT' 的解析式为 $y=3x-9$,

设 DT' 交 y 轴于点 Q',则 $\angle ADQ'=45°$,

$\therefore Q'(0,-9)$,

综上所述,满足条件的点 Q 的坐标为 $\left(0,\dfrac{13}{3}\right)$ 或 $(0,-9)$.

【问题二】边对角问题

边对角问题,顾名思义就是一边对着一个确定大小的角的问题. 此类问题,角的顶点往往在运动中,属于隐圆问题.

(1)确定所求动点的位置要求;(2)确定所求角的已知顶点和已知边的位置;(3)利用圆的相关知识选择适当的方法,常用到的圆中角的关系有:①一条弧所对的圆周角是它所对的圆心角的一半;②45°的圆周角对应的圆心角是 90°;③同弧所对的圆周角相等.

【案例二】(2019·四川资阳市中考真题)

如图 4-1-9 所示,抛物线 $y=-\dfrac{1}{2}x^2+bx+c$ 过点 $A(3,2)$,且与直线 $y=-x+\dfrac{7}{2}$ 交于 B,C 两点,点 B 的坐标为 $(4,m)$.

(1)求抛物线的解析式;

(2)点 D 为抛物线上位于直线 BC 上方的一点,过点 D 作 $DE\perp x$ 轴交直线 BC 于点 E,点 P 为对称轴上一动点,当线段 DE 的长度最大时,求 $PD+PA$ 的最小值;

(3)设点 M 为抛物线的顶点,在 y 轴上是否存在点 Q,使 $\angle AQM=45°$? 若存在,求点 Q 的坐标;若不存在,请说明理由.

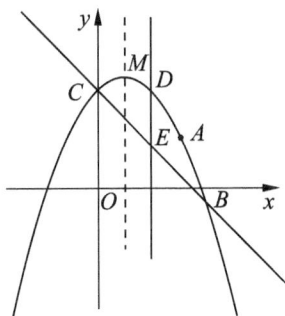

图 4-1-9

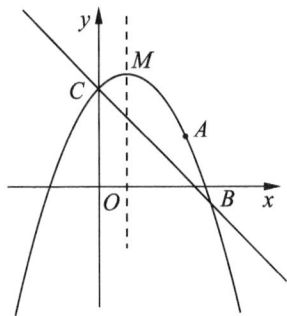

备用图

分析:(1)$y=-\dfrac{1}{2}x^2+x+\dfrac{7}{2}$.

(2)设点 D 的坐标为 $\left(t, -\frac{1}{2}t^2+t+\frac{7}{2}\right)$，则 $E\left(t, -t+\frac{7}{2}\right)$.

$$DE = -\frac{1}{2}t^2+t+\frac{7}{2}-\left(-t+\frac{7}{2}\right)$$

$$= -\frac{1}{2}t^2+2t$$

$$= -\frac{1}{2}(t-2)^2+2.$$

∴ 当 $t=2$ 时，DE 有最大值，最大值为 2.

此时，$D\left(2, \frac{7}{2}\right)$.

∵ 抛物线 $y = -\frac{1}{2}x^2+x+\frac{7}{2}$ 的对称轴为 $x=1$，

∴ 点 $D\left(2, \frac{7}{2}\right)$ 关于对称轴的对称点坐标

为 $D'\left(0, \frac{7}{2}\right)$.

连接 AD'，则线段 AD' 与对称轴的交点即为所求的使 $PD+PA$ 取最小值的点 P，如图 4-1-10 所示.

易得：直线 AD' 的解析式为 $y = -\frac{1}{2}x + \frac{7}{2}$. ∴ $P(1, 3)$.

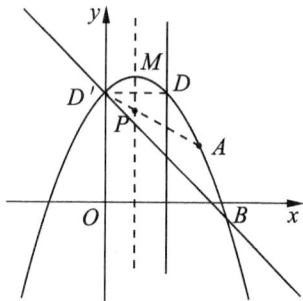

图 4-1-10

$PD+PA$ 的最小值 $AD' = \sqrt{(0-3)^2+\left(\frac{7}{2}-2\right)^2} = \frac{3\sqrt{5}}{2}$.

(3)由 $y = -\frac{1}{2}x^2+x+\frac{7}{2}$，知 $M(1, 4)$，抛物线的对称轴为 $x=1$，

过点 A 作 $AE\perp$ 对称轴，垂足为 E，由 $M(1, 4)$，$A(3, 2)$ 知：$AE=EM=2$，

以 E 为圆心，2 为半径作 $\odot E$，$\odot E$ 与 y 轴的交点为 Q，则 $\angle AQM=45°$，如图 4-1-11 所示.

设 $Q(0, t)$，

由 $EQ = \sqrt{(1-0)^2+(2-m)^2} = 2$，得 $m = 2\pm\sqrt{3}$，

∴ $Q(0, 2+\sqrt{3})$ 或 $(0, 2-\sqrt{3})$.

第(3)问再作如下拓展：设点 M 为抛物线的顶点，在抛物线上是否存在点 Q，

使 $\angle AQM = 45°$? 若存在,求点 Q 的坐标;若不存在,请说明理由.

过点 A 作 $AE \perp$ 对称轴,垂足为 E,由 $M(1,4)$,$A(3,2)$ 知: $AE = EM = 2$,

以 E 为圆心,2 为半径作 $\odot E$,$\odot E$ 与抛物线的交点为 Q,则 $\angle AQM = 45°$,如图 4-1-12 所示.

设 $Q\left(n, -\dfrac{1}{2}n^2 + n + \dfrac{7}{2}\right)$,

由 $EQ = 2$,得 $(n-1)^2 + \left(-\dfrac{1}{2}n^2 + n + \dfrac{7}{2} - 2\right)^2 = 4$,

整理,得 $n^4 - 4n^3 + 2n^2 + 4n - 3 = 0$.

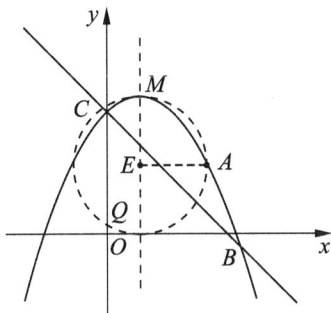

图 4-1-11

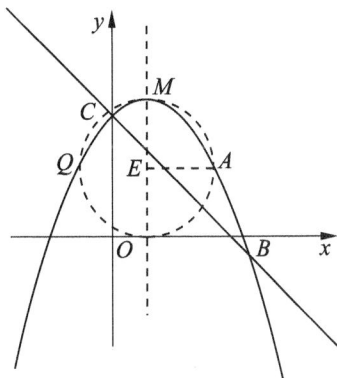

图 4-1-12

【问题三】大家在学完勾股定理的证明后发现,运用"同一图形的面积可用不同的方式表示"可以证明一类包含多条线段长度关系的等式,这种解决问题的方式我们称为面积法.

【案例三】在等腰三角形 ABC 中,$AB = AC$,其一腰上的高为 h,M 是底边 BC 上的任意一点,M 到腰 AB、AC 的距离分别为 h_1、h_2.

(1)如图 4-1-13(1)所示,$BD \perp AC$,$ME \perp AB$,$MF \perp AC$,垂足分别为 D、E、F,请你结合图形来证明: $h_1 + h_2 = h$;

(2)当点 M 在 BC 延长线上时,h_1、h_2、h 之间又有什么样的结论?请你画出图形,并直接写出结论,不必证明;

(3)利用以上结论解答,如图 4-1-13(2)所示,在平面直角坐标系中有两条直线 $l_1: y = \dfrac{3}{4}x + 3$,$l_2: y = -3x + 3$,若 l_2 上的一点 M 到 l_1 的距离是 $\dfrac{3}{2}$,求点 M 的坐标.

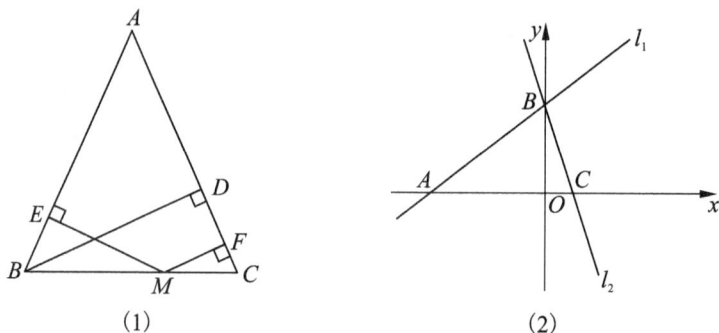

(1)   (2)

图 4-1-13

【分析】(1) 法一: 连接 AM, 如图 4-1-14(1) 所示. 由题意得 $h_1 = ME$, $h_2 = MF$, $h = BD$.

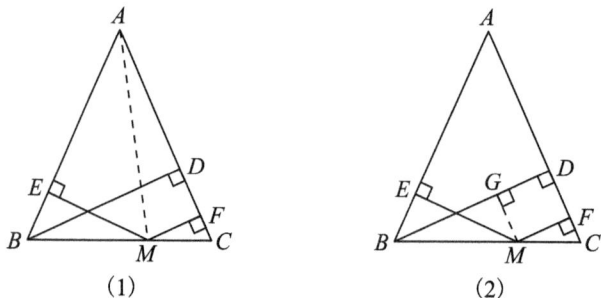

(1)   (2)

图 4-1-14

$\because S_{\triangle ABM} + S_{\triangle ACM} = S_{\triangle ABC}$, 且 $AB = AC$, $\therefore \dfrac{1}{2} AB \cdot ME + \dfrac{1}{2} AC \cdot MF = \dfrac{1}{2} AC \cdot BD$,

即 $\dfrac{1}{2} AC \cdot (ME + MF) = \dfrac{1}{2} AC \cdot BD$,

$\therefore ME + MF = BD$, 即 $h_1 + h_2 = h$.

法二: 过点 M 作 $MG \perp BD$, 垂足为 G, 如图 4-1-24(2) 所示.

易证: $\triangle BEM \cong \triangle MGB$, 四边形 $MFDG$ 是矩形,

$\therefore BG = ME = h_1$, $GD = MF = h_2$,

$\therefore BD = BG + GD = h_1 + h_2$, 即 $h_1 + h_2 = h$.

(2) 当点 M 在 BC 延长线上时, h_1、h_2、h 之间有结论: $h_1 - h_2 = h$.

法一: 如图 4-1-15(1) 所示, 连接 AM.

$\because S_{\triangle ABM} - S_{\triangle ACM} = S_{\triangle ABC}$, 且 $AB = AC$, $\therefore \dfrac{1}{2} AB \cdot ME - \dfrac{1}{2} AC \cdot MF = \dfrac{1}{2} AC \cdot BD$,

即 $\dfrac{1}{2}AC \cdot (ME-MF) = \dfrac{1}{2}AC \cdot BD$，$\therefore ME-MF=BD$，即 $h_1-h_2=h$.

如图 4-1-15(3) 所示，过点 M 作 $MG \perp BD$，交 BD 的延长线于点 G.

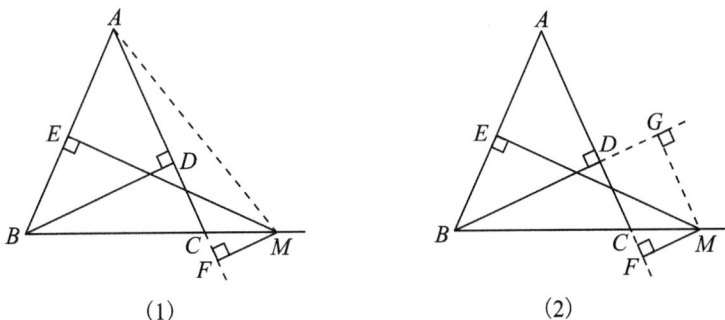

图 4-1-15

易证：$\triangle BEM \cong \triangle MGB$，四边形 $MFDG$ 是矩形，$\therefore BD+DG=BG=ME$，即 $h+h_2=h_1$，

$\therefore h_1-h_2=h$.

(3) $\because$ 点 M 在直线 l_2 上，$\therefore$ 可设 $M(t, -3t+3)$.

点 M 到 l_1 的距离是 $\dfrac{3}{2}$，显然，这样的点 M 有两个.

当点 M 在线段 BC 上时，如图 4-1-16 所示，由(1)知 $\dfrac{3}{2}+(-3t+3)=3$，解得 $t=\dfrac{1}{2}$，$\therefore M\left(\dfrac{1}{2}, \dfrac{3}{2}\right)$；

当点 M 在线段 CB 延长线上时，如图 4-1-17 所示，由(2)知 $(-3t+3)-\dfrac{3}{2}=3$，

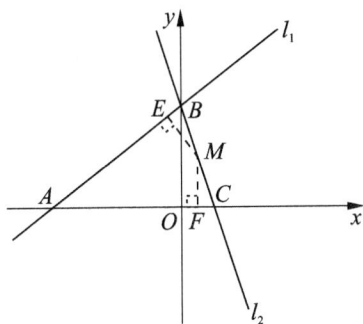

图 4-1-16

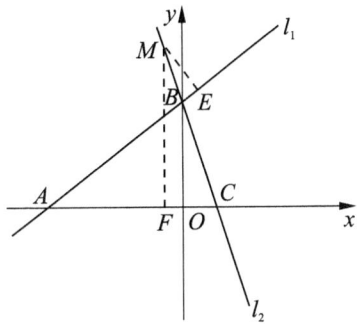

图 4-1-17

解得 $t = -\dfrac{1}{2}$，$\therefore M\left(-\dfrac{1}{2}, \dfrac{9}{2}\right)$.

综上所述，点 M 的坐标为 $M\left(\dfrac{1}{2}, \dfrac{3}{2}\right)$ 或 $M\left(-\dfrac{1}{2}, \dfrac{9}{2}\right)$.

另外：过点 M 作 $MG \perp OB$，垂足为 G，如图 4-1-18 所示.

易证：$\triangle BEM \cong \triangle MGB$，四边形 $MFOG$ 是矩形，设 $M(m, n)$，

$\therefore BG = ME = \dfrac{3}{2}$，$GO = MF = n$，

$\therefore BO = BG + GO$，即 $3 = \dfrac{3}{2} + n$，如图 4-1-18 所示；$BO = OG - BG$，即 $3 = n - \dfrac{3}{2}$，

如图 4-1-19 所示. 解得：$n = \dfrac{3}{2}$ 或 $\dfrac{9}{2}$. 点 M 的坐标为 $M\left(\dfrac{1}{2}, \dfrac{3}{2}\right)$ 或 $M\left(-\dfrac{1}{2}, \dfrac{9}{2}\right)$.

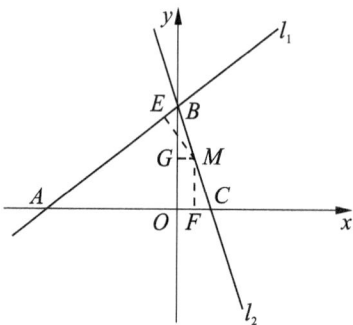

图 4-1-18

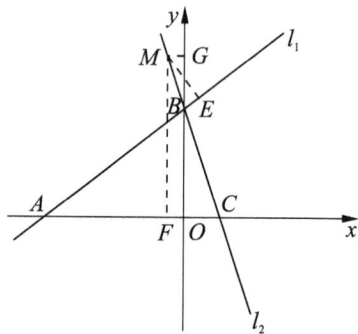

图 4-1-19

【问题再思考】 等腰三角形是一类特殊的三角形，图形的对称性是其最大特点，其"三线合一"性质，在解题中被广泛应用. 其腰上的高与底边上一点到两腰的距离之间存在着确定的等量关系：即腰上的高等于底边上一点到两腰的距离之和；腰上的高等于底边延长线上一点到两腰的距离之差的绝对值. 底边所在直线上的点作腰上的高所在直线的垂线段，构成定弦定角的两个全等三角形，从而根据矩形 $MGDF$ 的边长即可刻画三条高的等量关系，如图 4-1-20 所示.

等腰三角形顶角的平分线就是底边上的中线和底边上的高，这是我们学习过的等腰三角形的"三线合一"性质，我们会想，非等腰三角形的角平分线有没有类似的性质呢？

预备知识：如图 4-1-21 所示，

$$S_{\triangle ABC} = \dfrac{1}{2} BC \cdot AD,\ AD = AB \cdot \sin \angle B = AC \cdot \sin \angle C,$$

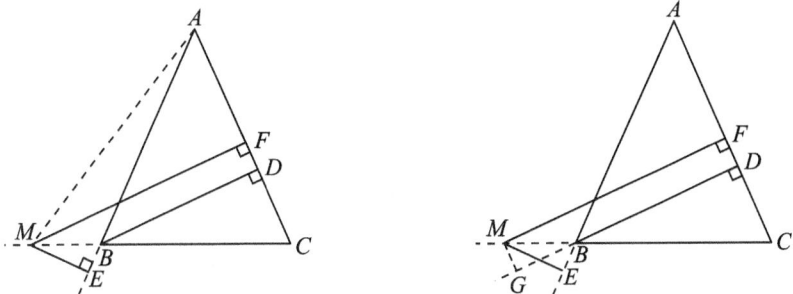

图 4-1-20

$$\therefore S_{\triangle ABC} = \frac{1}{2} BC \cdot AB \cdot \sin\angle ABC = \frac{1}{2} BC \cdot AC \cdot$$

$$\sin\angle ACB = \frac{1}{2} AB \cdot AC \cdot \sin\angle BAC，若设 BC = a，AC =$$

b，$AB = c$，则

$$S_{\triangle ABC} = \frac{1}{2} ac \cdot \sin\angle ABC = \frac{1}{2} ab \cdot \sin\angle ACB =$$

$$\frac{1}{2} bc \cdot \sin\angle BAC，$$

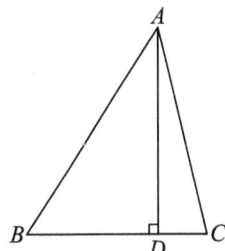

图 4-1-21

所以 $\dfrac{a}{\sin\angle BAC} = \dfrac{b}{\sin\angle B} = \dfrac{c}{\sin\angle C}$.

如图 4-1-22 所示，已知 AD 是 $\triangle ABC$ 的角平分线，$DE \perp AB$，$DF \perp AC$，有 $DE = DF$，根据等底等高的两个三角形面积相等，等高不等底的两个三角形面积比等于对应底之比，等底不等高的两个三角形面积比等于对应高之比.

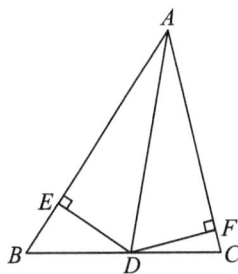

图 4-1-22

我们用两种方法表示 $S_{\triangle ABD} : S_{\triangle ACD}$ 的结果：

$S_{\triangle ABD} : S_{\triangle ACD} = BD : CD$，$S_{\triangle ABD} : S_{\triangle ACD} = AB : AC$.

我们得到：

①$S_{\triangle ABD} : S_{\triangle ACD} = BD : CD = AB : AC$，即三角形的角平分线分对边两线段之比等于夹这个角的对应两边之比.

②如图 4-1-23 所示，已知 AD 是 $\triangle ABC$ 的角平分线，过点 B 作 $BE \perp AD$，过点 C 作 $CF \perp AD$，垂足分别为 E、F.

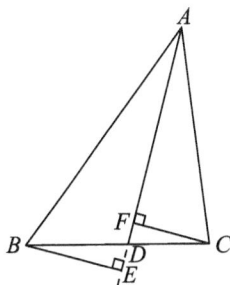

图 4-1-23

$S_{\triangle ABD} = \dfrac{1}{2} BD \cdot h_{BD} = \dfrac{1}{2} AB \cdot h_{AB} = \dfrac{1}{2} AD \cdot BE = \dfrac{1}{2} AD \cdot AB \cdot \sin\angle BAD$，即三角

形的面积等于两边及两边所夹角的正弦的积的一半.

易证：$\triangle BED \backsim \triangle CFD$，

$\therefore BD : CD = AB : AC = BE : CF = DE : DF$，

$\therefore S_{\triangle ABD} : S_{\triangle ACD} = BD : CD = AB : AC = BE : CF = DE : DF$.

【案例四】 如图 4-1-24 所示，在 Rt
$\triangle ABC$ 中，$\angle C = 90°$，以 $\triangle ABC$ 的三边为边
向外作正方形 $ACDE$，正方形 $CBGF$，正方
形 $AHIB$，连接 EC、CG，作 $CP \perp CG$ 交 HI
于点 P，记正方形 $ACDE$ 和正方形 $AHIB$ 的
面积分别为 S_1，S_2，若 $S_1 = 16$，$S_2 = 25$，则
$S_{\triangle ACP} : S_{\triangle BCP}$ 等于（　　）

　A. $4 : 3$　　　　　B. $16 : 9$

　C. $5 : 3$　　　　　D. $5 : 4$

分析：设 CP 与 AB 交于点 O，如图
4-1-25(1)所示.

易证：CP 平分 $\angle ACB$；

$S_{\triangle ACP} : S_{\triangle BCP} = AO : BO = AC : BC = 4 : 3$，故选（A）.

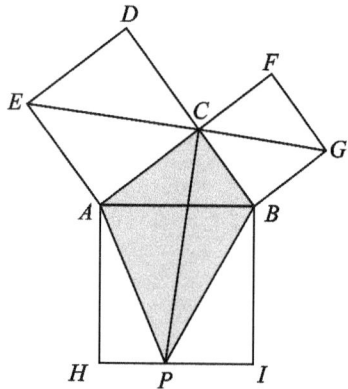

图 4-1-24

【小结】 三角形角平分线定理：三角形的角平分线分对边两线段之比等于夹
这个角的对应两边之比. 如图 4-1-25(1)所示，CP 平分 $\angle ACB$，CP 与 AB 交于点
O，则 $AO : BO = AC : BC$.

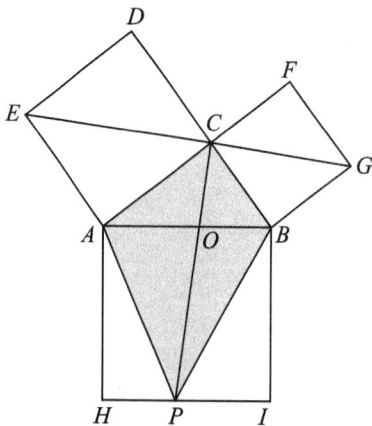

(1)

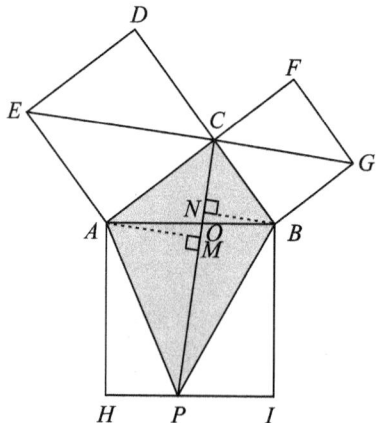

(2)

图 4-1-25

事实上，过点 A 作 $AM \perp PC$ 于点 M，过点 B 作 $BN \perp PC$ 于点 N，则 $S_{\triangle ACO}$: $S_{\triangle BCO} = AO : BO$，$S_{\triangle ACO} : S_{\triangle BCO} = AM : BN = AC : BC$，所以 $AO : BO = AC : BC$.

问题引申：如图 4-1-26 所示，在 Rt$\triangle ABC$ 中，$\angle C = 90°$，以 $\triangle ABC$ 的三边为边向外作正方形 $ACDE$，正方形 $CBGF$，正方形 $AHIB$，连接 EC，CG，作 $CO \perp CG$ 交 AB 于点 O，点 P 是直线 HI 上的动点，记正方形 $ACDE$ 和正方形 $AHIB$ 的面积分别为 S_1，S_2，若 $S_1 = 16$，$S_2 = 25$，则 $S_{四边形CAPO} : S_{四边形CBPO}$ 等于（　　）

　　A. $4 : 3$　　　　　B. $16 : 9$　　　　　C. $5 : 3$　　　　　D. $5 : 4$

问题再引申：如图 4-1-27 所示，在 Rt$\triangle ABC$ 中，$\angle C = 90°$，以 $\triangle ABC$ 的三边为边向外作正方形 $ACDE$，正方形 $CBGF$，正方形 $AHIB$，连接 EC，CG，作 $CO \perp CG$ 交 AB 于点 O，点 P 和点 Q 是直线 HI 上的动点，记正方形 $ACDE$ 和正方形 $AHIB$ 的面积分别为 S_1，S_2，若 $S_1 = 16$，$S_2 = 25$，则 $S_{四边形CAPO} : S_{四边形CBQO}$ 等于（　　）

　　A. $4 : 3$　　　　　B. $16 : 9$　　　　　C. $5 : 3$　　　　　D. $5 : 4$

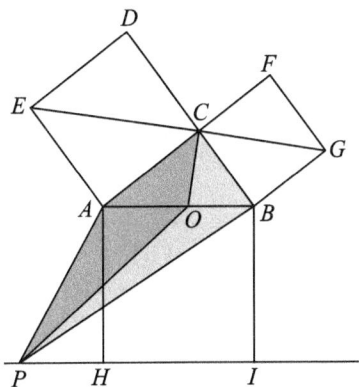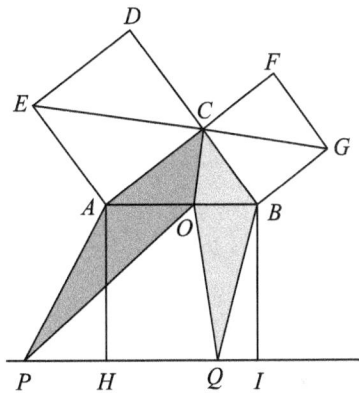

图 4-1-26　　　　　　　　　　　　　　　　图 4-1-27

【问题四】几何图形的存在性问题：

几何图形的存在性问题是中考的重点、难点、热点问题. 特殊几何图形的存在性问题主要包括两类，一是三角形存在性问题，特别是等腰三角形、等边三角形的存在性问题，二是四边形存在性问题，特别是特殊平行四边形的存在性问题，是中学数学的难点，也是命制中考压轴题的重点方向.

（一）平行四边形存在性问题

常用解决方案：

（1）三定点，一动点：过一个定点作另外两个定点连线的平行线，三条平行线的交点即为所求. 如图 4-1-28 所示.

（2）两定点，两动点：两种情况分类讨论

①以两定点的线段为边：利用平移，如图 4-1-29（1）所示；

②以两定点的线段为对角线：利用中点，如图 4-1-29(2)所示.

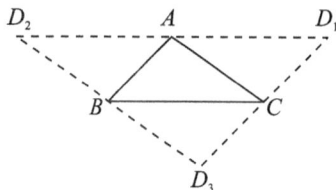

图 4-1-28

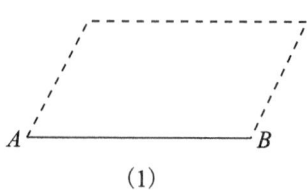

(1)

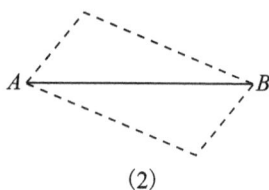

(2)

图 4-1-29

求解方法：

(1)确定点的坐标 $A(x_1, y_1)$，$B(x_2, y_2)$，$C(x_3, y_3)$，$D(x_4, y_4)$.

(2)分类讨论——分三种情况

①A，B 为对角顶点	②A，C 为对角顶点	③A，D 为对角顶点
$\begin{cases} x_1+x_2=x_3+x_4 \\ y_1+y_2=y_3+y_4 \end{cases}$	$\begin{cases} x_1+x_3=x_2+x_4 \\ y_1+y_3=y_2+y_4 \end{cases}$	$\begin{cases} x_1+x_4=x_2+x_3 \\ y_1+y_4=y_2+y_3 \end{cases}$

【案例五】如图 4-1-30 所示，已知二次函数 $y=ax^2+bx+c$ 与 x 轴交于 $A(-1, 0)$、$B(4, 0)$ 两点，与 y 轴交于点 $C(0, 4)$，连接 BC.

(1)求抛物线解析式；

(2)在线段 BC 上方抛物线上有一点 P，连接 AP、BP、CP，当 △BCD 面积最大时，求点 P 坐标；

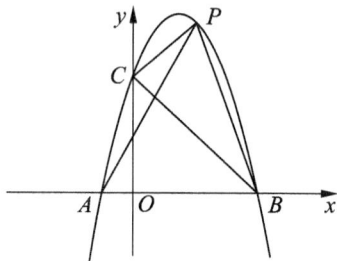

图 4-1-30

(3)在(2)的条件下，在抛物线上是否存在一点 M，使得 $\angle APM = 45°$？若存在，求出点 M 坐标；若不存在，请说明理由；

(4)在(2)的条件下，点 G 在抛物线的对称轴上，点 H 在抛物线上，是否存在以 C，P，G，H 为顶点的四边形是平行四边形？若存在，求点 G 坐标；若不存在，请说明理由.

分析：(1) $y=-x^2+3x+4$.

(2) $P(2,6)$.

(3) 将线段 AP 逆时针方向旋转 $90°$ 到 AD，连接 PD，PD 与抛物线交于点 M，则 $\angle APM=45°$. 过点 D 作 $DT\perp x$ 轴，垂足为点 T，过点 P 作 $PN\perp x$ 轴，垂足为点 N，如图 4-1-31 所示.

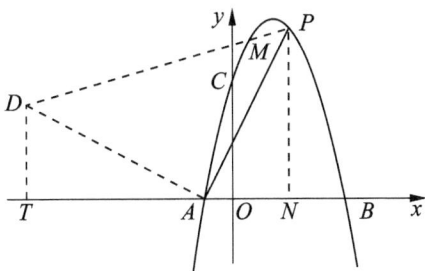

图 4-1-31

易证：$\triangle ADT\cong\triangle PAN$，据此，求得 $D(-7,3)$，进而求得直线 PD 的解析式：

$y=\dfrac{1}{3}x+\dfrac{16}{3}$. 联立方程组 $\begin{cases} y=\dfrac{1}{3}x+\dfrac{16}{3} \\ y=-x^2+3x+4 \end{cases}$，解得 $\begin{cases} x=\dfrac{2}{3} \\ y=\dfrac{50}{9} \end{cases}$，或 $\begin{cases} x=2 \\ y=6 \end{cases}$（舍去），故点

$M\left(\dfrac{2}{3},\dfrac{50}{9}\right)$.

求出点 D 关于点 A 的对称点 $D'(5,-3)$，求出直线 PD' 的解析式：$y=-3x+12$.

联立方程组 $\begin{cases} y=-3x+12 \\ y=-x^2+3x+4 \end{cases}$，解得 $\begin{cases} x=4 \\ y=0 \end{cases}$，或 $\begin{cases} x=2 \\ y=6 \end{cases}$（舍去），

直线 PD' 与抛物线的交点坐标 $M(4,0)$，

综上所述：$M\left(\dfrac{2}{3},\dfrac{50}{9}\right)$ 或 $(4,0)$.

(4) $C(0,4)$，$P(2,6)$，$G\left(\dfrac{3}{2},m\right)$，$H(n,-n^2+3n+4)$.

因为以 C、P、G、H 为顶点的四边形是平行四边形，所以四边形 $CPGH$ 为平行四边形，或四边形 $CGPH$ 为平行四边形，或四边形 $CGHP$ 为平行四边形，如图 4-1-32 所示.

$\begin{cases} 0+\dfrac{3}{2}=2+n \\ 4+m=6+(-n^2+3n+4) \end{cases}$ 或 $\begin{cases} 0+2=\dfrac{3}{2}+n \\ 4+6=m+(-n^2+3n+4) \end{cases}$ 或 $\begin{cases} 0+n=2+\dfrac{3}{2} \\ 6+m=4+(-n^2+3n+4) \end{cases}$，

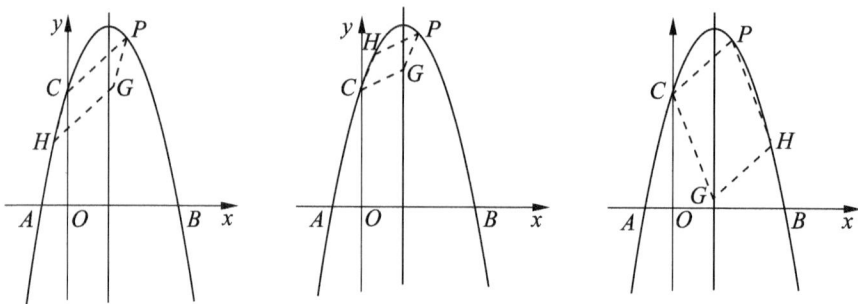

图 4-1-32

解方程组，得 $\begin{cases} n=-\dfrac{1}{2} \\ m=\dfrac{17}{4} \end{cases}$ 或 $\begin{cases} n=\dfrac{1}{2} \\ m=\dfrac{19}{4} \end{cases}$ 或 $\begin{cases} n=\dfrac{7}{2} \\ m=\dfrac{1}{4} \end{cases}$.

∴ 点 G 坐标为 $G(\dfrac{3}{2}, \dfrac{17}{4})$ 或 $(\dfrac{3}{2}, \dfrac{19}{4})$ 或 $(\dfrac{3}{2}, \dfrac{1}{4})$.

（二）矩形存在性问题

常用解决方案：

（1）转化为直角三角形存在性问题；

（2）以直角顶点确定分类标准，利用两线一圆确定动点位置；

（3）然后平移确定另一动点位置.

（三）菱形存在性问题

常用解决方案：

（1）转化为等腰三角形存在性问题；

（2）以定线段作为底边或腰确定分类标准，再利用两线一圆确定动点位置；

（3）然后平移确定另一动点位置.

【案例六】（2019·河南南阳市中考真题）

如图 4-1-33 所示，在平面直角坐标系中，抛物线 $y=ax^2+bx+c$（$a<0$）与 x 轴交于 A（-2，0），B（4，0）两点，与 y 轴交于点 C，且 $OC=2OA$.

（1）试求抛物线的解析式；

（2）直线 $y=kx+1$（$k>0$）与 y 轴交于点 D，与抛物线交于点 P，与直线 BC 交于点 M，

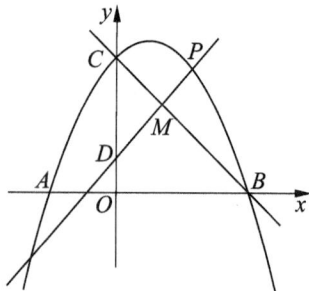

图 4-1-33

记 $m=\dfrac{PM}{DM}$，试求 m 的最大值及此时点 P 的坐标；

（3）在（2）的条件下，点 Q 是 x 轴上一个动点，点 N 是坐标平面内的一点，是否存在这样的点 Q，N，使得以 P，D，Q，N 四点组成的四边形是矩形？如果存在，请求出点 N 的坐标；若不存在，请说明理由.

分析：（1）$y=-\dfrac{1}{2}x^2+x+4$.

（2）过点 P 作 $PN\perp x$ 轴，交直线 BC 于点 N，如图 4-1-34 所示.

易知：$D(0,1)$，$C(0,4)$，$B(4,0)$，

$\therefore CD=4-1=3$，直线 BC 的解析式为 $y=-x+4$.

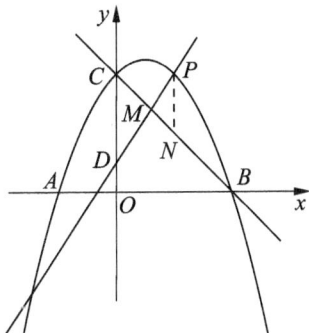

图 4-1-34

$\because PN\!/\!/CD$，$\therefore \triangle CMD\backsim\triangle NMP$，

$\therefore m=\dfrac{PM}{DM}=\dfrac{PN}{CD}=\dfrac{PN}{3}$.

设 $P\left(t,-\dfrac{1}{2}t^2+t+4\right)$，则 $N(t,-t+4)$，

$\therefore PN=-\dfrac{1}{2}t^2+t+4-(-t+4)$

$=-\dfrac{1}{2}t^2+2t=-\dfrac{1}{2}(t-2)^2+2$.

$\because -\dfrac{1}{2}<0$，$\therefore$ 当 $t=2$ 时，PN 得到最大值 2，

此时 $P(2,4)$，$\therefore m$ 取得最大值 $\dfrac{2}{3}$.

（3）$\because P(2,4)$，$D(0,1)$，设 $Q(n,0)$，

$\therefore PD^2=13$，

$PQ^2=(2-n)^2+(4-0)^2=n^2-4n+20$，

$DQ^2=(0-n)^2+(1-0)^2=n^2+1$.

①若 $\angle DPQ=90°$，如图 4-1-35 所示.

则有 $PD^2+PQ^2=DQ^2$，

即 $13+n^2-4n+20=n^2+1$，

解得：$n=8$，$\therefore Q(8,0)$.

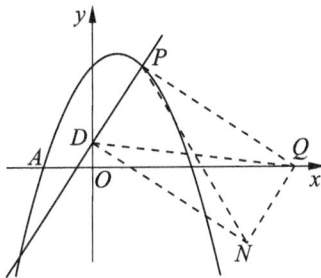

图 4-1-35

设 $N(x_N,y_N)$，则 $\begin{cases}x_P+x_N=x_D+x_Q\\y_P+y_N=y_D+y_Q\end{cases}$，

即 $\begin{cases} 2+x_N=0+8 \\ 4+y_N=1+0 \end{cases}$，解得：$\begin{cases} x_N=6 \\ y_N=-3 \end{cases}$，

$\therefore N(6, -3)$.

②若 $\angle PDQ=90°$，同理可求得 $N\left(\dfrac{7}{2}, 3\right)$.

③若 $\angle PQD=90°$，则有 $DQ^2+PQ^2=PD^2$，即 $n^2-4n+20+(n^2+1)=13$，方程无解.

综上所述：$N(6, -3)$ 或 $\left(\dfrac{7}{2}, 3\right)$.

【小结】（1）记 $m=\dfrac{PM}{DM}$，试求 m 的最大值，通过构造三角形相似，转化为两条水平线段或竖直线段的长度之比，"化斜归正"，最终化归为熟悉的问题来求解；（2）矩形存在性问题，最终转化为直角三角形存在性问题. "转化思想"是数学学习中的重要思想，数学学习的过程就是思维转化的过程，数学解题就是一系列的数学思维转化.

【案例七】 如图 4-1-36 所示，在平面直角坐标系中，已知抛物线 $y=x^2+bx+c$ 与直线 AB 相交于 A，B 两点，其中 $A(-3, -4)$，$B(0, -1)$.

（1）求该抛物线的函数表达式；

（2）点 P 为直线 AB 下方的抛物线上的任意一点，连接 PA，PB，求 $\triangle PAB$ 面积的最大值；

（3）将该抛物线向右平移 2 个单位长度得到抛物线 $y=a_1x^2+b_1x+c_1(a_1\neq0)$，平移后

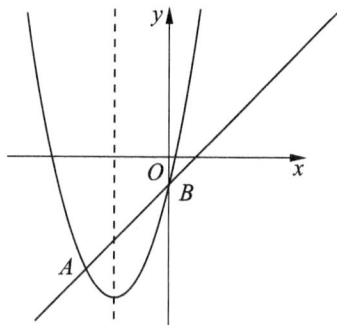

图 4-1-36

的抛物线与原抛物线相交于点 C，点 D 为原抛物线对称轴上的一点，在平面直角坐标系中是否存在点 E，使以点 B，C，D，E 为顶点的四边形为菱形？若存在，请直接写出点 E 的坐标；若不存在，请说明理由.

分析：（1）$y=x^2+4x-1$.

（2）如图 4-1-37 所示，$S_{\triangle PAB}=\dfrac{3}{2}PE$，

设 $E(t, t-1)$，则 $P(t, t^2+4t-1)$，

所以 $PE=(t-1)-(t^2+4t-1)=-t^2-3t$

$$= -\left(t+\frac{3}{2}\right)^2 + \frac{9}{4}.$$

因为 $-1 < 0$，所以当 $t = -\dfrac{3}{2}$ 时，PE 取得

最大值 $\dfrac{9}{4}$，

此时 $P\left(-\dfrac{3}{2},\ -\dfrac{19}{4}\right)$，所以 $\triangle PAB$ 面积

的最大值为 $\dfrac{27}{8}$.

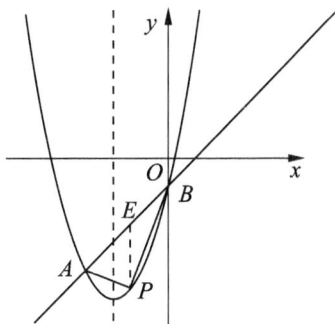

图 4-1-37

（3）$y = x^2 + 4x - 1$ 向右平移 2 个单位长度，

得到抛物线 $y = (x-2)^2 + 4(x-2) - 1 = x^2 - 5$，

联立方程组 $\begin{cases} y = x^2 - 5 \\ y = x^2 + 4x - 1 \end{cases}$，解得 $\begin{cases} x = -1 \\ y = -4 \end{cases}$，

所以 $C(-1,\ -4)$.

原抛物线的对称轴为直线 $x = -2$.

因为 $B(0,\ -1)$，$C(-1,\ -4)$，设 $D(-2,\ n)$，

所以 $BC^2 = 10$，$BD^2 = n^2 + 2n + 5$，$CD^2 = n^2 + 8n + 17$.

下面分三种情况进行讨论：

①若 $BC^2 = BD^2$，如图 4-1-38 所示.

即 $10 = n^2 + 2n + 5$，解得：$n = -1 \pm \sqrt{6}$，

所以 $D(-2,\ -1 \pm \sqrt{6})$.

设 $E(x_E,\ y_E)$，

则 $\begin{cases} x_B + x_E = x_D + x_C \\ y_B + y_E = y_D + y_C \end{cases}$，

即 $\begin{cases} 0 + x_E = -2 - 1 \\ -1 + y_E = -1 \pm \sqrt{6} - 4 \end{cases}$，

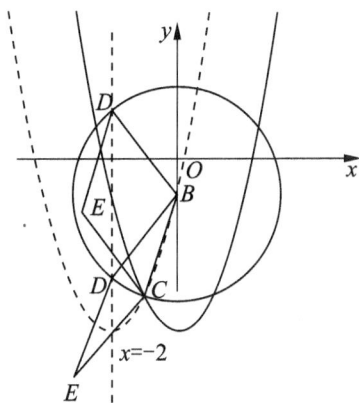

图 4-1-38

解得：$\begin{cases} x_E = -3 \\ y_E = -4 \pm \sqrt{6} \end{cases}$，

$\therefore E(-3,\ -4 \pm \sqrt{6})$.

②若 $CB^2 = CD^2$，如图 4-1-39 所示.

即 $10 = n^2 + 8n + 17$，

解得：$n = -1$ 或 -7，

当 $n = -1$ 时，得 $D(-2,\ -1)$，此时 $E(-1,\ 2)$，

当 $n=-7$ 时, 得 $D(-2, -7)$,

此时 B, C, D 三点共线, 故舍去.

③若 $DB^2=DC^2$, 如图 4-1-40 所示.

即 $n^2+2n+5=n^2+8n+17$,

解得: $n=-2$,

∴ $D(-2, -2)$, 此时 $E(1, -3)$.

综上所述: $E(-3, -4\pm\sqrt{6})$ 或 $(-1, 2)$ 或 $(1, -3)$.

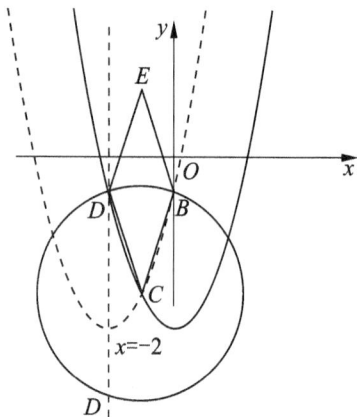

图 4-1-39

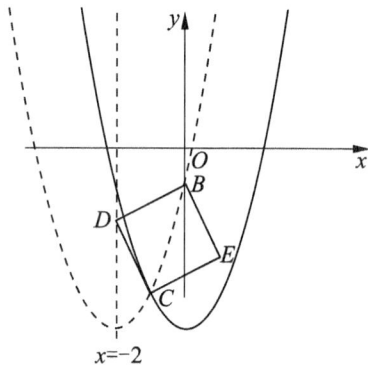

图 4-1-40

【小结】菱形存在性问题, 最终转化为等腰三角形存在性问题.

常用解决方案:

(1)转化为等腰三角形存在性问题;

(2)以定线段作为底边或腰确定分类标准, 再利用两线一圆确定动点位置;

(3)然后平移确定另一动点位置.

(四)等腰三角形存在性问题

常用解决方案:

(1)找定点, 设动点: 已知定点 $A(x_1, y_1)$, $B(x_2, y_2)$, 设动点 $P(m, n)$;

(2)计算线段长度: 利用两点间距离公式求出 $AB=\sqrt{(x_1-x_2)^2+(y_1-y_2)^2}$,

$PA=\sqrt{(m-x_1)^2+(n-y_1)^2}$, $PB=\sqrt{(m-x_2)^2+(n-y_2)^2}$ 的长度;

(3)分类讨论——分三种情况, 通过"两圆一垂"找第三点.

①以 A 为等腰顶角, 即 $AB=AP$;

②以 B 为等腰顶角, 即 $BA=BP$;

③以 P 为等腰顶角, 即 $PA=PB$.

更特别地, 直角三角形存在性问题:

常用解决方案: (1)"一线三垂直"构造全等与相似;

(2)分三种情况分类讨论:

①以 A 为直角顶点, 即 $AB^2+AP^2=BP^2$, 如图 4-1-41(1)所示;

②以 B 为直角顶点, 即 $BA^2+BP^2=AP^2$, 如图 4-1-41(2)所示;

③以 P 为直角顶点, 即 $PB^2+PA^2=AB^2$, 如图 4-1-41(3)所示.

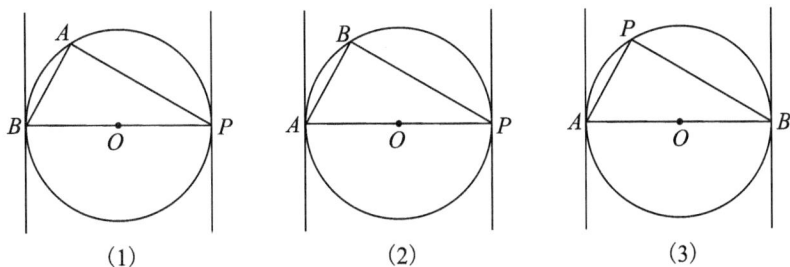

(1)　　　　(2)　　　　(3)

图 4-1-41

求解方法一:

(1)找定点, 设动点: 已知定点 $A(x_1, y_1)$, $B(x_2, y_2)$, 设动点 $P(m, n)$;

(2)计算线段长度: 利用两点间距离公式求出 $AB=\sqrt{(x_1-x_2)^2+(y_1-y_2)^2}$,

$PA=\sqrt{(m-x_1)^2+(n-y_1)^2}$, $PB=\sqrt{(m-x_2)^2+(n-y_2)^2}$ 的长度;

求解方法二: 构造"一线三垂直"造全等与相似

(五)相似三角形存在性问题

【案例八】如图 4-1-42 所示, 抛物线

$y=\dfrac{3+\sqrt{3}}{6}x^2+bx+c$ 与 x 轴交于 A, B 两点, 点

A, B 分别位于原点的左、右两侧, $BO=3AO$ $=3$, 过点 B 的直线与 y 轴正半轴和抛物线的交点分别为 C, D, $BC=\sqrt{3}CD$.

(1)求 b, c 的值;

(2)求直线 BD 的函数解析式;

(3)点 P 在抛物线的对称轴上且在 x 轴下方, 点 Q 在射线 BA 上. 当 △ABD 与 △BPQ 相似时, 请直接写出所有满足条件

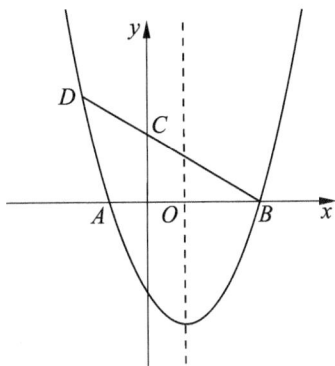

图 4-1-42

的点 Q 的坐标.

分析:(1)因为 $BO = 3AO = 3$,所以 $BO = 3$,$AO = 1$,所以 $B(3,0)$,$A(-1,0)$,

易得:$b = -\dfrac{3+\sqrt{3}}{3}$,$c = -\dfrac{3+\sqrt{3}}{2}$,所以抛物线 $y = \dfrac{3+\sqrt{3}}{6}x^2 - \dfrac{3+\sqrt{3}}{3}x - \dfrac{3+\sqrt{3}}{2}$.

(2)过点 D 作 $DE \perp x$ 轴,垂足为 E,如图 4-1-43 所示.

则有 $\dfrac{BC}{CD} = \dfrac{BO}{OE} = \sqrt{3}$,所以 $OE = \dfrac{BO}{\sqrt{3}} = \sqrt{3}$,

即 $x_D = -\sqrt{3}$,

所以 $y_D = \dfrac{3+\sqrt{3}}{6} \times (-\sqrt{3})^2 - \dfrac{3+\sqrt{3}}{3} \times$

$(-\sqrt{3}) - \dfrac{3+\sqrt{3}}{2} = \sqrt{3}+1$,

所以 $D(-\sqrt{3},\sqrt{3}+1)$,所以直线 BD 的

函数解析式为 $y = -\dfrac{\sqrt{3}}{3}x + \sqrt{3}$.

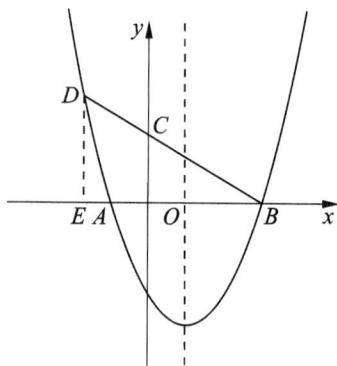

图 4-1-43

(3)首先,分析已知 $\triangle ABD$,如图 4-1-44 所示:

①点的坐标:$B(3,0)$,$A(-1,0)$,$D(-\sqrt{3},\sqrt{3}+1)$,$C(0,\sqrt{3})$,

②边的长度:$AB = 4$,$AD = 2\sqrt{2}$,$BD = 2\sqrt{3}+2$,$OC = \sqrt{3}$,$OA = 1$,

③特殊角:$\angle ABC = 30°$,$\angle ACO = 30°$,$\angle ACB = 90°$,

所以 $BC = \sqrt{3}AC$,又因为 $BC = \sqrt{3}CD$,所以 $CD = AC$.

所以 $\angle D = 45°$.

其次,分析待定的 $\triangle BPQ$.

①点的坐标:$B(3,0)$,$Q(t,0)$,$P(1,n)$,

②边的长度:$BQ = |3-t|$,$BP = \sqrt{(3-1)^2 + (0-n)^2}$,$QP = \sqrt{(t-1)^2 + (0-n)^2}$

③特殊角:若 $\angle PBQ = 30°$,$\angle BPQ = 45°$,如图 4-1-45(1)所示.

则 $\triangle ABD \backsim \triangle QBP$,所以 $\dfrac{AB}{BQ} = \dfrac{BD}{BP} = \dfrac{AD}{PQ} = \dfrac{y_D}{PE} = \dfrac{x_B - x_D}{BE}$,

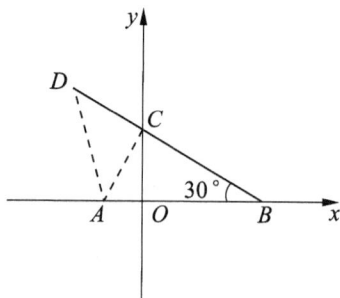

图 4-1-44

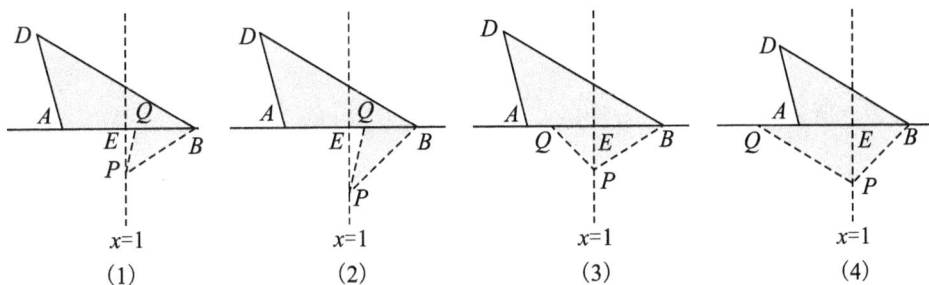

図 **4-1-45**

即：$\dfrac{4}{3-t}=\dfrac{2\sqrt{3}+2}{\sqrt{(3-1)^2+(0-n)^2}}=\dfrac{2\sqrt{2}}{\sqrt{(t-1)^2+(0-n)^2}}=\dfrac{\sqrt{3}+1}{|n|}=\dfrac{3+\sqrt{3}}{2}$（$n<0$），

解得：$n=-\dfrac{2\sqrt{3}}{3}$，$t=-1+\dfrac{4\sqrt{3}}{3}$，所以 $Q\left(-1+\dfrac{4\sqrt{3}}{3},\ 0\right)$.

若 $\angle BPQ=30°$，$\angle PBQ=45°$，如图 4-1-45（2）所示.

则 $\triangle ABD\backsim\triangle QPB$，所以 $\dfrac{AB}{PQ}=\dfrac{AD}{BQ}=\dfrac{BD}{PB}$，$\tan45°=\dfrac{PE}{BE}$，

即：$\dfrac{4}{\sqrt{(t-1)^2+(0-n)^2}}=\dfrac{2\sqrt{2}}{3-t}=\dfrac{2\sqrt{3}+2}{\sqrt{(3-1)^2+(0-n)^2}}$，$\dfrac{-n}{3-1}=\tan45°=1$，

解得：$n=-2$，$t=5-2\sqrt{3}$，

所以 $Q(5-2\sqrt{3},\ 0)$.

若 $\angle PBQ=30°$，$\angle BQP=45°$，如图 4-1-45（3）所示.

则 $\triangle ABD\backsim\triangle PBQ$，$\therefore\dfrac{AB}{BP}=\dfrac{AD}{PQ}=\dfrac{BD}{BQ}$，

即：$\dfrac{4}{\sqrt{(3-1)^2+(0-n)^2}}=\dfrac{2\sqrt{2}}{\sqrt{(t-0)^2+(1-n)^2}}=\dfrac{2\sqrt{3}+2}{3-t}=\dfrac{2}{|n|}$，

解得：$n=-\dfrac{2\sqrt{3}}{3}$，$t=1-\dfrac{2\sqrt{3}}{3}$，所以 $Q\left(1-\dfrac{2\sqrt{3}}{3},\ 0\right)$.

若 $\angle PBQ=45°$，$\angle BQP=30°$，如图 4-1-45（4）所示.

则 $\triangle ABD\backsim\triangle PQB$，所以 $\dfrac{AB}{PQ}=\dfrac{AD}{PB}=\dfrac{BD}{BQ}$，

即：$\dfrac{4}{\sqrt{(t-0)^2+(1-n)^2}}=\dfrac{2\sqrt{2}}{\sqrt{(3-1)^2+(0-n)^2}}=\dfrac{2\sqrt{3}+2}{3-t}=\dfrac{2}{|n|}$，

解得：$n=-2$，$t=1-2\sqrt{3}$，

所以 $Q(1-2\sqrt{3}，0)$.

综上所述：所有满足条件的点 Q 的坐标 $Q\left(-1+\dfrac{4\sqrt{3}}{3}，0\right)$ 或 $(5-2\sqrt{3}，0)$ 或

$Q\left(1-\dfrac{2\sqrt{3}}{3}，0\right)$ 或 $(1-2\sqrt{3}，0)$.

【问题再思考】 若没有"点 P 在抛物线的对称轴上且在 x 轴下方"这个条件，则点 P 还有下面的几种情况.

若 $\angle PBQ=30°$，$\angle BPQ=45°$，如图 4-1-46(1) 所示.

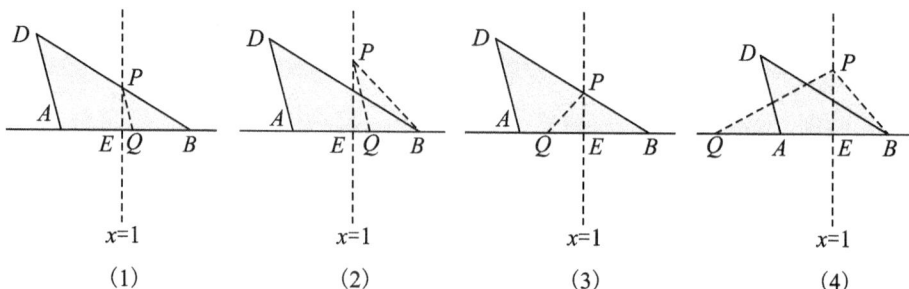

图 4-1-46

则 $\triangle ABD \backsim \triangle QBP$，所以 $\dfrac{AB}{BQ}=\dfrac{BD}{BP}=\dfrac{AD}{PQ}=\dfrac{y_D}{PE}=\dfrac{x_B-x_D}{BE}$，

即：$\dfrac{4}{3-t}=\dfrac{2\sqrt{3}+2}{\sqrt{(3-1)^2+(0-n)^2}}=\dfrac{2\sqrt{2}}{\sqrt{(t-1)^2+(0-n)^2}}=\dfrac{\sqrt{3}+1}{|n|}=\dfrac{3+\sqrt{3}}{2}$（$n>0$），

解得：$n=\dfrac{2\sqrt{3}}{3}$，$t=-1+\dfrac{4\sqrt{3}}{3}$，所以 $Q\left(-1+\dfrac{4\sqrt{3}}{3}，0\right)$.

若 $\angle BPQ=30°$，$\angle PBQ=45°$，如图 4-1-46(2) 所示.

则 $\triangle ABD \backsim \triangle QPB$，所以 $\dfrac{AB}{PQ}=\dfrac{AD}{BQ}=\dfrac{BD}{PB}$，$\tan 45°=\dfrac{PE}{BE}$，

即：$\dfrac{4}{\sqrt{(t-1)^2+(0-n)^2}}=\dfrac{2\sqrt{2}}{3-t}=\dfrac{2\sqrt{3}+2}{\sqrt{(3-1)^2+(0-n)^2}}$，$\dfrac{n}{3-1}=\tan 45°=1$，

解得：$n=2$，$t=5-2\sqrt{3}$，所以 $Q(5-2\sqrt{3}，0)$.

若 $\angle PBQ=30°$，$\angle BQP=45°$，如图 4-1-46(3) 所示.

则 $\triangle ABD \backsim \triangle PBQ$，所以 $\dfrac{AB}{BP}=\dfrac{AD}{PQ}=\dfrac{BD}{BQ}$，

即：$\dfrac{4}{\sqrt{(3-1)^2+(0-n)^2}}=\dfrac{2\sqrt{2}}{\sqrt{(t-0)^2+(1-n)^2}}=\dfrac{2\sqrt{3}+2}{3-t}=\dfrac{2}{|n|}$，

解得：$n=\dfrac{2\sqrt{3}}{3}$，$t=1-\dfrac{2\sqrt{3}}{3}$，所以 $Q\left(1-\dfrac{2\sqrt{3}}{3}, 0\right)$.

若 $\angle BQP=30°$，$\angle PBQ=45°$，如图 4-1-46(4) 所示.

则 $\triangle ABD \backsim \triangle PQB$，所以 $\dfrac{AB}{PQ}=\dfrac{AD}{PB}=\dfrac{BD}{BQ}$，

即：$\dfrac{4}{\sqrt{(t-0)^2+(1-n)^2}}=\dfrac{2\sqrt{2}}{\sqrt{(3-1)^2+(0-n)^2}}=\dfrac{2\sqrt{3}+2}{3-t}=\dfrac{2}{|n|}$，

解得：$n=2$，$t=1-2\sqrt{3}$，

所以 $Q(1-2\sqrt{3}, 0)$.

综上所述：所有满足条件的点 Q 的坐标 $Q\left(-1+\dfrac{4\sqrt{3}}{3}, 0\right)$ 或 $(5-2\sqrt{3}, 0)$ 或

$Q\left(1-\dfrac{2\sqrt{3}}{3}, 0\right)$ 或 $(1-2\sqrt{3}, 0)$.

【小结】二次函数中相似三角形存在性问题：

(1)从顶点坐标，边的长度，角的大小三个角度定量分析已知三角形的性质；

(2)分析所求相似三角形的边、角、顶点坐标；

(3)寻找对应关系，有时还要从横平、竖直的角度找对应高的比作为相似比.

【案例九】三角形的三条中线交于一点，这点叫三角形的重心，重心分中线为 2∶1 的两段；三角形的中线平分该三角形的面积.

16.（2015 年·东莞质量自查试题）如图 4-1-47 所示，$\triangle ABC$ 三边的中线 AD，BE，CF 的公共点 G，若 $S_{\triangle ABC}=12$，则图中阴影部分面积是_____.

分析：本题学生不易解答，但容易蒙对. 关于图形面积均分，教材中出现了平行四边形对角线均分面积等问题，由等底等高的两个三角形面积相等，可以得出三角形的中线将三角形面积一分为二，易得图中各个小三角形面积都相等，这里为我们提供了一种等分三角形面积的方法.

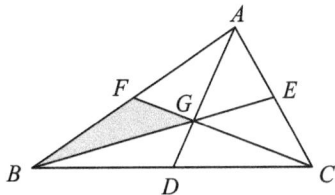

图 4-1-47

解：根据等底等高的两个三角形的面积相等，我们得到三角形的中线均分三角形的面积.

如图 4-1-48 所示，因为 AD，BE，CF 分别是 $\triangle ABC$ 的中线，所以 $S_{\triangle ABD}=S_{\triangle ACD}$，$S_{\triangle ABE}=S_{\triangle CBE}$，$S_{\triangle ACF}=S_{\triangle BCF}$，所以 $2x+z=2y+z$，$2x+y=2z+y$，$x+2y=x+2z$，

所以 $x=y=z$，所以 $S_{阴影}=\dfrac{1}{6}S_{\triangle ABC}=2$。

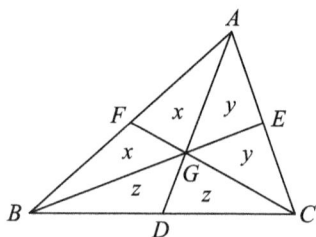

图 4-1-48

【题后思考】（1）如图 4-1-48 所示，三角形三条中线交于一点 G，点 G 叫作三角形的"重心"，重心 G 分中线 AD 所成的两段之比为 $2:1$，即 $AG:GD=2:1$，也就是说，三角形的重心是中线的三等分点.

证明如下：因为 $x=y=z$，所以 $S_{\triangle ABG}:S_{\triangle BDG}=AG:GD=2:1$.

（2）如图 4-1-49 所示，AD 是 $\triangle ABC$ 的 BC 边上的中线，$BE\perp AD$，$CF\perp AD$，垂足分别为 E，F.

易证 $\triangle BDE\cong\triangle CDF$，所以 $BE=CF$.

或者由 $S_{\triangle ABD}=S_{\triangle ACD}$，得 $\dfrac{1}{2}AD\times BE=\dfrac{1}{2}AD\times CF$，

所以 $BE=CF$.

（3）如图 4-1-50 所示，AD 是 $\triangle ABC$ 的 BC 边上的中线，则中线两边公共边的两个三角形面积相等.

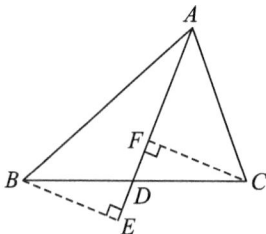

图 4-1-49

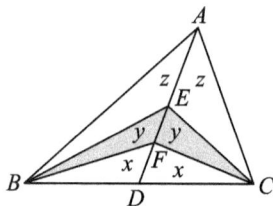

图 4-1-50

【问题引申】如图 4-1-51 所示，点 E 是 $\triangle ABC$ 的边 BC 上的中线 AD 上一点.

（1）若图中阴影部分面积为 8，则 $S_{\triangle ABC}=$ _____.

（2）若已知 $S_{\triangle ABC}=12$，$AE:AD=2:5$，则 $S_{\triangle BDE}=$ _____.

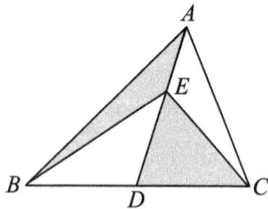

图 4-1-51

【小结】几何证明在于看到什么就能迅速想

到什么,如中点问题想中点,即看到"中点"信息,要能迅速想到下面的重要结论,它们就是"灵感"的神经所在,要特别熟悉文字语言、图象语言所传递的信息,切不可视而不见:

(1)线段垂直平分线:图 4-1-52(1)可用作线段垂直平分线定义,图 4-1-52(2)则是线段垂直平分线性质图,图 4-1-52(3)则是线段垂直平分线的判定图.

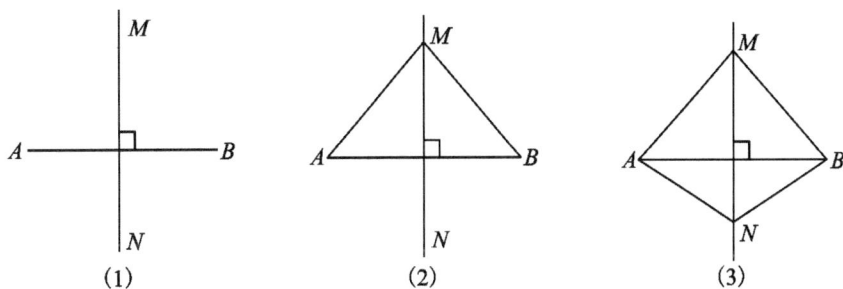

(1)　　　　　　　　(2)　　　　　　　　(3)

图 4-1-52

问题联想:如图 4-1-53 所示,△ABC 内接于⊙O,且 AB=AC,AD 是直径,求证:点 D 是弧 BC 的中点.

(2)三角形的中线,特别是等腰三角形底边上的中线,直角三角形斜边上的中线,更有甚者,含特殊角的直角三角形斜边上的中线.

图 4-1-54 中释放的数学语言是三角形的中线平分三角形的面积,提供了将三角形面积一分为二或将三角形面积分成六等分的一种分法;图 4-1-55 释放

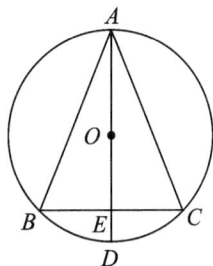

图 4-1-53

的数学语言是直角三角形斜边上的中线等于斜边长度的一半,直角三角形是以斜边为直径的圆内接三角形;图 4-1-56 释放的数学语言可谓十分丰富,等腰三角形的"三线合一"性质以及线段垂直平分线的性质与判定.

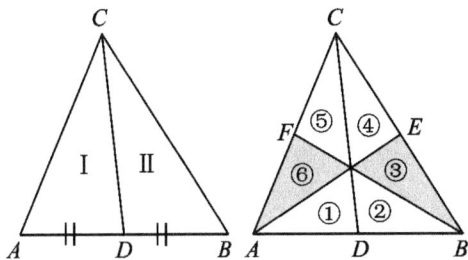

图 4-1-54

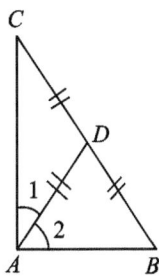

图 4-1-55

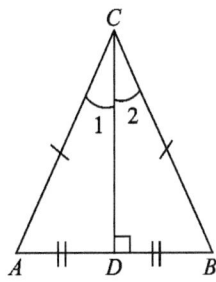

图 4-1-56

(3)三角形的中位线,三角形的中点三角形,四边形的中点四边形以及梯形的中位线等图形的性质,是解决复杂几何图形问题的思维源泉,往往能产生"灵感",形成顿悟(图4-1-57~图4-1-61).

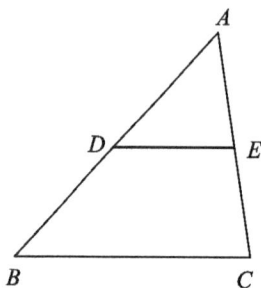

图4-1-57

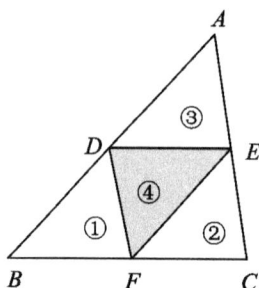

图4-1-58

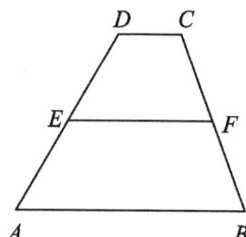

图4-1-59

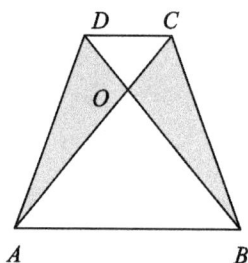

图4-1-60

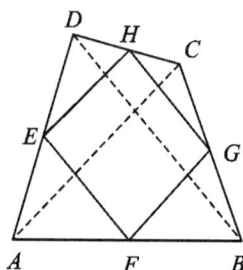

图4-1-61

【案例十】人教版八年级上册第十三章 轴对称 第93页 第14题

14. 如图4-1-62所示,△ABC为等腰三角形,AC=BC,△BDC和△ACE分别为等边三角形,AE与BD相交于点F,连接CF并延长,交AB于点G. 求证:G为AB的中点.

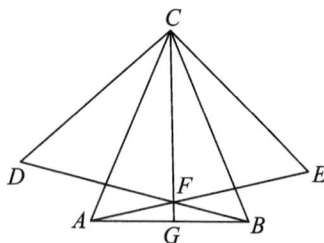

图4-1-62

证明:因为△ABC为等腰三角形,所以CA=CB,∠CAB=∠CBA.

又因为△BDC和△ACE分别为等边三角形,所以∠CAE=∠CBD=60°,

所以∠CAB-∠CAE=∠CBA-∠CBD,即∠FAB=∠FBA,所以FA=FB.

因为CA=CB,FA=FB,所以点C、点F都在线段AB的垂直平分线上,即CF垂直平分线段AB,所以G为AB的中点.

【问题引申】本题是以等腰三角形的两腰向内作等边三角形,若以等腰三角形的两腰向外作等边三角形, 则产生下面的问题.

如图 4-1-63 所示, 在 $\triangle ABC$ 中, $AC = BC$, 以腰 AC、BC 为边向外作等边 $\triangle ACD$ 和 $\triangle BCE$, AE 与 BD 相交于点 F, 连接 CF 并延长, 交 AB 于点 G.

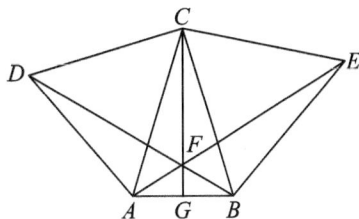

图 4-1-63

求证: (1) $BD = AE$;

(2) 点 G 为 AB 的中点.

证明: (1) 因为 $\triangle ACD$ 和 $\triangle BCE$ 都是等边三角形, 所以 $\angle DCA = \angle BCE = 60°$, $CD = AC$, $BC = CE$. 又因为 $AC = BC$, 所以 $CD = CE$, $\angle DCA + \angle ACB = \angle BCE + \angle ACB$, 即 $\angle DCB = \angle ACE$, 所以 $\triangle CDB \cong \triangle CAE$, 所以 $BD = AE$.

(2) 由 (1) 知 $BD = AE$, 又因为 $AD = BE$, $AB = BA$, 所以 $\triangle DAB \cong \triangle EBA$, 所以 $\angle FAB = \angle FBA$, 所以 $FA = FB$. 因为 $CA = CB$, $FA = FB$, 所以点 C、点 F 都在线段 AB 的垂直平分线上, 即 CF 垂直平分线段 AB, 所以 G 为 AB 的中点.

【题后小结】 案例十及问题引申, 都是由基本图形 $\triangle CDB$ 绕点 C 逆时针方向旋转到 $\triangle CAE$, 两个问题的实质是一样的, 其背景都是基本图形的旋转或 "手拉手" 模型. 其区别仅仅是图 4-1-62, 等腰 $\triangle CDB$ 的顶角 $\angle DCB = 60°$, 图 4-1-63, 等腰 $\triangle CDB$ 的顶角 $\angle DCB$ 大于 $60°$ 且小于 $120°$. 当然, 问题更适合归结为 "手拉手" 全等模型.

【练习 1】(1) 操作发现:

如图 4-1-64① 所示, 小明画了一个等腰三角形 ABC, 其中 $AB = AC$, 在 $\triangle ABC$ 的外侧分别以 AB, AC 为腰作了两个等腰直角三角形 ABD, ACE, 分别取 BD, CE, BC 的中点 M, N, G, 连接 GM, GN. 小明发现了: 线段 GM 与 GN 的数量关系是 _____; 位置关系是_____.

(2) 类比思考:

如图 4-1-64② 所示, 小明在此基础上进行了深入思考. 把等腰三角形 ABC 换为一般的锐角三角形, 其中 $AB > AC$, 其他条件不变, 小明发现的上述结论还成立吗? 请说明理由.

(3) 深入研究:

如图 4-1-64③ 所示, 小明在 (2) 的基础上, 又作了进一步的探究. 向 $\triangle ABC$ 的内侧分别作等腰直角三角形 ABD, ACE, 其他条件不变, 试判断 $\triangle GMN$ 的形状, 并给出证明.

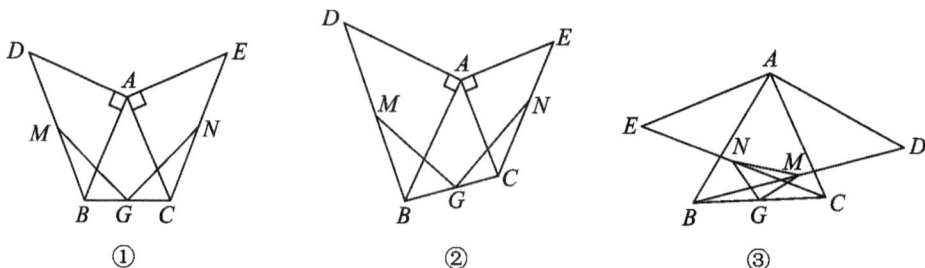

图 4-1-64

分析：本题的本质就是通过"手拉手"得出 $\triangle ADC \cong \triangle ABE$ 全等，并进一步得到 $CD = BE$，且 $CD \perp BE$. 然后，利用三角形的中位线性质，得到 $GM = GN$，且 $GM \perp GN$，$\triangle GMN$ 是等腰直角三角形保持不变，如图 4-1-65 所示.

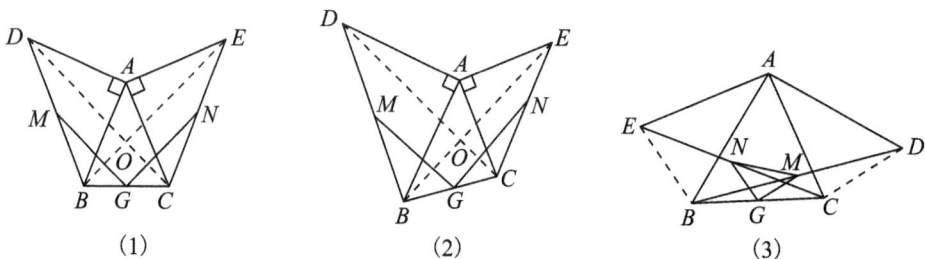

图 4-1-65

【案例十一】 两道中考真题的对比分析

(2011 · 深圳中考真题第 21 题)如图 4-1-66 所示，一张矩形纸片 $ABCD$，其中 $AD = 8$ cm，$AB = 6$ cm，先沿对角线 BD 折叠，点 C 落在点 C' 的位置，BC' 交 AD 于点 G.

（1）求证：$AG = C'G$；

（2）如图 4-1-67 所示，再折叠一次，使点 D 与点 A 重合，折痕 EN，EN 交 AD 于 M，求 EM 的长.

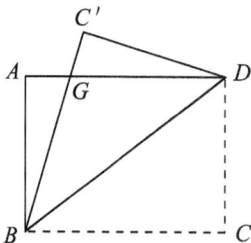

图 4-1-66

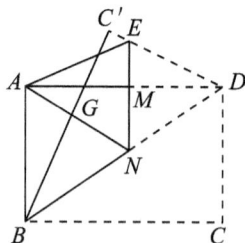

图 4-1-67

2012 广东卷第 21 题在相当的背景下则提出了下面的三个问题(图 4-1-68):

(1)求证：△ABG≌△C'DG；

(2)求 tan∠ABG 的值；

(3)求 EN 的长.

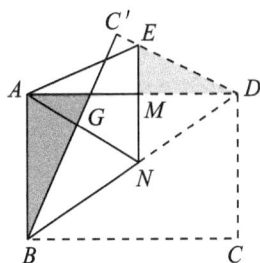

图 4-1-68

通过 2011 深圳中考第 21 题与 2012 广东卷第 21 题的类比呈现，我们发现 2012 广东卷第 21 题设计的问题比较人性化，问题层次感比较明显，能让学生不断拾级而上，而 2011 深圳第 21 题解题的方法引导作用较弱，从而给学生心理上、思想上带来较强的压迫感，难度明显增大，但两个题目解法上都有一个核心的思想方法，那就是要紧紧抓住"折叠"这一全等变换，以及其中包含的相似三角形.

【案例十二】(2018 年·广东省中考真题第 25 题)已知 Rt△OAB，∠OAB=90°，∠ABO=30°，斜边 OB=4，将 Rt△OAB 绕点 O 顺时针旋转 60°，如图 4-1-69 所示，连接 BC.

(1)填空：∠OBC=_____°；

(2)如图 4-1-69 所示，连接 AC，作 OP⊥AC，垂足为 P，求 OP 的长度；

(3)如图 4-1-70 所示，点 M，N 同时从点 O 出发，在△OCB 边上运动，M 沿 O→C→B 路径匀速运动，N 沿 O→B→C 路径匀速运动，当两点相遇时运动停止，已知点 M 的运动速度为 1.5 单位/秒，点 N 的运动速度为 1 单位/秒，设运动时间为 x 秒，△OMN 的面积为 y，求当 x 为何值时 y 取得最大值？最大值为多少？

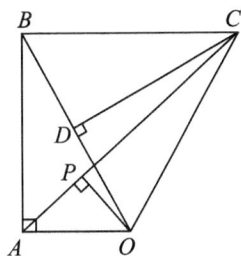

图 4-1-69

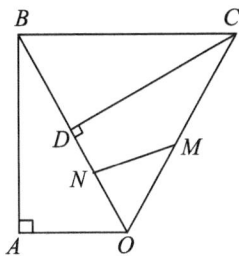

图 4-1-70

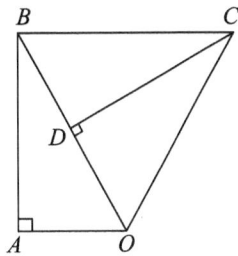

备用图

分析：(1)∠OBC=__60__°；

由旋转性质可知：OB=OC，∠BOC=60°，所以△OBC 是等边三角形，所以 ∠OBC=60°.

(2)如图 4-1-69 中，因为 $OB=4$，$\angle ABO=30°$，所以 $OA=\dfrac{1}{2}OB=2$，$AB=\sqrt{3}OA=2\sqrt{3}$，所以 $S_{\triangle AOC}=\dfrac{1}{2}OA\cdot AB=2\sqrt{3}$.

因为 $\triangle BOC$ 是等边三角形，所以 $\angle OBC=60°$，$\angle ABC=\angle ABO+\angle OBC=90°$，所以 $AC=\sqrt{AB^2+BC^2}=2\sqrt{7}$，所以 $S_{\triangle AOC}=\dfrac{1}{2}OP\cdot AC=2\sqrt{3}$，所以 $OP=\dfrac{2S_{\triangle AOC}}{AC}=\dfrac{2\sqrt{21}}{7}$.

(3)①如图 4-1-71 所示，当 $0<x\leqslant\dfrac{8}{3}$ 时，点 M 在 OC 上运动，点 N 在 OB 上运动，此时过点 N 作 $NE\perp OC$，交 OC 于点 E，则 $NE=ON\cdot\sin60°=\dfrac{\sqrt{3}}{2}x$，所以 $S_{\triangle OMN}=\dfrac{1}{2}OM\cdot NE=\dfrac{1}{2}\times1.5x\times\dfrac{\sqrt{3}}{2}x$，所以 $y=\dfrac{3\sqrt{3}}{8}x^2$. 所以当 $x=\dfrac{8}{3}$ 时，y 取最大值，最大值为 $\dfrac{8\sqrt{3}}{3}$.

②如图 4-1-72 所示，当 $\dfrac{8}{3}<x\leqslant4$ 时，点 M 在 BC 上运动，点 N 在 OB 上运动.

过点 M 作 $MH\perp OB$ 于点 H，则 $BM=8-1.5x$，$MH=BM\cdot\sin60°=\dfrac{\sqrt{3}}{2}(8-1.5x)$，所以 $y=\dfrac{1}{2}ON\cdot MH=-\dfrac{3\sqrt{3}}{8}x^2+2\sqrt{3}x$. 所以当 $x=\dfrac{8}{3}$ 时，y 取最大值，最大值为 $\dfrac{8\sqrt{3}}{3}$.

③如图 4-1-73 所示，当 $4<x\leqslant4.8$ 时，点 M、N 都在 BC 上运动.

过点 O 作 $OG\perp BC$ 于点 G，则 $MN=12-2.5x$，$OG=AB=2\sqrt{3}$，所以 $y=\dfrac{1}{2}MN\cdot OG=12\sqrt{3}-\dfrac{5\sqrt{3}}{2}x$，所以当 $x=4$ 时，y 取最大值，最大值为 $2\sqrt{3}$.

综上所述，y 有最大值，最大值为 $\dfrac{8\sqrt{3}}{3}$.

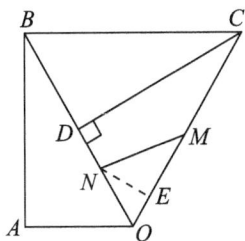

图 4-1-71

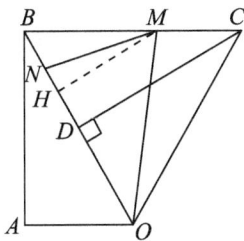

图 4-1-72

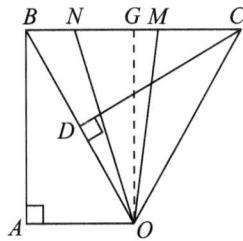

图 4-1-73

【**小结**】案例十二考查双动点问题、旋转的性质、直角三角形的性质、锐角三角函数、二次函数的图象与性质. 综合考查学生的化归思想、分类讨论思想.

【**案例十三**】(2019 秋·新昌县校级月考试题)如图 4-1-74 所示,抛物线 $y = ax^2 + bx + 6$ 与 x 轴交于点 $A(6, 0)$, $B(-1, 0)$, 与 y 轴交于点 C.

(1)求抛物线的解析式;

(2)若点 M 为该抛物线对称轴上一点, 当 $CM + BM$ 最小时, 求点 M 的坐标;

(3)抛物线上是否存在点 P, 使 $\triangle ACP$ 为直角三角形? 若存在, 有几个? 写出所有符合条件的点 P 的坐标; 若不存在, 说明理由.

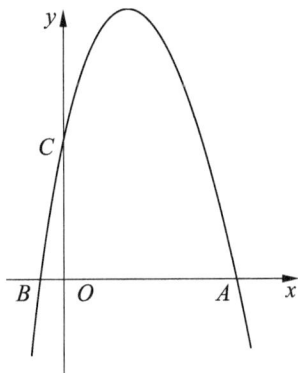

图 4-1-74

分析: (1)当 $x = 0$ 时, $y = ax^2 + bx + 6 = 6$, 所以 $C(0, 6)$, 因为 $y = ax^2 + bx + 6$ 与 x 轴交于点 $A(6, 0)$, $B(-1, 0)$, 所以可设 $y = a(x+1)(x-6)$, 把 $C(0, 6)$ 代入得 $a = -1$, 所以抛物线的解析式为 $y = -x^2 + 5x + 6$.

(2)如图 4-1-75 所示, 连接 AC, 则 AC 与对称轴交点即为所求点 M.

设所在直线的解析式为 $y = mx + n$, 将 $A(6, 0)$, $C(0, 6)$ 代入 $y = mx + n$, 得 $\begin{cases} 6m + n = 0 \\ n = 6 \end{cases}$, 解得 $\begin{cases} m = -1 \\ n = 6 \end{cases}$, 所以 AC 所在直线的解析式为 $y = -x + 6$.

又因为 $y = -x^2 + 5x + 6 = -\left(x - \dfrac{5}{2}\right)^2 + \dfrac{49}{4}$,

所以抛物线的对称轴为直线 $x = \dfrac{5}{2}$, 在直

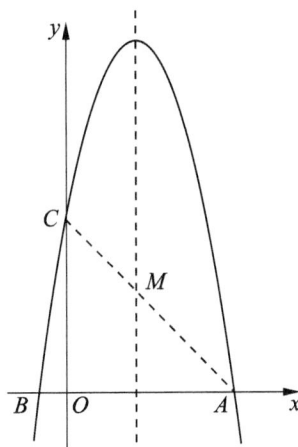

图 4-1-75

线 $y=-x+6$ 中, 当 $x=\dfrac{5}{2}$ 时, $y=\dfrac{7}{2}$, 则 M 的坐标为 $\left(\dfrac{5}{2},\dfrac{7}{2}\right)$.

(3) 设 $P(x, -x^2+5x+6)$, 存在 4 个点 P, 使 $\triangle ACP$ 为直角三角形.

由已知, 得 $PC^2=x^2+(-x^2+5x)^2$, $PA^2=(x-6)^2+(-x^2+5x+6)^2$, $AC^2=6^2+6^2=72$.

下面分三种情况进行讨论:

当 $\angle PAC=90°$, 因为 $PC^2=AP^2+AC^2$, 所以 $x^2+(-x^2+5x)^2=(x-6)^2+(-x^2+5x+6)^2+72$, 整理, 得 $x^2-4x-12=0$, 解得 $x_1=6$ (舍去), $x_2=-2$, 此时点 P 坐标为 $(-2, -8)$;

当 $\angle PCA=90°$, 因为 $PA^2=AC^2+PC^2$, 所以 $72+x^2+(-x^2+5x)^2=(x-6)^2+(-x^2+5x+6)^2$, 整理, 得 $x^2-4x=0$, 解得 $x_1=0$ (舍去), $x_2=4$, 此时点 P 坐标为 $(4, 10)$;

当 $\angle APC=90°$, 因为 $AC^2=PC^2+PA^2$, 所以 $72=x^2+(-x^2+5x)^2+(x-6)^2+(-x^2+5x+6)^2$, 整理, 得 $x^3-10x^2+20x+24=0$, 即 $x^3-10x^2+24x-4x+24=0$, $x(x^2-10x+24)-4(x-6)=0$, $(x-6)(x^2-4x-4)=0$, 因为 $x-6\neq0$, 所以 $x^2-4x-4=0$, 解得 $x_1=2+2\sqrt{2}$, $x_2=2-2\sqrt{2}$, 此时点 P 坐标为 $(2+2\sqrt{2}, 4+2\sqrt{2})$ 或 $(2-2\sqrt{2}, 4-2\sqrt{2})$.

综上所述, 符合条件的点 P 有四个, 其坐标为 $(-2, -8)$ 或 $(4, 10)$ 或 $(2+2\sqrt{2}, 4+2\sqrt{2})$ 或 $(2-2\sqrt{2}, 4-2\sqrt{2})$.

【题后小结】关于直角三角形存在性问题, 常根据直角顶点的不同, 分三种情况讨论, 然后, 根据勾股定理, 列方程解决实际问题. 当三角形是等腰直角三角形时, 常通过构造"一线三直角"全等模型解决相关问题.

如图 4-1-76 所示, 直线 $y=-\dfrac{\sqrt{3}}{3}x+1$ 与 x 轴, y 轴分别交于点 A、B, 以线段 AB 为直角边, 在第一象限内作等腰 $Rt\triangle ABC$, $\angle BAC=90°$. 且点 $P(1, a)$ 为坐标系中的一个动点.

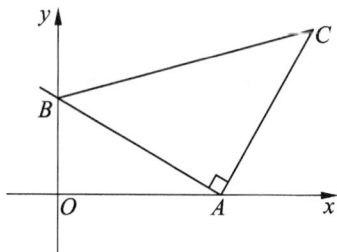

图 4-1-76

(1) 求三角形 $\triangle ABC$ 的面积;

(2) 求点 C 的坐标;

(3) 证明无论 a 取任何实数, $\triangle BOP$ 的面积都是一个常数.

分析: (1) 因为直线 $y=-\dfrac{\sqrt{3}}{3}x+1$ 与 x 轴, y 轴分别交于点 A、B, 所以点 A 的坐标为 $(\sqrt{3}, 0)$, 点 B 的坐标为 $(0, 1)$, 所以 $OA=\sqrt{3}$, $OB=1$, 因为 $\angle AOB=90°$,

所以 $AB = \sqrt{OA^2 + OB^2} = 2$, 由旋转, 知 $AC = AB = 2$, 又因为 $\angle BAC = 90°$, 所以 $S_{\triangle ABC} = \dfrac{1}{2}AB \cdot AC = 2$;

(2) 过点 C 作 $CD \perp x$ 轴于点 D, 如图 4-1-77 所示.

则 $\angle AOB = \angle BAC = \angle ADC = 90°$, 所以 $\angle OAB + \angle CAD = 90°$, 又因为 $\angle CAD + \angle ACD = 90°$, 所以 $\angle BAO = \angle ACD$.

在 $\triangle AOB$ 和 $\triangle CDA$ 中,

$$\begin{cases} \angle BAO = \angle ACD \\ \angle AOB = \angle ADC, \\ AC = AB \end{cases} \text{所以 } \triangle AOB \cong \triangle CDA,$$

所以 $OA = CD = \sqrt{3}$, $OB = DA = 1$,

所以 $OD = OA + AD = \sqrt{3} + 1$,

所以点 C 的坐标 $(\sqrt{3} + 1, \sqrt{3})$;

(3) 因为 $P(1, a)$, 所以点 $P(1, a)$ 在直线 $x = 1$ 上运动, 过点 C 作 $CD \perp x$ 轴于点 D, 如图 4-1-78 所示.

因为 $P(1, a)$, 所以 $PE = 1$, 所以 $S_{\triangle BOP} = \dfrac{1}{2}OB \cdot PE = \dfrac{1}{2} \times 1 \times 1 = \dfrac{1}{2}$, 与 a 无关, 所以, 无论 a 取任何实数, $\triangle BOP$ 的面积都是一个常数.

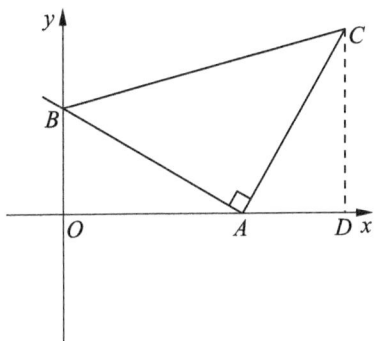

图 4-1-77

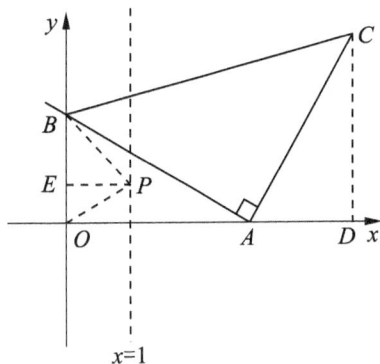

图 4-1-78

【小结】本题是典型的"一线三直角"造全等模型, 通过全等, 得到点 B 与点 C 之间的坐标关系, 从而使问题得到解决.

【案例十四】(2021・广东省中考数学真题) 已知二次函数 $y = ax^2 + bx + c$ 的图象过点 $(-1, 0)$, 且对任意实数 x, 都有 $4x - 12 \leqslant ax^2 + bx + c \leqslant 2x^2 - 8x + 6$.

(1)求该二次函数的解析式;

(2)若(1)中二次函数图象与 x 轴的正半轴交点为 A,与 y 轴交点为 C;点 M 是(1)中二次函数图象上的动点. 问在 x 轴上是否存在点 N,使得以 A、C、M、N 为顶点的四边形是平行四边形. 若存在,求出所有满足条件的点 N 的坐标;若不存在,请说明理由.

【解析】解:(1)不妨令 $4x-12=2x^2-8x+6$,解得:$x_1=x_2=3$,

当 $x=3$ 时,$4x-12=2x^2-8x+6=0$.

$\therefore y=ax^2+bx+c$ 必过 $(3,0)$.

又 $\because y=ax^2+bx+c$ 过 $(-1,0)$,

$\therefore \begin{cases} a-b+c=0 \\ 9a+3b+c=0 \end{cases}$,解得:$\begin{cases} b=-2a \\ c=-3a \end{cases}$,

$\therefore y=ax^2-2ax-3a$.

又 $\because ax^2-2ax-3a \geqslant 4x-12$,

$\therefore ax^2-2ax-3a-4x+12 \geqslant 0$,

整理得:$ax^2-(2a+4)x+12-3a \geqslant 0$,

$\therefore a>0$ 且 $\Delta \leqslant 0$,

$\therefore (2a+4)^2-4a(12-3a) \leqslant 0$,

$\therefore (a-1)^2 \leqslant 0$,

$\therefore a=1$,$b=-2$,$c=-3$.

$\therefore$ 该二次函数解析式为 $y=x^2-2x-3$,如图 4-1-79 所示.

(2)存在,理由如下:

在 $y=x^2-2x-3$ 中,令 $y=0$,得 $x=3$,则点 A 坐标为 $(3,0)$;

令 $x=0$,得 $y=-3$,则点 C 坐标为 $(0,-3)$.

设点 M 坐标为 (m,m^2-2m-3),$N(n,0)$,

根据平行四边形对角线性质以及中点坐标公式可得:

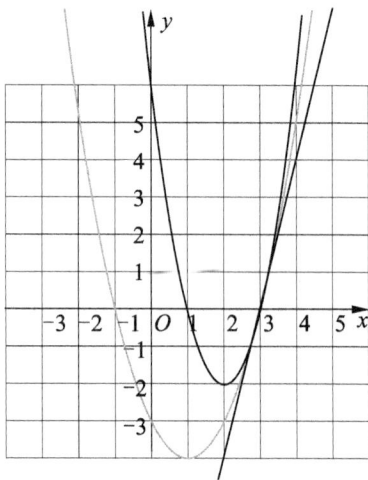

图 4-1-79

①当 AC 为对角线时,$\begin{cases} x_A+x_C=x_M+x_N \\ y_A+y_C=y_M+y_N \end{cases}$,

即 $\begin{cases} 3+0=m+n \\ 0-3=m^2-2m-3+0 \end{cases}$,解得:$m_1=0$(舍去),$m_2=2$,

∴ $n=1$，即 $N_1(1，0)$.

②当 AM 为对角线时，$\begin{cases} x_A+x_M=x_C+x_N \\ y_A+y_M=y_C+y_N \end{cases}$，

即 $\begin{cases} 3+m=0+n \\ 0+m^2-2m-3=-3+0 \end{cases}$，解得：$m_1=0$（舍去），$m_2=2$，

∴ $n=5$，即 $N_2(5，0)$.

③当 AN 为对角线时，$\begin{cases} x_A+x_N=x_C+x_M \\ y_A+y_N=y_C+y_M \end{cases}$，

即 $\begin{cases} 3+n=0+m \\ 0+0=m^2-2m-3-3 \end{cases}$，解得：$m_1=1+\sqrt{7}$，$m_2=1-\sqrt{7}$，

∴ $n=\sqrt{7}-2$ 或 $-2-\sqrt{7}$，

∴ $N_3(\sqrt{7}-2，0)$，$N_4(-2-\sqrt{7}，0)$.

综上所述，N 点坐标为 $(1，0)$ 或 $(5，0)$ 或 $(\sqrt{7}-2，0)$ 或 $(-2-\sqrt{7}，0)$.

【题后小结】本题的难点在于学生对"对任意实数 x，都有 $4x-12\leqslant ax^2+bx+c\leqslant 2x^2-8x+6$"这句话所包含的数学关系理解不清，从而产生思维障碍.

事实上，由 $4x-12\leqslant 2x^2-8x+6$ 即 $x^2-6x+9\geqslant 0$，也就是 $(x-3)^2\geqslant 0$ 对任意实数 x 都成立，当 $x=3$ 时取等号，∴ $y=ax^2+bx+c$ 必过 $(3，0)$；另外，学生对关于 x 的二次不等式 $ax^2+bx+c\geqslant 0$（或 $\leqslant 0$）恒成立，不能从二次函数图象的角度去认识问题，从而找到系数所满足的关系式：$a>0$ 且 $\Delta\leqslant 0$（或 $a<0$ 且 $\Delta\leqslant 0$）.

下面三句话刻画的是同一个数学事实，它们是等价的：

关于 x 的二次不等式 $ax^2+bx+c\geqslant 0$（或 $\leqslant 0$）恒成立 $\Longleftrightarrow$ 二次函数 $y=ax^2+bx+c$ 的图象开口向上（或向下）且与 x 轴最多只有一个交点 $\Longleftrightarrow a>0$ 且 $\Delta\leqslant 0$（或 $a<0$ 且 $\Delta\leqslant 0$）.

因此，在平时的教学中，多从数与形的角度去沟通同一数学对象所呈现出的不同的形式，增强学生用数学的思维去思考现实世界的能力与素养.

【问题六】函数图象有公共点问题：求函数图象交点问题，可通过联立方程组，求方程组的解而得到，交点问题是中考考试的重点，属高频考点，而函数图象与线段有公共点问题是中考热点，也是学生学习难点；二次函数图象与直线或线段交点问题，是中考数学的边缘热点问题，它不仅是初中与高中数学相互衔接的一个重要点，更是落实数形结合数学思想的重要载体，对提升学生思维品质有重要作用，是落实数学学科核心素养的重要片段.

【案例十五】(2018·北京市中考真题)在平面直角坐标系 xOy 中，直线 $y=4x+4$ 与 x 轴，y 轴分别交于点 A，B，抛物线 $y=ax^2+bx-3a$ 经过点 A，将点 B 向右

平移 5 个单位长度, 得到点 C.

(1)求点 C 的坐标;

(2)求抛物线的对称轴;

(3)若抛物线与线段 BC 恰有一个公共点, 结合函数图象, 求 a 的取值范围.

分析: (1)$A(-1, 0)$, $B(0, 4)$, 所以 $C(5, 4)$.

(2)∵ 抛物线 $y=ax^2+bx-3a$ 经过点 $A(-1, 0)$,

∴ $b=-2a$, ∴ $y=ax^2-2ax-3a=a(x-1)^2-4a$.

∴ 抛物线的对称轴为直线 $x=1$.

(3)如图 4-1-80 所示, 线段 BC 的解析式为: $y=4(0 \leqslant x \leqslant 5)$.

抛物线 $y=f(x)=ax^2-2ax-3a$ 的对称轴为直线 $x=1$, 顶点坐标为$(1, -4a)$.

∵ 抛物线与线段 BC 恰有一个公共点,

∴ $(f(0)-4) \cdot (f(5)-4) < 0$ 或 $-4a=4$,

即 $(-3a-4) \cdot (12a-4) < 0$ 或 $-4a=4$,

$(3a+4) \cdot (3a-1) > 0$ 或 $-4a=4$,

解得: $a < -\dfrac{4}{3}$ 或 $a=-1$ 或 $a > \dfrac{1}{3}$.

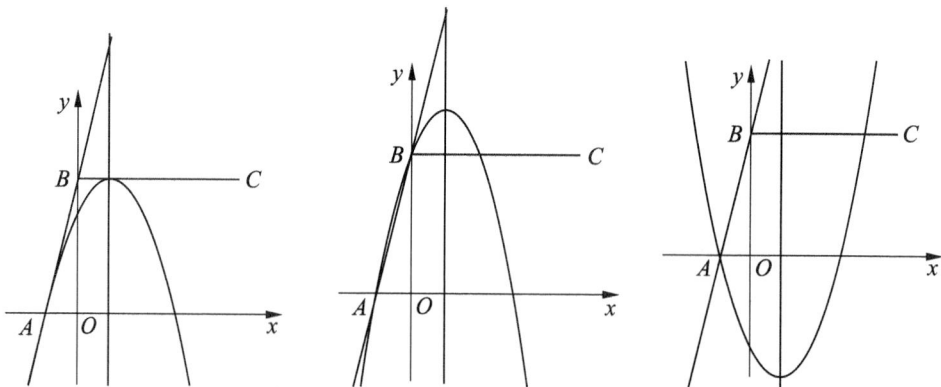

图 4-1-80

【**练习一**】(2020 山东威海市中考真题)已知, 在平面直角坐标系中, 抛物线 $y=x^2-2mx+m^2+2m-1$ 的顶点为 A, 点 B 的坐标为$(3, 5)$.

(1)求抛物线过点 B 时, 顶点 A 的坐标;

(2)点 A 的坐标记为(x, y), 求 y 与 x 的函数表达式;

(3)已知点 C 的坐标为$(0, 2)$, 当 m 取何值时, 抛物线 $y=x^2-2mx+m^2+2m-1$ 与线段 BC 只有一个交点.

分析: 如图 4-1-81 所示,

（1）∵ 抛物线过点 $B(3,5)$，

∴ $m^2 - 4m + 3 = 0$，解得 $m = 1$ 或 $m = 3$，顶点 A 的坐标为 $A(1,1)$ 或 $A(3,5)$.

（2）$y = x^2 - 2mx + m^2 + 2m - 1 = (x-m)^2 + 2m - 1$

∴ 点 A 的坐标为 $(x,y) = (m, 2m-1)$

即 $\begin{cases} x = m \cdots\cdots ① \\ y = 2m-1 \cdots\cdots ② \end{cases}$,

把①代入②，得 $y = 2x - 1$.

（3）由（2）可知，抛物线的顶点在直线 $y = 2x - 1$ 上运动，且形状不变，由（1）知，$m = 1$ 或 $m = 3$ 时，抛物线过点

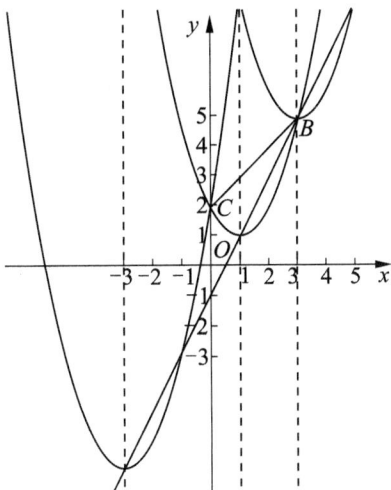

图 4-1-81

$B(3,5)$，把 $C(0,2)$ 代入 $y = x^2 - 2mx + m^2 + 2m - 1$，得 $m^2 + 2m - 3 = 0$，解得 $m = 1$ 或 $m = -3$，即当 $m = 1$ 或 $m = -3$ 时，抛物线与线段 BC 只有一个交点（即线段 BC 的端点）.

当 $m = 1$ 时，抛物线同时过点 B、C，所以 $m = 1$ 不合题意.

∴ 抛物线与线段 BC 只有一个交点时，m 的取值范围是：$-3 \leqslant m \leqslant 3$，且 $m \neq 1$.

【题后小结】 抛物线与线段交点问题，就线段而言：线段是固定的；就抛物线而言：分为固定的对称轴与运动的对称轴，形状不定的抛物线和形状不变的抛物线.

一般地：二次函数与直线或线段的交点问题，有以下一些常见的类型：

类型一：二次函数 $y = ax^2 + bx + c$ 与 x 轴的交点问题

$y = ax^2 + bx + c$ 的图象	两个交点 $(x_1, 0)$、$(x_2, 0)$	一个交点 $(x_1, 0)$	没有交点
$ax^2 + bx + c = 0$ 的根	两个不相等实根 $x_1 < x_2$	两个相等实根 $x_1 = x_2$	无实根
$\Delta = b^2 - 4ac$	$\Delta > 0$	$\Delta = 0$	$\Delta < 0$
$ax^2 + bx + c > 0 (a > 0)$ 解集	$x < x_1$ 或 $x > x_2$	$x \neq x_1$	全体实数
$ax^2 + bx + c > 0 (a < 0)$ 解集	$x_1 < x < x_2$	无解	无解

类型二：一般分为定区间、动对称轴与定对称轴、动区间

类型二：二次函数 $y=f(x)=ax^2+bx+c(a>0)$ 与线段 $y=0(m<x<n)$ 的交点问题

$y=ax^2+bx+c$ 的图象	两个交点 $(x_1,0)$、$(x_2,0)$	一个交点 $(x_1,0)$	没有交点
满足的条件	① $\begin{cases}\Delta>0\\m<x_1<x_2<n\end{cases}$ ② $\begin{cases}\Delta>0\\m<-\dfrac{b}{2a}<n\\f(m)>0\\f(n)>0\end{cases}$	$f(m)\cdot f(n)<0$	$\begin{cases}-\dfrac{b}{2a}<m\\f(m)>0\end{cases}$ 或 $\begin{cases}-\dfrac{b}{2a}>n\\f(n)>0\end{cases}$

类型三：

类型三：二次函数 $y=f(x)=ax^2+bx+c(a>0)$ 与线段 $y=d(m<x<n)$ 的交点问题

$y=ax^2+bx+c$ 的图象	两个交点 (x_1,d)、(x_2,d)	一个交点 (x_1,d)	没有交点
满足的条件 $ax^2+bx+c-d=0$ 的判别式为 Δ	① $\begin{cases}\Delta>0\\m<x_1<x_2<n\end{cases}$ ② $\begin{cases}\Delta>0\\m<-\dfrac{b}{2a}<n\\f(m)>d\\f(n)>d\end{cases}$	$f(m)\cdot f(n)<0$ 或 $\begin{cases}m<-\dfrac{b}{2a}<n\\\dfrac{4ac-b^2}{4a}=d\end{cases}$	$\begin{cases}-\dfrac{b}{2a}<m\\f(m)>d\end{cases}$ 或 $\begin{cases}-\dfrac{b}{2a}>n\\f(n)>d\end{cases}$

函数是贯穿中学数学的一条主线，初中阶段学习了一次函数(正比例函数)、反比例函数、二次函数、锐角三角函数等函数类型. 通过对上述函数概念的抽象过程，让学生体会函数的模型思想，进一步发展符号意识，经历各类函数的图象及其性质的探索过程，在合作与交流活动中发展合作交流的意识和能力，经历利用函数的图象与性质解决实际问题的过程，发展应用意识.

【问题七】动点问题

动点问题是几何中的常见问题，通过对点的运动属性的分析，探寻图形的变化特点，分析某一时刻图形的特征，研究问题的可能性，不变性及变化规律.

【案例十六】人教版八年级下册第十八章 平行四边形 第 68 页 拓广探索第 13 题

13. 如图 4-1-82 所示, 在四边形 $ABCD$ 中, $AD /\!/ BC$, $\angle B = 90°$, $AB = 8$ cm, $AD = 24$ cm, $BC = 26$ cm. 点 P 从点 A 出发, 以 1 cm/s 的速度向点 D 运动; 点 Q 从点 C 同时出发, 以 3 cm/s 的速度向点 B 运动. 规定其中一个动点到达端点时, 另一个动点也随之停止运动. 从运动开始, 使 $PQ /\!/ CD$ 和 $PQ = CD$, 分别需经过多少时间? 为什么?

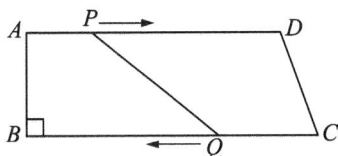

图 4-1-82

分析: 根据运动状态, 可得各线段长度与运动时间 t 的函数关系, 如 $AP = t$, $PD = 24 - t$, $CQ = 3t$, $QB = 26 - 3t$, 点 Q 从点 C 同时出发运动到端点 B 所用时间为 $t = \dfrac{26}{3}$ s, 点 P 从点 A 出发运动到端点 D 所用时间为 $t = 24$ s, 因此, 运动时间 t 满足 $0 \leqslant t \leqslant \dfrac{26}{3}$ s.

分析清楚上面的基本问题后, 紧接着就是对几何条件的认识: $PQ /\!/ CD$ 与 $AD /\!/ BC$, 翻译为四边形 $PQCD$ 中, 有两组对边分别平行, 即四边形 $PQCD$ 是平行四边形.

$PQ = CD$ 与 $AD /\!/ BC$, 翻译为四边形 $PQCD$ 为等腰梯形或平行四边形.

如何用时间 t 来描述 $PQ /\!/ CD$ 和 $PQ = CD$, 特别是描述 $PQ /\!/ CD$ 出现了困难. 但 $AD /\!/ BC$ 和 $PD = CQ$ 易于描述, 且 $PD = CQ$ 就能描述四边形 $PQCD$ 是平行四边形.

解: 设运动时间为 t s, 由题意知 $\begin{cases} 0 \leqslant t \leqslant 24 \\ 0 \leqslant t \leqslant \dfrac{26}{3} \end{cases}$, 所以 $0 \leqslant t \leqslant \dfrac{26}{3}$ s.

根据题意得: $AP = t$, $PD = 24 - t$, $CQ = 3t$, $QB = 26 - 3t$,

(1) 当 $PQ /\!/ CD$ 时, 如图 4-1-83 所示. 因为 $AD /\!/ BC$, 所以四边形 $PQCD$ 是平行四边形.

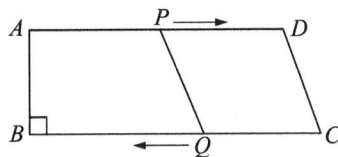

图 4-1-83

所以 $PD = CQ$, 即 $24 - t = 3t$, 解得 $t = 6$, 符合题意. 故经过 6 秒, $PQ /\!/ CD$.

(2) 当 $PQ = CD$ 时, 分两种情况, 即 $PD = CQ$ 与 $PD \neq CQ$.

①若 $PD = CQ$, 即 $t = 6$ 时, 四边形 $PQCD$ 是平行四边形, 此时 $PQ = CD$.

②若 $PD \neq CQ$, $PQ = CD$ 时, 四边形 $PQCD$ 为等腰梯形, 如图 4-1-84 所示.

过作 P 作 $PM \perp BC$，垂足为 M，过点 D 作 $DN \perp BC$，垂足为 N，如图 4-1-85 所示.

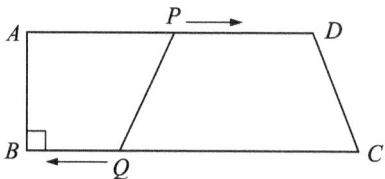

图 4-1-84

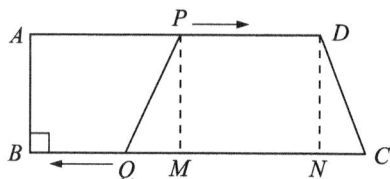

图 4-1-85

则 $QM = CN$，因为 $CN = BC - AD = 2$，$QM = \dfrac{1}{2}(QC - PD) = \dfrac{1}{2}\left[3t - (24-t)\right]$，

所以 $\dfrac{1}{2}\left[3t - (24-t)\right] = 2$，解得 $t = 7$，符合题意.

故经过 7 s，$PQ = CD$.

综上所述，经过 6 s，$PQ \parallel CD$；经过 6 s 或 7 s，$PQ = CD$.

【问题再思考】本解法中，始终没有使用条件 $\angle B = 90°$，$AB = 8$ cm.

告诉我们，$\angle B = 90°$，$AB = 8$ cm 不是必需条件，如果用上这些条件，会不会使问题的解决更加简便呢？

分析：以点 B 为坐标原点，BC 所在直线为 x 轴，建立平面直角坐标系，如图 4-1-86 所示.

设运动时间为 t s，则 $A(0, 6)$，$P(t, 6)$，$D(24, 6)$，$C(26, 0)$，$Q(26-3t, 0)$.

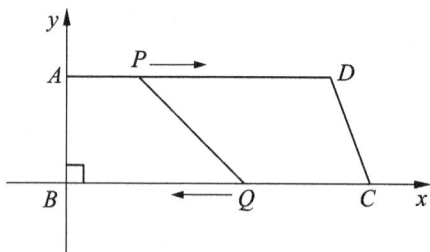

图 4-1-86

所以 $PQ = \sqrt{(4t-26)^2 + 6^2}$，

$CD = \sqrt{(24-26)^2 + 6^2} = 2\sqrt{10}$，

直线 PQ 的解析式为：$y = \dfrac{3}{2t-13}x + \dfrac{9t-78}{2t-13}$，

直线 CD 的解析式为：$y = -3x + 78$，

(1) 若 $PQ \parallel CD$，则 $\dfrac{3}{2t-13} = -3$，解得 $t = 6$，

符合题意. 故经过 6 s，$PQ \parallel CD$.

(2) 若 $PQ = CD$，则 $\sqrt{(4t-26)^2 + 6^2} = 2\sqrt{10}$

解得：$t = 6$ 或 7，符合题意.

综上所述,经过 6 s,$PQ/\!/CD$;经过 6 s 或 7 s,$PQ=CD$.

【小结】本解法通过建立平面直角坐标系,用程序化的流程,解决了问题,其解法简便且新颖.

点在图形上的运动一般分为两类,一类是在平面直角坐标系中的运动;另一类是在几何图形中的运动. 解决问题的方法就是用时间表示点的坐标和线段的长度,最终用方程模型、函数模型解决问题.

【案例十七】如图 4-1-87 所示,在四边形 $ABCD$ 和 $Rt\triangle EBF$ 中,$AB/\!/CD$,$CD>AB$,点 C 在 EB 上,$\angle ABC=\angle EBF=90°$,$AB=BE=8$ cm,$BC=BF=6$ cm,延长 DC 交 EF 于点 M. 点 P 从点 A 出发,沿 AC 方向匀速运动,速度为 2 cm/s;同时,点 Q 从点 M 出发,沿 MF 方向匀速运动,速度为 1 cm/s. 过点 P 作 $GH\perp AB$ 于点 H,交 CD 于点 G. 设运动时间为 $t(s)(0<t<5)$.

解答下列问题:

(1)当 t 为何值时,点 M 在线段 CQ 的垂直平分线上?

(2)连接 PQ,作 $QN\perp AF$ 于点 N,当四边形 $PQNH$ 为矩形时,求 t 的值;

(3)连接 QC,QH,设四边形 $QCGH$ 的面积为 $S(\mathrm{cm}^2)$,求 S 与 t 的函数关系式;

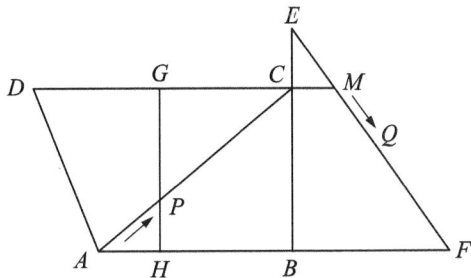

图 4-1-87

(4)点 P 在运动过程中,是否存在某一时刻 t,使点 P 在 $\angle AFE$ 的平分线上?若存在,求出 t 的值;若不存在,请说明理由.

分析:动点问题首先要明确运动的点的速度与路径,如本题中点 P 从点 A 出发,沿 AC 方向匀速运动,速度为 2 cm/s,同时,点 Q 从点 M 出发,沿 MF 方向匀速运动,速度为 1 cm/s.

其次,用含 t 的式子表示线段的长度,如本题中第一类线段表示① $AP=2t$,$MQ=t$,② $PC=10-2t$;第二类线段表示③由 $\triangle ECM \backsim \triangle EBF$,相似比为 $\dfrac{1}{4}$,得 $CM=\dfrac{3}{2}$,$EM=\dfrac{5}{2}$,所以 $QF=10-\dfrac{5}{2}t=\dfrac{15}{2}-t$. 第三类线段表示④通过勾股定理、距离公式、三角函数定义表示.

最后,要理清特殊几何图形的代数表达以及代数式所刻画的几何关系,如本题中,点 M 在线段 CQ 的垂直平分线上反映在图形上,就是 $MC=MQ$,用含 t 的式

子表达就是 $t=\dfrac{3}{2}$.

解：(1)设运动时间为 $t(\mathrm{s})(0<t<5)$. 则 $MQ=t$，因为 $AB\mathbin{/\mkern-4mu/}CD$，所以 $\triangle ECM\backsim$ $\triangle EBF$，相似比为 $\dfrac{1}{4}$，得 $CM=\dfrac{3}{2}$，因为点 M 在线段 CQ 的垂直平分线上，$MC=MQ$，所以 $t=\dfrac{3}{2}$.

(2)如图 4-1-88 所示，由(1)知 $QF=10-\dfrac{5}{2}-t=\dfrac{15}{2}-t$. 由锐角三角函数定义，知 $QN=\dfrac{4}{5}QF=6-\dfrac{4}{5}t$，$PH=\dfrac{3}{5}AP=\dfrac{6}{5}t$，

因为四边形 $PQNH$ 为矩形，所以 $QN=PH$，即 $6-\dfrac{4}{5}t=\dfrac{6}{5}t$，解得 $t=3$.

(3)如图 4-1-89 所示，过点 Q 作 $QO\perp DC$，交 DC 延长线于点 O.

因为 $CE\mathbin{/\mkern-4mu/}QO$，所以 $\triangle ECM\backsim\triangle QOM$，所以 $OM=\dfrac{3}{5}t$，$OQ=\dfrac{4}{5}t$，所以 $OC=\dfrac{3}{2}+\dfrac{3}{5}t$.

在 $\mathrm{Rt}\triangle CGP$ 中，因为 $PC=10-2t$，所以 $CG=PC\times\cos\angle GCP=\dfrac{4}{5}PC=8-\dfrac{8}{5}t$，

所以 $OG=CG+OC=8-\dfrac{8}{5}t+\dfrac{3}{2}+\dfrac{3}{5}t=\dfrac{19}{2}-t$.

所以 $S=S_{\text{梯形}GHQO}-S_{\triangle COQ}=-\dfrac{16}{25}t^2+\dfrac{1}{5}t+\dfrac{57}{2}$ $(0<t<5)$.

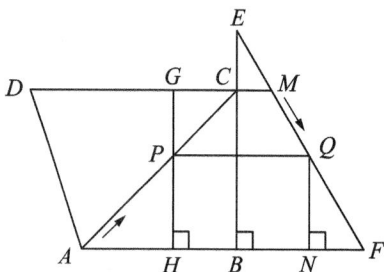

图 4-1-88

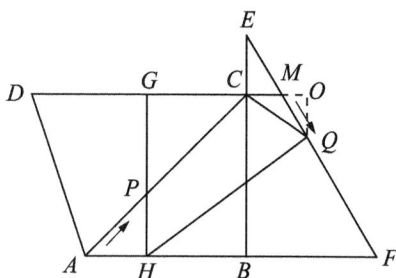

图 4-1-89

(4)如图 4-1-90 所示，连接 FP 并延长交 CD 于点 R.

因为点 P 在 $\angle AFE$ 的平分线上，所以 $\angle MFR=\angle AFR$.

又因为 $CD /\!/ AF$,

所以 $\angle MRF = \angle AFR$,

所以 $\angle MRF = \angle MFR$,

所以 $MR = MF$.

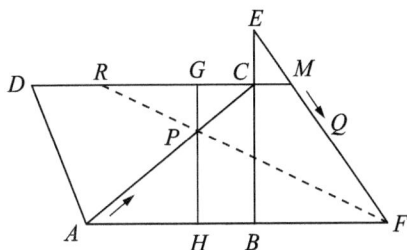

图 4-1-90

因为 $MF = 10 - \dfrac{5}{2} = \dfrac{15}{2}$, 由 $\triangle PRC \backsim$

$\triangle PFA$, 得 $\dfrac{CR}{AF} = \dfrac{CP}{AP}$, 即 $\dfrac{CR}{14} = \dfrac{10-2t}{2t}$,

所以 $CR = \dfrac{7(10-2t)}{t}$,

所以 $MR = MC + CR = \dfrac{3}{2} + \dfrac{7(10-2t)}{t}$,

由 $MR = MF$, 得 $\dfrac{3}{2} + \dfrac{7(10-2t)}{t} = \dfrac{15}{2}$, 解得 $t = \dfrac{7}{2}$.

因此, 当 $t = \dfrac{7}{2}$ 时, 点 P 在 $\angle AFE$ 的平分线上.

【小结】几何中的动点问题, 首先是动点运动轨迹与运动速度, 用时间 t 表示相关线段的长度, 是解决问题的基础, 寻找特殊时期几何图形所满足的等价条件列方程是解决问题的关键.

第 2 节　代数与平面几何融合

　　国际数学家大会是数学家们为了数学交流、展示、研讨数学发展而举办的国际性会议，大会每四年举办一次，首届大会于 1897 年在瑞士苏黎世举行，距今已有百年历史. 它是全球数学科学学术会议，被誉为数学界的奥林匹克盛会. 2002 年在中国举办国际数学家大会，这是 21 世纪全世界数学家的第一次聚会；会徽选定我们古代数学家赵爽用来证明勾股定理的弦图，可以说是充分肯定了我国古代的数学成就，也充分弘扬了我国古代的数学文化. 我国经过努力终于获得 2002 年国际数学家大会举办权，这是一百多年来中国第一次举办国际数学家大会，也是发展中国家第一次主办这一大会，这是国际数学界对我国数学发展的充分肯定.

　　在我国古代，人们将直角三角形中短的直角边叫作勾，长的直角边叫作股，斜边叫作弦. 根据我国古代数学书《周髀算经》记载，在约公元前 11 世纪，人们就已经知道，如果勾是三，股是四，那么弦是五. 后来人们进一步发现并证明了关于直角三角形三边之间的关系——两条直角边的平方和等于斜边的平方，这就是勾股定理.

义务教育阶段，初中几何从最基本的几何图形——线段与角开始，在此基础上学习多边形，特别是学习三角形是学习其他几何图形，如特殊的四边形、圆的基础．三角形全等作为三角形相似的特殊情况，是初中几何教学的重点．

一、勾股定理的证明

如图 4-2-1 所示，直角三角形的三边长度有重要的等量关系，即两直角边的平方和等于斜边的平方，这就是勾股定理的内容．

勾股定理：如果直角三角形的两条直角边长分别为 a，b，斜边长为 c，那么 $a^2 + b^2 = c^2$．

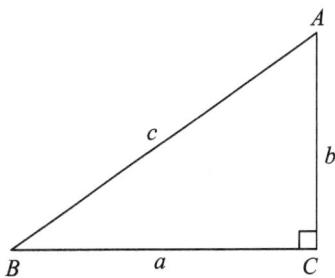

图 4-2-1

【证法一】赵爽弦图

如图 4-2-2 所示，这个图案是我国汉代的赵爽在注解《周髀算经》时给出的，人们称它为"赵爽弦图"，赵爽指出：**按弦图，又可以勾股相乘为朱实二，倍之为朱实四．以勾股之差自相乘为中黄实．加差实，变成弦实．**

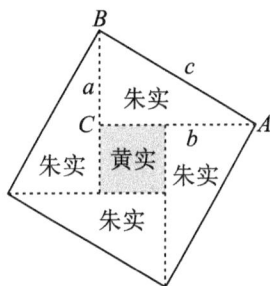

如图 4-2-3(1) 所示，将两个边长分别为 a，b 的正方形连在一起，它的面积是 $a^2 + b^2$；另外，这个图形可以分割成四个全等的直角三角形(红色)和一个正方形(黄色)．把图 4-2-3(1) 中左、

图 4-2-2

右两个三角形移到图 4-2-3(2) 中所示的位置，就会形成一个以 c 为边长的正方形，如图 4-2-3(3) 所示．因为图 4-2-3(1) 与 4-2-3(3) 都由四个全等的直角三角形(红色)和一个正方形(黄色)组成，所以它们的面积相等．因此，$a^2 + b^2 = c^2$．

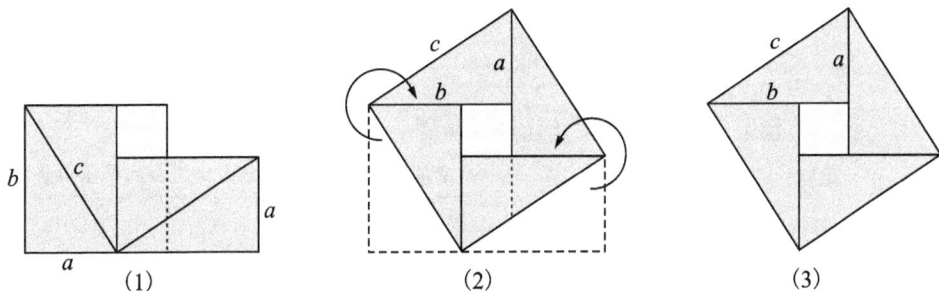

图 4-2-3

"赵爽弦图"通过对连在一起的两个正方形切割、拼接，巧妙地利用面积关系证明了勾股定理，它表现了我国古人对数学的钻研精神和聪明才智，是我国古代数学的骄傲.

弦图有两种：内弦图和外弦图

内弦图	外弦图	说明
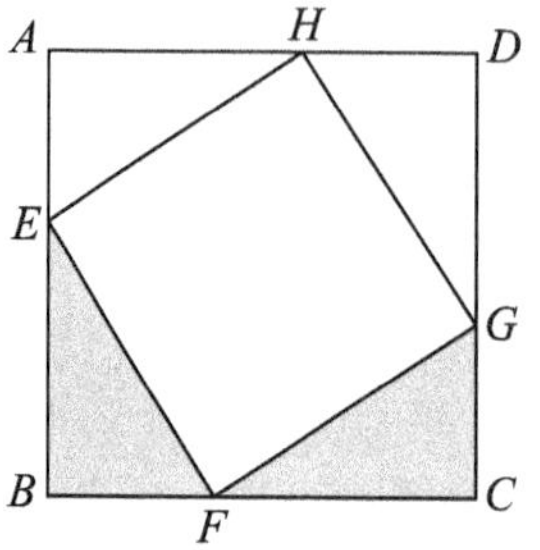	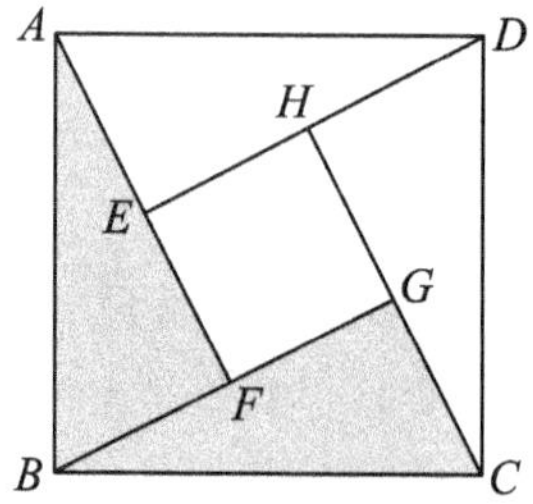	在教学中我们应该关注勾股定理证明的本质
设 H 分 AD 为 a、b 两段，小正方形边长为 c. $S_{大正}=S_{小正}+4S_{\triangle EBF}$ $(a+b)^2=c^2+2ab$ 即：$a^2+b^2=c^2$	设 Rt$\triangle ABF$ 两直角边长分别为 a、b，正方形 $ABCD$ 边长为 c. $S_{大正}=S_{小正}+4S_{\triangle ABF}$ $c^2=(a-b)^2+2ab$ 即：$a^2+b^2=c^2$	验证等式成立的方法——**算两次的数学思想**

验证等式成立的方法——**算两次的数学思想**，在用图形方法分析平方差公式、完全平方公式时，同样发挥出十分重要的作用.

图形 1	图形 2	图形 3
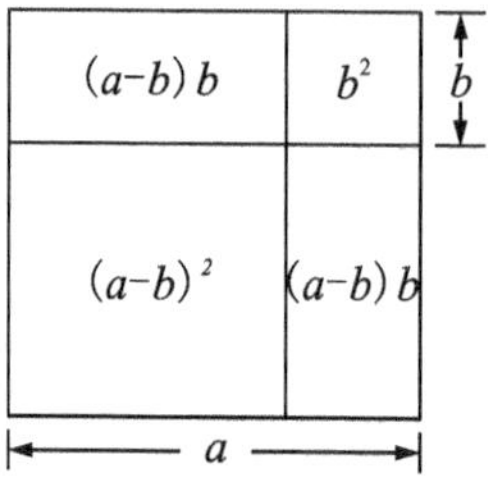	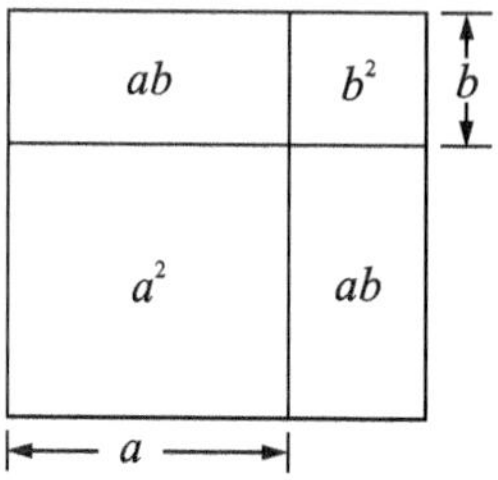	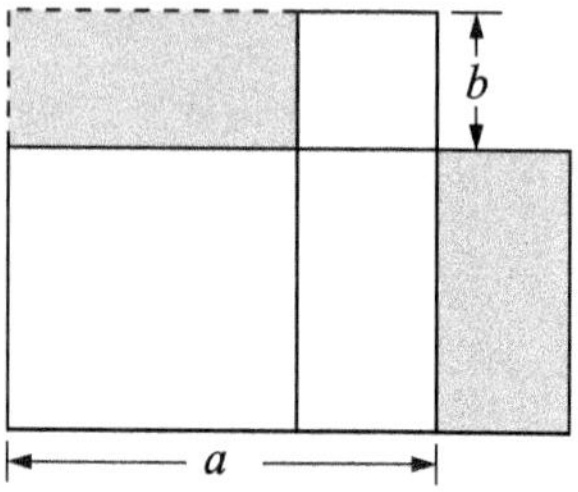
边长为 a 的正方形，各边长减少 b	边长为 a 的正方形，各边长增加 b	边长为 a 的正方形，截去一个边长为 b 的小正方形
$(a-b)^2=a^2-2ab+b^2$	$(a+b)^2=a^2+b^2+2ab$	$(a+b)(a-b)=a^2-b^2$

【**证法二**】传说中的哥拉斯证法：如图 4-2-4 所示，8 个全等的直角三角形两直角边长分别为 a、b，斜边长为 c；三个正方形的边长分别为 a、b、c.

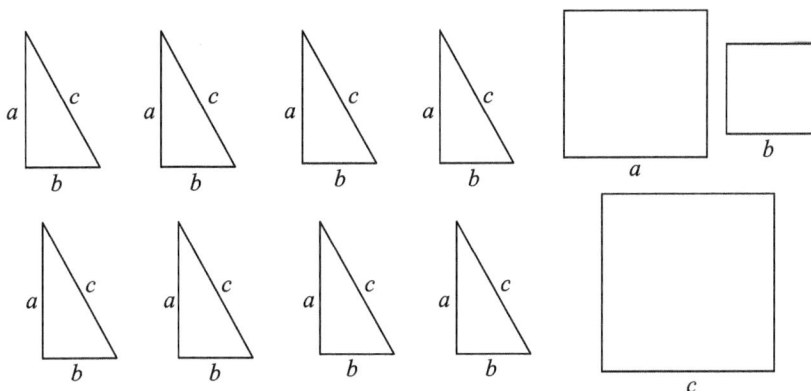

图 4-2-4

　　将四个全等的直角三角形及两个边长分别为 a、b 的正方形拼接成图 4-2-5(1)；将四个全等的直角三角形及边长为 c 的正方形拼接成图 4-2-5(2).

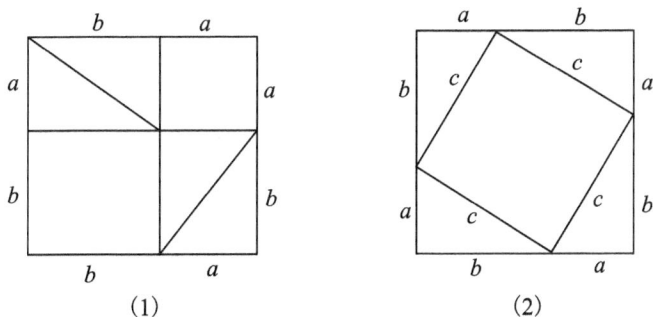

图 4-2-5

　　因为图 4-2-5(1)中拼成的正方形与图 4-2-5(2)中拼成的正方形面积相等.

　　所以 $a^2+b^2+4\times\dfrac{1}{2}ab=c^2+4\times\dfrac{1}{2}ab$，即 $a^2+b^2=c^2$.

　　【证法三】美国詹姆斯·加菲尔德的证法：

　　如图 4-2-6 所示，两个全等的直角三角形两直角边长分别为 a、b，斜边长为 c；等腰直角三角形的腰长为 c.

　　将两个直角边长分别为 a、b 的全等直角三角形及腰长为 c 的等腰直角三角形拼接成图 4-2-7 的直角梯形.

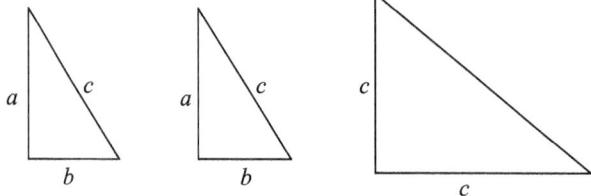

图 4-2-6

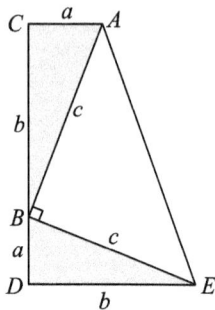

图 4-2-7

利用三个三角形的面积和＝梯形的面积，

得：$\dfrac{1}{2}ab+\dfrac{1}{2}ab+\dfrac{1}{2}c^2=\dfrac{1}{2}(a+b)^2$

$ab+\dfrac{1}{2}c^2=\dfrac{1}{2}(a+b)^2$

即：$a^2+b^2=c^2$.

【证法四】《几何原本》中的证法：

证明：从 Rt$\triangle ABC$ 的三边向外各作一个正方形，如图 4-2-8 所示，作 $CN\perp DE$ 交 AB 于 M，那么正方形 $ADEB$ 被分成两个长方形，连接 CD 和 KB.

∵ 长方形 $ADNM$ 和 $\triangle ADC$ 同底（AD）、等高（即平行线 AD 和 CN 间的距离），

∴ $S_{长方形ADNM}=2S_{\triangle ADC}$.

又∵ 正方形 $ACHK$ 和 $\triangle ABK$ 同底（AK）、等高（即平行线 AK 和 BH 间的距离），

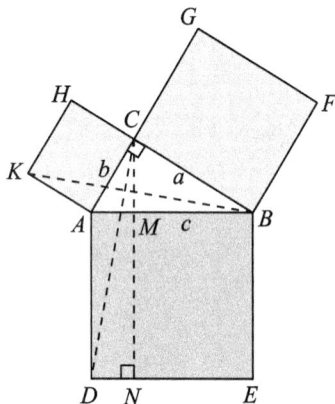

图 4-2-8

∴ $S_{正方形ACHK}=2S_{\triangle ABK}$.

∵ $AD=AB$，$AC=AK$，$\angle CAD=\angle KAB$，

∴ $\triangle ABK\cong\triangle ADC$，

∴ $S_{长方形ADNM}=S_{正方形ACHK}$.

同理可证：$S_{长方形MNEB}=S_{正方形BCGF}$.

∴ $S_{长方形MNEB}+S_{长方形ADNM}=S_{正方形ACHK}+S_{正方形BCGF}$，即 $S_{正方形ADEB}=S_{正方形ACHK}+S_{正方形BCGF}$，也就是 $a^2+b^2=c^2$.

【证法五】相补原理巧证勾股定理：

魏朝时期，刘徽在注释勾股章时曾用"以盈补虚，出入相补"的方法做过证

明,可惜插图失落,后经清朝李潢复原,作成下图 4-2-9,使刘徽的文字注释与图形相结合,"勾自乘为朱方,股自乘为青方,令出入相补,各从其类". 这样就轻松证明了勾股定理.

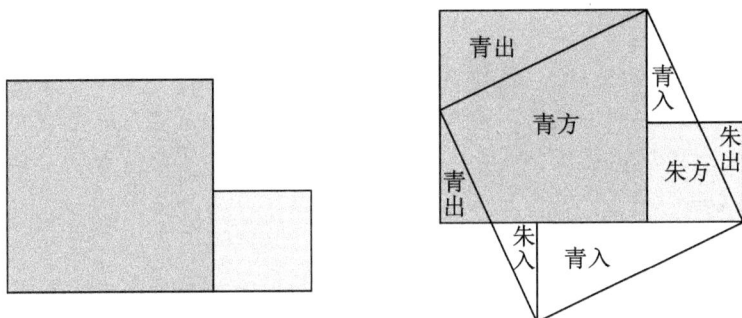

图 4 2-9

【证法六】三角形的内切圆,如图 4-2-10 所示,AB,BC,CA 分别与 $\odot O$ 相切于 E,F,D 三点,设 $CD=x$,$AE=y$,$BF=z$.

则有 $\triangle ABC$ 的周长为 $l=2(x+y+z)$,内切圆半径 $r=\dfrac{2S_{\triangle ABC}}{l}$.

特别地,当 $\triangle ABC$ 是直角三角形时,人教版九年级上册第二十四章 圆 第 103 页第 14 题

如图 4-2-11 所示. 设 AB,BC,CA 的长分别为 c,a,b,则内切圆半径 $r=\dfrac{a+b-c}{2}\cdots\cdots$①.

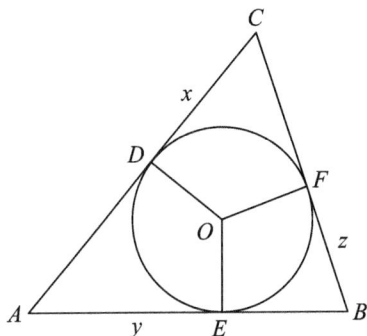

图 4-2-10

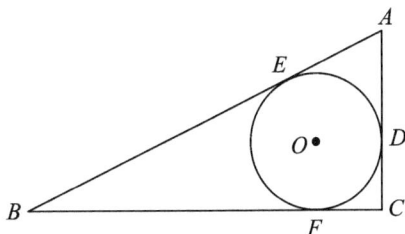

图 4-2-11

通过两次面积计算,我们得到 $\dfrac{1}{2}(a+b+c)r=\dfrac{1}{2}ab$,所以 $r=\dfrac{ab}{a+b+c}\cdots\cdots$②.

由①②得 $\dfrac{a+b-c}{2}=\dfrac{ab}{a+b+c}$，变形得 $(a+b+c)(a+b-c)=2ab$，化简得：$a^2+b^2=c^2$.

从而，另法证明了勾股定理.

二、勾股定理的应用

【问题一】勾股定理与最短路径问题

沿几何体的表面的最短距离问题一般分为两类，一类是在球体表面的最短距离问题——大圆的劣弧长，另一类是在柱体表面的最短距离问题——转化为平面上两点的线段长.

【案例一】如图4-2-12所示，一个带盖的长方体盒子的长，宽，高分别是 8 cm，8 cm，12 cm，已知蚂蚁想从盒底的点 A 爬到盒顶的点 B，你能帮蚂蚁设计一条最短的路线吗？蚂蚁要爬行的最短路程是多少？

分析：如图4-2-13(1)所示：$AB=\sqrt{12^2+(8+8)^2}=20(\text{cm})$，

如图4-2-13(2)所示：$AB=\sqrt{(8+12)^2+8^2}=4\sqrt{29}(\text{cm})$，

故蚂蚁爬行的最短路线为 $A—P—B$（P 为 CD 的中点），蚂蚁爬行的最短路程是 20 cm.

【小结】长、宽、高分别为 a，b，c 的长方体表面最短路径，把长方体展成平面图形，利用勾股定理求线段的长.

一般地：若 $b\le a\le c$，则最短路径 $=\sqrt{(a+b)^2+c^2}$.

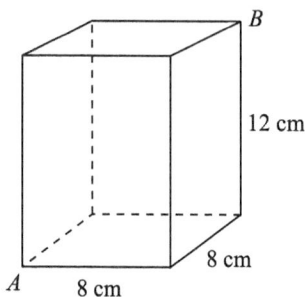

图4-2-12

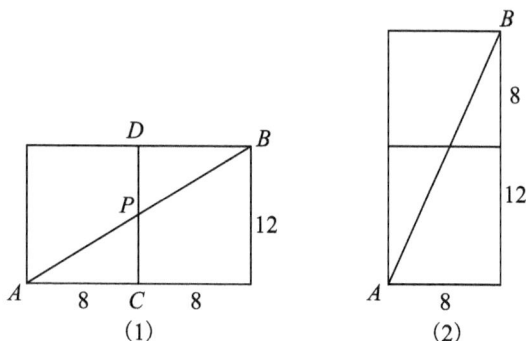

图4-2-13

【案例二】如图4-2-14所示，圆柱的底面周长为 16 cm，AC 是底面圆的直径，AD、BC 为母线，$BC=8$ cm，点 P 是 BC 上一点，且 $PC=6$ cm.

(1)一只蚂蚁从点 A 出发沿着圆柱体的表面爬行到点 B 的最短距离是_____.

（2）一只蚂蚁从点 A 出发沿着圆柱体的表面爬行到点 P 的最短距离是_____．

（3）一只蚂蚁从点 A 出发沿着圆柱体的表面爬行到点 D 的最短距离是_____．

分析：将圆柱侧面沿母线 AD 剪开成侧面展开图，如图 4-2-15 所示．

由已知得：$AC = 8$ cm，$BC = 8$ cm，$PC = 6$ cm．

由勾股定理，得 $AB = 8\sqrt{2}$ cm，$AP = 10$ cm，$AD = 8\sqrt{5}$ cm．

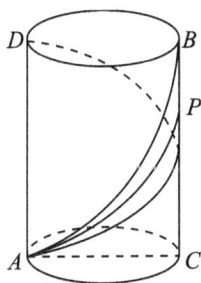

图 4-2-14

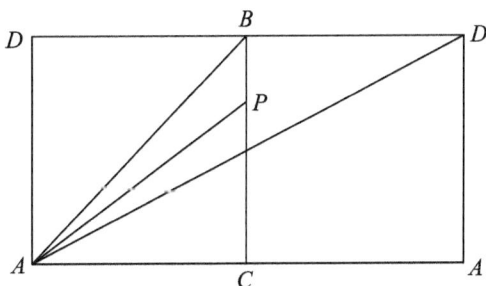

图 4-2-15

【小结】圆柱体表面两点的最短距离问题，基本方法就是将图形展成平面图形，借助勾股定理等知识，转化为求平面上两点间距离，关键点在于确定圆柱体中的点与展开平面图形中的点的对应位置．

【深入探究】某中学举办运动会，现需装饰一根高为 9 m，底面半径为 $\dfrac{2}{\pi}$ 的圆柱，如图 4-2-16 所示，点 A、B 分别是圆柱两底面圆周上的点，且在同一母线上．用同一根彩带（宽度不计）从点 A 顺着圆柱侧面绕 3 圈到点 B，那么这根彩带的长度最短是多少？

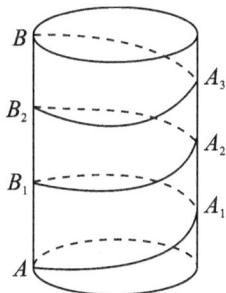

图 4-2-16

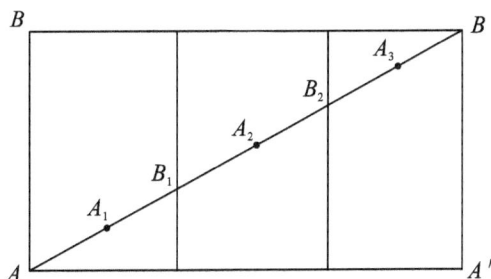

图 4-2-17

解：圆柱体侧面展开图如图 4-2-17 所示，展开图中矩形 $AA'B'B$ 的长 AA' = 3×底面圆周长 = 3×4 = 12，矩形的宽 $A'B'$ = 9，

由勾股定理得：这根彩带的长度最短值为 $AB' = \sqrt{12^2+9^2} = 15$（m）.

【问题二】应用勾股定理在数轴上表示无理数

数轴上的点与实数一一对应，利用勾股定理把一个无理数表示成直角边是两个正整数的直角三角形的斜边，可以帮助我们找到无理数 $\sqrt{2}$、$\sqrt{3}$、$\sqrt{5}$、$\sqrt{7}$、$\sqrt{8}$、$\sqrt{17}$、$\sqrt{20}$ 等在数轴上对应的点.

【案例三】人教版八年级下册第十七章勾股定理 P28 第 6 题

6. 在数轴上作出表示 $\sqrt{20}$ 的点.

分析：$(\sqrt{20})^2 = 2^2+4^2$，因此，利用勾股定理，可以发现，直角边的长为正整数 2、4 的直角三角形的斜边长为 $\sqrt{20}$. 因此，可以依照如下方法在数轴上画出表示 $\sqrt{20}$ 的点.

解：如图 4-2-18 所示，在数轴上找到表示 4 的点 A，则 $OA=4$，过点 A 作直线 l 垂直于 OA，在 l 上取点 B，使得 $AB=2$，以原点 O 为圆心，以 OB 为半径作弧，弧与数轴的交点 C 即为表示 $\sqrt{20}$ 的点.

当然，由 $(\sqrt{20})^2 = (\sqrt{2})^2 + (3\sqrt{2})^2$，我们同样可以在图 4-2-19 网格中画出

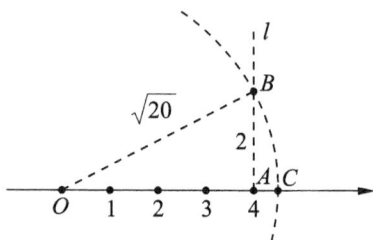

图 4-2-18

一个边长分别为 $\sqrt{2}$，$3\sqrt{2}$，$2\sqrt{5}$ 的直角三角形，如图 4-2-19（1）所示.

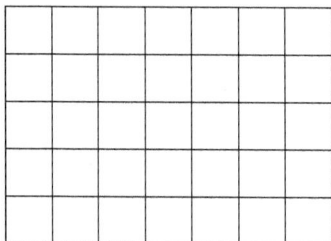

图 4-2-19

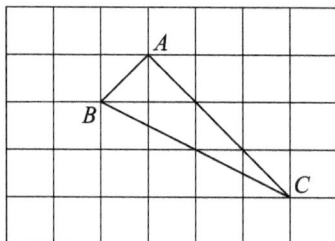

图 4-2-19（1）

可按下面的三个步骤来画出满足条件的直角三角形：

第一步：把三边画出来；第二步：确定斜边；第三步：画出两条直角边，连接斜边.

【案例四】人教版八年级下册第十七章勾股定理 P29 第 12 题

12. 有 5 个边长为 1 的正方形，排列形式如图 4-2-20 所示. 请把它们分割后拼接成一个大正方形.

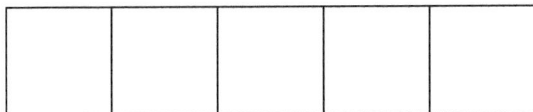

图 4-2-20

分析：5 个边长为 1 的正方形面积和为 5，把它们分割后拼接成一个大正方形，则大正方形的面积与 5 个边长为 1 的正方形面积和相等，所以大正方形的边长为 $\sqrt{5}$.

问题的关键是由勾股定理在图 4-2-20 中找到边长为 $\sqrt{5}$ 的线段，如图 4-2-21(1)所示. 两个并排的小正方形组成的长方形的对角线长即为 $\sqrt{5}$，两条对角线把两个长方形分割为四个全等的直角三角形，四个全等直角三角形与一个小正方形拼接成满足条件的大正方形，如图 4-2-21(2)所示.

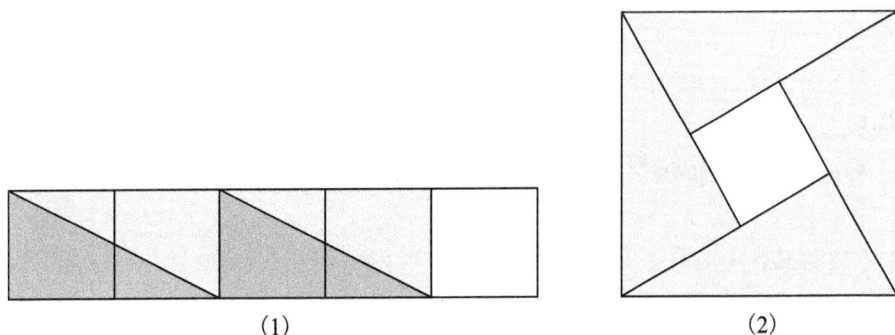

(1)　　　　　　　　　(2)

图 4-2-21

【问题三】勾股数与勾股树

勾股数：又称毕氏三元数，是指能够构成直角三角形三条边的三个正整数，即满足方程 $a^2+b^2=c^2$ 的正整数解 (a, b, c) 称为"勾股数".

人教版八年级下册第十七章勾股定理第 34 页第 7 题

7. 我们知道 3，4，5 是一组勾股数，那么 $3k$，$4k$，$5k$（k 是正整数）也是一组勾股数吗？一般地，如果 a，b，c 是一组勾股数，那么 ak，bk，ck（k 是正整数）也是一组勾股数吗？

分析：$3k$，$4k$，$5k$（k 是正整数）是三个正整数，且 $(3k)^2+(4k)^2=(5k)^2$，所以 $3k$，$4k$，$5k$（k 是正整数）是一组勾股数.

又因为 a，b，c 是一组勾股数，所以 a，b，c 是三个正整数，且 $a^2+b^2=c^2$，所以 ak，bk，ck（k 是正整数）也是三个正整数，且 $(ak)^2+(bk)^2=(ck)^2$，所以 ak，bk，ck（k 是正整数）也是一组勾股数.

人教版八年级下册第十七章勾股定理第 39 页第 11 题

11. 古希腊的哲学家柏拉图曾指出，如果 m 表示大于 1 的整数，$a=2m$，$b=m^2-1$，$c=m^2+1$，那么 a，b，c 为勾股数. 你认为对吗？如果对，你能利用这个结论得出一些勾股数吗？

分析：我认为是对的. 首先 m 表示大于 1 的整数，$a=2m$，$b=m^2-1$，$c=m^2+1$ 三个数一定是正整数，并且 $a^2+b^2=(2m)^2+(m^2-1)^2=m^4+2m^2+1=(m^2+1)^2=c^2$，所以 a，b，c 为勾股数.

另外，若 m 表示大于 1 的整数，$a=2m+1$，$b=\dfrac{(2m+1)^2-1}{2}$，$c=\dfrac{(2m+1)^2+1}{2}$ 也是勾股数.

概括为：奇数平方写连续，偶数半方加减 1，可以形成勾股数. 比如给定奇数 7，其平方为 49，将 49 写成连续两个整数即为 24，25，所以 7，24，25 为一组勾股数.

比如给定偶数 8，半平方即为 16，16 加减 1 即为 15，17，所以 8，15，17 为一组勾股数.

理解勾股数并记忆勾股数，其目的是方便计算，提高计算速度.

【案例五】法国数学家费尔马早在 17 世纪就研究过形如 $x^2+y^2=z^2$ 的方程，显然，这个方程有无数组解. 我们把满足该方程的正整数的解 $(x，y，z)$ 叫作勾股数，如 $(3，4，5)$ 就是一组勾股数.

(1)在研究勾股数时，古希腊的哲学家柏拉图曾指出：如果 n 表示大于 1 的整数，$x=2n$，$y=n^2-1$，$z=n^2+1$，那么以 x，y，z 为三边的三角形为直角三角形（即 x，y，z 为勾股数），请你加以证明；

(2)探索规律：观察下列各组数 $(3，4，5)$，$(5，12，13)$，$(7，24，25)$，$(9，40，41)$，…，直接写出第 6 个数组.

分析：(1)证明：因为 n 表示大于 1 的整数，$x=2n$，$y=n^2-1$，$z=n^2+1$ 三个数一定是正整数，并且 $x^2+y^2=(2n)^2+(n^2-1)^2=n^4+2n^2+1=(n^2+1)^2=z^2$，所以 x，y，z 为勾股数.

(2)第 6 个数组 $(13，74，75)$

一般地：第 m 个数组为 $(2m+1, \dfrac{(2m+1)^2-1}{2}, \dfrac{(2m+1)^2+1}{2})$.

直角三角形各边向外作正方形，不断重复，就能得到勾股树. 勾股树同一层级的图形面积之和保持不变，都等于第一层级的图形的面积.

【案例六】人教版八年级下册第十七章勾股定理 P29 拓广探索第 13 题

13. 如图 4-2-22 所示，分别以等腰 $\text{Rt}\triangle ACD$ 的边 AD，AC，CD 为直径画半圆. 求证：所得两个月形图案 $AGCE$ 和 $DHCF$ 的面积之和（图中阴影部分）等于 $\text{Rt}\triangle ACD$ 的面积.

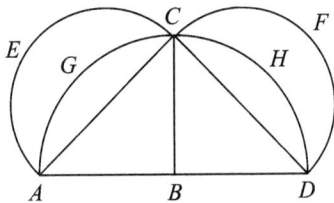

图 4-2-22

问题解决：设等腰直角三角形的直角边长为 a，斜边长为 c. 则分别以 AD，AC，CD 为直径画半圆的面积为 $S_{AD为直径} = \dfrac{1}{2}\pi \times \left(\dfrac{c}{2}\right)^2 = \dfrac{\pi}{8}c^2$；$S_{AC为直径} = S_{CD为直径} = \dfrac{1}{2}\pi \times \left(\dfrac{a}{2}\right)^2 = \dfrac{\pi}{8}a^2$.

$\because \triangle ACD$ 是等腰直角三角形，

$\therefore$ 由勾股定理得：$c^2 = 2a^2$，$\therefore \dfrac{\pi}{8}c^2 = 2 \times \dfrac{\pi}{8}a^2$，

即 $S_{AD为直径} = S_{AC为直径} + S_{CD为直径}$，

$\therefore S_{\triangle ACD} + S_{弓形AGC} + S_{弓形DHC} = S_{月形AGCE} + S_{月形DHCF} + S_{弓形AGC} + S_{弓形DHC}$，

$\therefore S_{\triangle ACD} = S_{月形AGCE} + S_{月形DHCF}$，

故，所得两个月形图案 $AGCE$ 和 $DHCF$ 的面积之和（图中阴影部分）等于 $\text{Rt}\triangle ACD$ 的面积.

【深入探究】 告知我们，(1)斜边为直径所作半圆面积等于两直角边为直径所作半圆的面积之和，即 $S_{AD为直径} = S_{AC为直径} + S_{CD为直径}$；(2)两个不规则的月形图案（图中阴影部分）的面积等于规则的等腰直角三角形的面积，即 $S_{\triangle ACD} = S_{月形AGCE} + S_{月形DHCF}$. 我们不禁要问，上面问题中的条件："等腰"是必须的吗？是否必须向外作半圆？我们思考下面的问题：

【思考一】 把上面问题中的等腰直角三角形改为任意直角三角形，如图 4-2-23 所示，上述结论是否成立？

显然，上述结论都成立.

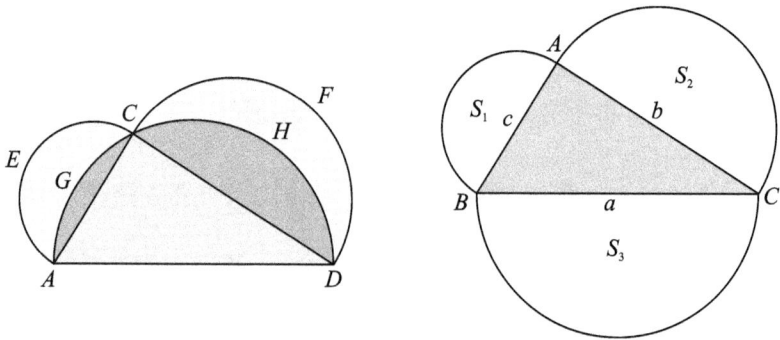

图 4-2-23

【思考二】分别以 Rt△ABC 的边 AB，AC，BC 为边向外作正方形，如图 4-2-24 所示，向外作等边三角形，如图 4-2-25 所示，所作正方形(等边三角形)面积分别为 S_1，S_2，S_3. 等式 $S_3=S_1+S_2$ 是否成立？

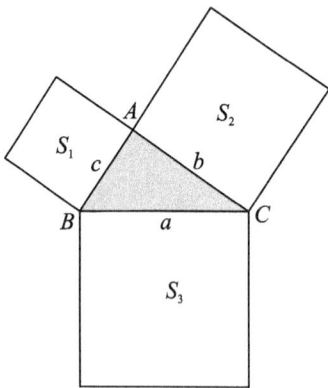

图 4-2-24

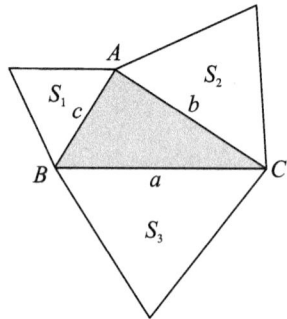

图 4-2-25

【思考三】分别以 Rt△ABC 的边 AB，AC，BC 为对应边向外作相似三角形，如图 4-2-26 所示，面积分别为 S_1，S_2，S_3. 等式 $S_3=S_1+S_2$ 是否成立？

问题解决：根据相似三角形的面积比等于相似比的平方，知：$\dfrac{S_1}{S_2}=\dfrac{c^2}{b^2}$；$\dfrac{S_3}{S_2}=\dfrac{a^2}{b^2}$.

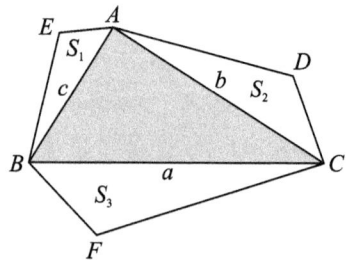

图 4-2-26

即：$c^2 = \dfrac{S_1}{S_2} \times b^2$，$a^2 = \dfrac{S_3}{S_2} \times b^2$，

$\therefore c^2 + b^2 = \dfrac{S_1}{S_2} \times b^2 + b^2 = (\dfrac{S_1}{S_2} + 1) b^2 = \dfrac{S_1 + S_2}{S_2} \times b^2$；

$\because$ Rt$\triangle ABC$ 是直角三角形，由勾股定理，得 $c^2 + b^2 = a^2$，

所以 $\dfrac{S_1 + S_2}{S_2} \times b^2 = \dfrac{S_3}{S_2} \times b^2$，

化简，得 $S_3 = S_1 + S_2$.

勾股树在实际应用中，常出现由图 4-2-27 变形为图 4-2-28 的情形，易证 $\triangle ABC \cong \triangle DEB$，因此，$AB = DE$，$S_3 = S_1 + S_2$.

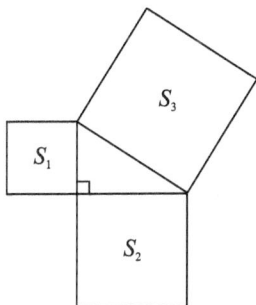

图 4-2-27

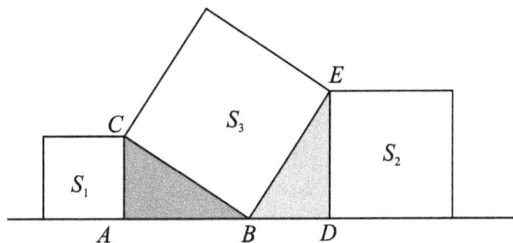

图 4-2-28

　　一般地：等腰直角三角形，可通过两个非直角顶点向经过直角顶点的直线作垂线，来构造两个三角形全等，如图 4-2-29 所示，$\triangle ADC \cong \triangle CEB$.

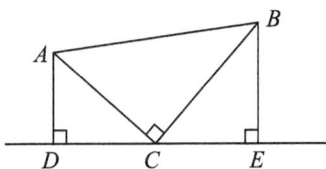

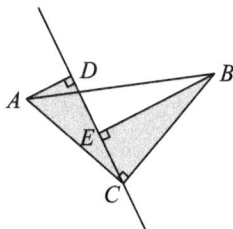

图 4-2-29

　　对于非等腰直角三角形，可通过两个非直角顶点向经过直角顶点的直线作垂线，来构造两个三角形相似，如图 4-2-30 所示，$\triangle ADC \backsim \triangle CEB$. 这是两个非常重要的"一线三直角"构造全等与相似数学模型.

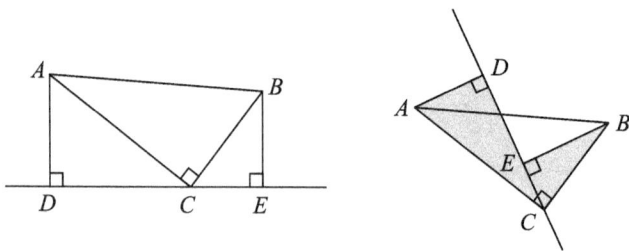

图 4-2-30

【模型应用举例】(2020·湖南郴州市中考真题)如图 4-2-31 所示,在平面直角坐标系中,点 A 是双曲线 $y_1 = \dfrac{k_1}{x}(x > 0)$ 上任意一点,连接 AO,过点 O 作 AO 的垂线与双曲线 $y_2 = \dfrac{k_2}{x}$

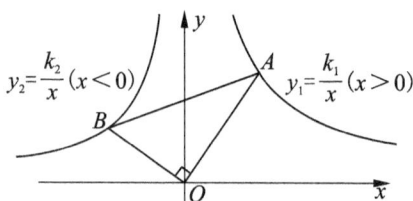

图 4-2-31

$(x < 0)$ 交于点 B,连接 AB,已知 $\dfrac{AO}{BO} = 2$,则 $\dfrac{k_1}{k_2} = ($ $)$.

A. 4   B. -4 C. 2   D. -2

分析:教学中发现,学生最大的困难是发现不了已知 $\dfrac{AO}{BO} = 2$ 与所求 $\dfrac{k_1}{k_2}$ 到底存在着怎样的关系. 在图 4-2-31 中,"连接 AO,过点 O 作 AO 的垂线与双曲线 $y_2 = \dfrac{k_2}{x}(x < 0)$ 交于点 B,连接 AB",这里存在着一个"非等腰直角三角形"——可构造两个三角形相似. 分别过点 A、B 向 x 轴作垂线 AD、BC,垂足分别为 D、C,如图 4-2-32 所示,易证:$\triangle ADO \backsim \triangle OCB$.

(1)根据相似三角形的面积比等于相似比的平方,得:$\dfrac{S_{\triangle ADO}}{S_{\triangle OCB}} = \left(\dfrac{OA}{OB}\right)^2 = 4$.

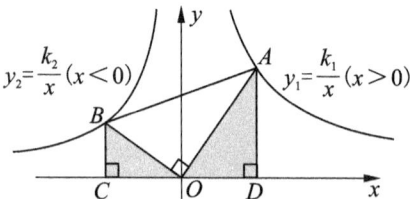

图 4-2-32

(2)根据反比例函数 k 的几何意义,得:$|k_1| = k_1 = 2S_{\triangle ADO}$;$|k_2| = -k_2 = 2S_{\triangle OCB}$.

所以，$\left|\dfrac{k_1}{k_2}\right| = -\dfrac{k_1}{k_2} = \dfrac{S_{\triangle ADO}}{S_{\triangle OCB}} = 4$，因此 $\dfrac{k_1}{k_2} = -4$. 故选（B）.

一般地，如图 4-2-32 所示，$\left|\dfrac{k_1}{k_2}\right| = -\dfrac{k_1}{k_2} = \dfrac{S_{\triangle ADO}}{S_{\triangle OCB}} = \left(\dfrac{OA}{OB}\right)^2 = \left(\dfrac{AD}{OC}\right)^2 = \left(\dfrac{OD}{BC}\right)^2 =$ $\tan^2 \angle ABO$.

【小结】勾股定理刻画了直角三角形三边特有的数量关系，勾股定理的逆定理提供了一种判定一个三角形是直角三角形的方法，两个定理相辅相成，在几何图形的有关计算中起到十分重要的作用.

【案例七】等边三角形内弦图是与正方形内弦图相对应的几何图形，在研究方法上有共同点，在图形性质方面也有相似之处.

在等边三角形 ABC 的三边上分别取点 D，E，F，使得 $AD = BE = CF$. 如图 4-2-33（1）所示，连接 AE，BF，CD，三线相交于点 M，N，G，则三角形 MNG 是等边三角形；如图 4-2-33（2）所示，连接 DE，EF，FD，则三角形 DEF 是等边三角形. 图 4-2-33 就是等边三角形的内弦图.

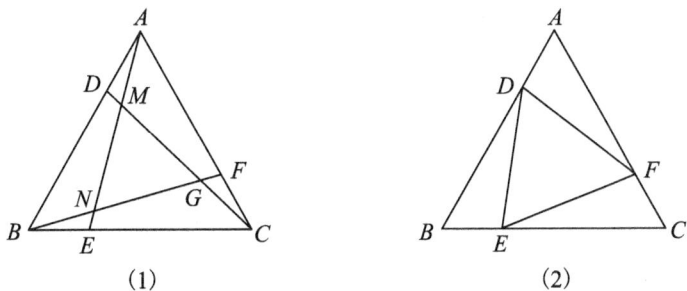

图 4-2-33

北师大版八下 P35 第 17 题

17. 已知：如图 4-2-34 所示，在等边三角形 ABC 的三边上分别取点 D，E，F，使得 $AD = BE = CF$.

求证：$\triangle DEF$ 是等边三角形.

分析：法一：（边的角度）

易证 $\triangle DBE \cong \triangle ECF$，所以 $DE = EF$，同理可证 $DF = EF$，所以 $DE = EF = DF$，所以 $\triangle DEF$ 是等边三角形.

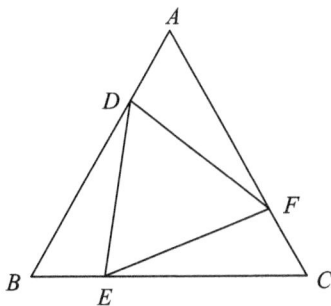

图 4-2-34

法二：（角的角度）

易证△DBE≌△ECF，所以∠BDE=∠FEC.

因为∠DEC=∠B+∠BDE=∠DEF+∠FEC，所以∠DEF=∠B=60°，

同理可证∠EFD=60°，所以△DEF 是等边三角形.

法三：（边角角度）易证△DBE≌△ECF，所以 DE=EF，∠BDE=∠CEF，

因为∠DEC=∠B+∠BDE=∠DEF+∠FEC，所以∠DEF=∠B=60°，所以
△DEF 是等边三角形.

【小结】本问题的本质是等边三角形的性质，只要 AD=BE=CF，就必然出现
△DEF 是等边三角形；反之，若已知△DEF 是等边三角形，也可推证 AD=BE=CF.

【问题再思考】如图 4-2-35 所示，点
P，M，N 分别在等边△ABC 的各边上，且 MP⊥
AB 于点 P，MN⊥BC 于点 M，PN⊥AC 于
点 N.

(1)求证：△PMN 是等边三角形；

(2)若 AB=12 cm，求 CM 的长.

我们把注意力集中到第(1)问上面，方法
一，通过直角倒角，如图 4-2-36 所示，可证
得∠1=∠B=60°，∠2=∠A=60°，∠3=∠C=

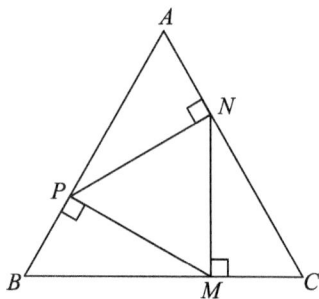

图 4-2-35

60°，所以∠1=∠2=∠3，所以△PMN 是等边三角形.

问题进一步思考，我们能从边的角度证明△PMN 是等边三角形吗？

如图 4-2-37 所示，研究发现 Rt△APN、Rt△BPM、Rt△MCN 都是含30°角的
直角三角形，若设 AN=x，BP=y，MC=z，则 AP=2x，BM=2y，CN=2z，那么如何
证明 x=y=z？

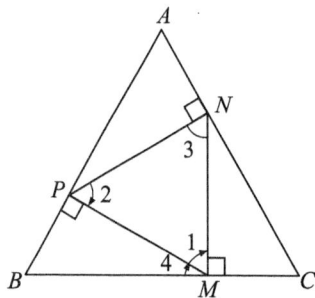

图 4-2-36

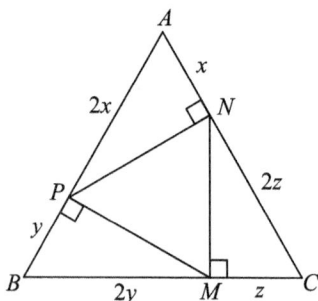

图 4-2-37

设等边△ABC 的边长为 a，则有 2x+y=2y+z=2z+x=a，又因为等边△ABC 的
周长等于 3(x+y+z)=3a，所以 x+y+z=a，所以 2x+y=2y+z=2z+x=x+y+z，

因此 $x = y = z$.

设 $x = y = z = m$，则 $PM = MN = NP = \sqrt{3}\,m$，故 $\triangle PMN$ 是等边三角形.

【题后小结】本问题是北师大版八下 P35 第 17 题的特例，点 P，M，N 分别在等边 $\triangle ABC$ 的各边上，且为三角形的三等分点时，三个全等的三角形便成为三个全等的直角三角形.

【案例八】（1）（2023·山东）已知实数 m 满足 $m^2 - m - 1 = 0$，则 $2m^3 - 3m^2 - m + 9 = $ _____.

（2）（2023·湖北）如图 4-2-38 所示，是我国汉代的赵爽在注解《周髀算经》时给出的，人们称它为"赵爽弦图"，它是由四个全等的直角三角形和一个小正方形组成的一个大正方形. 设图中 $AF = a$，$DF = b$，连接 AE，BE，若 $\triangle ADE$ 与 $\triangle BEH$ 的面积相等，则 $\dfrac{b^2}{a^2} + \dfrac{a^2}{b^2} = $ _____.

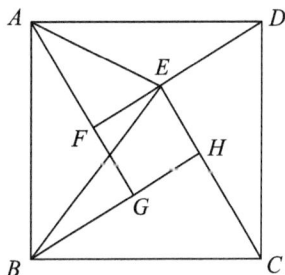

图 4-2-38

分析：（1）思路一：$m^2 - m - 1 = 0$，可得 $m^3 - m^2 - m = 0$，$m^2 - m = 1$，

所以 $2m^3 - 3m^2 - m + 9 = 2(m^3 - m^2 - m) - (m^2 - m) + 9 = -1 + 9 = 8$.

思路二：$m^2 - m - 1 = 0$，可得 $m^2 = m + 1$，$m^3 = m \cdot m^2 = m(m+1) = m^2 + m = 2m + 1$，

所以 $2m^3 - 3m^2 - m + 9 = 2(2m+1) - 3(m+1) - m + 9 = 8$.

（2）因为 $AF = a$，$DF = b$，所以小正方形的边长 $EH = b - a$，

因为 $\triangle ADE$ 与 $\triangle BEH$ 的面积相等，如图

4-2-39 所示，所以 $\dfrac{1}{2} DE \cdot AF = \dfrac{1}{2} EH \cdot BH$，

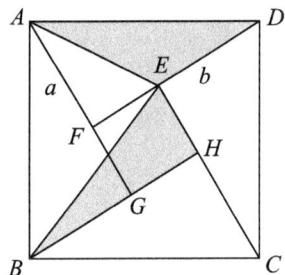

图 4-2-39

即 $\dfrac{1}{2} a \cdot a = \dfrac{1}{2}(b-a) \cdot b$，化简得 $b^2 - a^2 = ab$ ……①，$\dfrac{b^2}{a^2} + \dfrac{a^2}{b^2} = \dfrac{b^4 + a^4}{(ab)^2}$ ……②

①、②两式如何关联呢？

完全平方公式：$x^2 + y^2 = (x-y)^2 + 2xy = (x+y)^2 - 2xy$

所以 $b^4 + a^4 = (b^2 - a^2)^2 + 2(ab)^2$ ……③

把①代入③，得 $b^4 + a^4 = 3(ab)^2$

所以 $\dfrac{b^2}{a^2} + \dfrac{a^2}{b^2} = \dfrac{b^4 + a^4}{(ab)^2} = 3$.

思路二：$b^2-a^2=ab$ 可变形为 $\dfrac{b}{a}-\dfrac{a}{b}=1$

所以 $\dfrac{b^2}{a^2}+\dfrac{a^2}{b^2}=\left(\dfrac{b}{a}-\dfrac{a}{b}\right)^2+2=3$.

【小结】 第(1)题，没有给出 m 的值，而是给出一个关于 m 的方程，若学生将方程中的 m 值求出，得 $m=\dfrac{1\pm\sqrt{5}}{2}$，然后将 m 值再代入计算，问题将变得非常复杂，意味着思路的错误将导致问题得不到解决．思路一考虑的是整体代入，思路二采用的是降次，显得相对简便．

第(2)题，其背景是勾股定理，通过已知条件"$\triangle ADE$ 与 $\triangle BEH$ 的面积相等"，建立起 a 与 b 的关系式 $b^2-a^2=ab$（这是一个关于 a、b 的齐次式），经常化为 $\dfrac{b}{a}-\dfrac{a}{b}=1$，从而形成两种不同的解题思路．

以上两题呈现出共同的求解特征，当数量或数量关系的式子与代数式共同作用时，运用整体代入的数学思想进行求解，将给运算带来简化和便利，同时培养学生的数学运算能力和推理能力．

【案例九】（2023·广东省中考数学真题）如图 4-2-40 所示，在平面直角坐标系中，正方形 $OABC$ 的顶点 A 在 x 轴的正半轴上．如图 4-2-41 所示，将正方形 $OABC$ 绕点 O 逆时针旋转，旋转角为 $\alpha(0°<\alpha<45°)$，AB 交直线 $y=x$ 于点 E，BC 交 y 轴于点 F．

（1）当旋转角 $\angle COF$ 为多少度时，$OE=OF$；（直接写出结果，不要求写解答过程）

（2）若点 $A(4,3)$，求 FC 的长；

（3）如图 4-2-42 所示，对角线 AC 交 y 轴于点 M，交直线 $y=x$ 于点 N，连接 FN，将 $\triangle OFN$ 与 $\triangle OCF$ 的面积分别记为 S_1 与 S_2．设 $S=S_1-S_2$，$AN=n$，求 S 关于 n 的函数表达式．

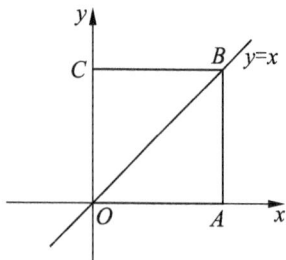

图 4-2-40

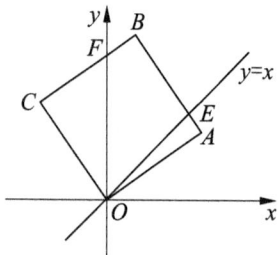

图 4-2-41

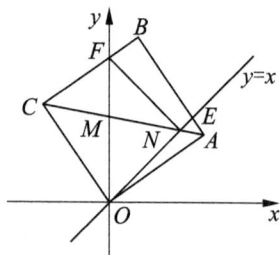

图 4-2-42

分析: (1)如图 4-2-43 所示,若 $OE = OF$,则 $\triangle OAE \cong \triangle OCF$,所以 $\angle COF = \angle AOE = 22.5°$;或者若 $OE = OF$,则 $\triangle OAE \cong \triangle OCF$,进而得 $\triangle BOE \cong \triangle BOF$,所以 $\angle COF = \angle EOB = 22.5°$.

(2)**解法一:** (三角函数法)如图 4-2-44 所示,过点 A 作 $AH \perp x$ 轴,垂足为 H.

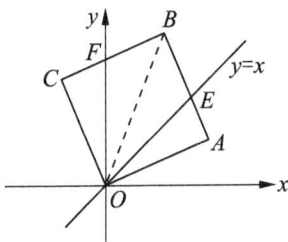

图 4-2-43

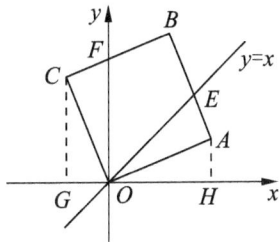

图 4-2-44

因为 $A(4,3)$,所以 $OC = OA = 5$,在 $\mathrm{Rt}\triangle AOH$ 中,$\tan\angle AOH = \tan\alpha = \dfrac{3}{4} = \dfrac{CF}{OC}$,所以 $FC = \dfrac{3}{4}OC = \dfrac{15}{4}$.

解法二: (三角形相似法)易证 $\triangle OAH \backsim \triangle OFC$,所以 $\dfrac{CO}{OH} = \dfrac{CF}{AH}$,$FC = \dfrac{15}{4}$.

解法三: (解析法)如图 4-2-44 所示,过点 A 作 $AH \perp x$ 轴,垂足为 H,过点 C 作 $CG \perp x$ 轴,垂足为 G.

易证 $\triangle CGO \cong \triangle OHA$,所以由 $A(4,3)$,可得 $C(-3,4)$,再由 $OC /\!/ AB$,且 $OC = AB$,易得 $B(1,7)$,

可得直线 BC 的解析式为 $y = \dfrac{3}{4}x + \dfrac{25}{4}$,所以 $F\left(0, \dfrac{25}{4}\right)$,最后,根据两点间距离公式,得 $FC = \dfrac{15}{4}$.

或者,在 $\mathrm{Rt}\triangle OFC$ 中,由勾股定理,得 $FC = \dfrac{15}{4}$.

(3)因为 $\angle FCN = \angle FON = 45°$,由定角定弦,知 O、C、F、N 四点共圆,如图 4-2-45 所示,所以 $\angle OFN = \angle OCN = 45°$,所以 $\angle ONF = 90°$(也可以通过 OF 是直径,得 $\angle ONF = 90°$),所以 $\triangle ONF$ 是等腰直角三角形. 过点 N 作 $NG \perp BC$,分别交 BC、OA 于点 G、H,如图 4-2-46 所示,易证 $\triangle NFG \cong \triangle ONH$,所以可设 $FG = NH = x = \dfrac{\sqrt{2}n}{2}$,$NG = OH = y$.

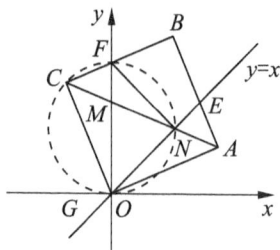

图 4-2-45

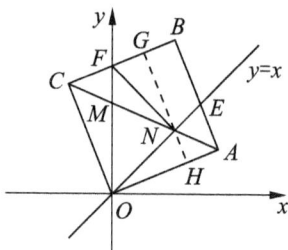

图 4-2-46

所以 $S_1=\dfrac{1}{2}ON^2=\dfrac{1}{2}(OH^2+NH^2)=\dfrac{1}{2}(y^2+x^2)$，$S_2=\dfrac{1}{2}OC\times CF=\dfrac{1}{2}(x+y)(y-$

$x)=\dfrac{1}{2}(y^2-x^2)$，所以 $S=S_1-S_2=\dfrac{1}{2}(y^2+x^2)-\dfrac{1}{2}(y^2-x^2)=x^2=\dfrac{1}{2}n^2$.

解法二：过点 O 作 $OH\perp AC$，垂足为 H，过点 F 作 $FG\perp AC$，垂足为 G，如图 4-2-47 所示，易证 $\triangle OHN\cong\triangle NGF$，所以可设 $FG=NH=a$，$NG=OH=b$.

所以 $S_1=\dfrac{1}{2}MN\times CN$，$S_2=\dfrac{1}{2}CM\times CN$，

所以 $S=S_1-S_2=\dfrac{1}{2}MN\times CN-\dfrac{1}{2}CM\times CN=$

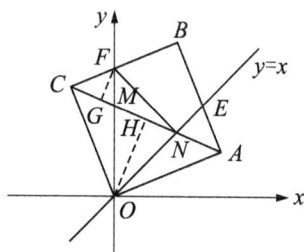

图 4-2-47

$\dfrac{1}{2}CN(MN-CM)=\dfrac{1}{2}(MN+CM)(MN-CM)=\dfrac{1}{2}(MN^2-CM^2)$.

又因为 $MN^2=CM^2+NA^2$，所以 $MN^2-CM^2=NA^2$，所以 $S=S_1-S_2=\dfrac{1}{2}n^2$.

【小结】本题是以正方形为背景的综合题，考查了正方形的性质，旋转的性质，全等三角形的判定和性质，锐角三角函数，勾股定理，等腰三角形的性质等知识，添加常用辅助线、构造全等三角形是解题的关键，问题中出现定弦定角四点共圆，为构造"一线三直角"全等模型创造了条件.

代几融合综合问题的探究，是现阶段落实学科核心素养的需要，也是用数学的眼光观察现实世界，用数学的语言表达现实世界，用数学的思维思考现实世界的重要载体. 代几融合以代数为工具，以坐标系为载体，通过图形的关键位置与坐标之间的对应，实现量化表达，即根据已知条件、图形性质求出几何量，转化成点的坐标，或者是由相关点的坐标转化成几何量. 常见的设问方式有：一是求函数解析式及相关点的坐标，体现函数与方程的联系，渗透代数推理；二是点的

坐标与线段长度之间的相互转化，渗透数形结合思想；三是运用图形的性质特征进行推理，为数学模型构建及运算找到依据. 概括起来，就是通过坐标表达得到代数式，建立新的函数模型，对模型分析研究，解决问题，彰显问题的探究性和综合性. 融通图形变换与坐标之间的关系，着力体现"图形与坐标"作为研究图形性质的量化工具，成为代数与几何关系的桥梁，强调数形结合，通过用坐标表达图形的轴对称、旋转、平称、位似变化的过程，体会用代数方法表达图形变化的意义，发展几何直观，经历借助平面直角坐标系解决现实问题的过程，感悟数形结合的意义，发展推理能力和运算能力，增强应用意识和创新意识，形成用"图形的变换方式与其对应的坐标变化规律"进行思考的良好思维品质，最终实现对空间观念、推理能力的数学素养的提升.

图书在版编目(CIP)数据

初中数学课堂教学实践与探索 / 程旭升著. --长沙：
中南大学出版社，2024.10.

ISBN 978-7-5487-5935-5

Ⅰ.G633.602

中国国家版本馆 CIP 数据核字第 20240729FY 号

初中数学课堂教学实践与探索
CHUZHONG SHUXUE KETANG JIAOXUE SHIJIAN YU TANSUO

程旭升 著

□出 版 人　林绵优
□责任编辑　胡　炜
□责任印制　唐　曦
□出版发行　中南大学出版社

　　　　　　社址：长沙市麓山南路　　　　邮编：410083
　　　　　　发行科电话：0731-88876770　　传真：0731-88710482
□印　　装　广东虎彩云印刷有限公司

□开　　本　710 mm×1000 mm 1/16　□印张 15　□字数 300 千字
□版　　次　2024 年 10月第 1 版　　　□印次 2024 年 10月第 1 次印刷
□书　　号　ISBN 978-7-5487-5935-5
□定　　价　68.00 元